内容简介

《中国研究生教育研究进展报告2018》坚持“汇聚研究生教育研究成果、展现研究生教育研究状态、引导研究生教育研究方向、提高研究生教育研究水平”的指导思想，科学客观地对2017年度我国研究生教育研究的进展进行了梳理，希望能够帮助读者从宏观的视角认知中国研究生教育研究的主要领域和重点问题，准确把握当前研究生教育研究的内容、热点和趋势。

本报告分为研究生教育基本理论问题、教育质量、研究生培养、导师队伍建设、招生与就业、德育研究、学科建设、教育管理、国际比较、“双一流”建设10个专题。各专题聚焦研究主题，系统梳理文献，全面反映了我国研究生教育2017年度研究成果。同时，在分析文献分布情况的基础上，归纳了年度研究热点、研究方法、作者群特点，指出相关专题的研究空白领域，并对2011年、2012年、2013年、2014年、2015年、2016年、2017年报告进行比较总结。其中，“双一流”建设为新增专题，对2010年至今研究生教育研究领域中有关“双一流”建设的文献进行了梳理和分析，希望对读者的研究有所启示。

本报告既为有关学者和研究生提供研究信息与线索，也为研究生教育管理者提供相关的参考资料。

Abstract

By collecting the outcomes of the graduate education research, demonstrating current situation, guiding the direction and promoting the development, the report reveals the progress of Chinese graduate education research in 2017 with an intention to help readers cognize main fields and key issues of Chinese graduate education research from a macro perspective, and have an accurate grasp of the contents, hotspots and trends of current graduate education research.

10 subjects are included in the report, which are researches on theory, quality, graduate students cultivation, graduate supervisors construction, enrollment and employment, moral education, discipline construction, graduate students management, international comparison, "Double World-Class" construction. Each subject focuses on research theme, sorts out the literature, fully reflects the achievements of Chinese graduate education research in 2017. Meanwhile, on the basis of analyzing the distribution of literature, the report sums up the annual research hotspots, research methods, the authors group characteristics, points out the research gaps of relevant subjects, compares and summarizes the reports of 2011—2017. In addition, a new chapter named "Research on 'Double World-class' Construction" has been added, and the related literature in the field of Chinese graduate education research from 2010 has been analyzed.

The report can not only provide research information and clues for scholars and graduate students, but also provide reference for graduate education managers.

中国研究生教育研究进展报告
2018

Chinese Graduate Education Research Progress Report 2018

中国学位与研究生教育学会进展报告编写组　编著

中国科学技术出版社
·北　京·

图书在版编目（CIP）数据

中国研究生教育研究进展报告 . 2018/中国学位与研究生教育学会进展报告编写组编著 . —北京：中国科学技术出版社，2018. 9

ISBN 978 - 7 - 5046 - 8134 - 8

Ⅰ. ①中…　Ⅱ. ①中…　Ⅲ. ①研究生教育 - 教育研究 - 研究报告 - 中国 - 2018　Ⅳ. ①G643

中国版本图书馆 CIP 数据核字（2018）第 202379 号

策划编辑　王晓义
责任编辑　侯　娜
封面设计　孙雪骊
责任印制　徐　飞

出　　版　中国科学技术出版社
发　　行　中国科学技术出版社发行部
地　　址　北京市海淀区中关村南大街 16 号
邮　　编　100081
发行电话　010 - 62173865
传　　真　010 - 62179148
投稿电话　010 - 63581202
网　　址　http://www.cspbooks.com.cn

开　　本　720mm × 1000mm　1/16
字　　数　320 千字
印　　张　17.75
印　　数　1—2500 册
版　　次　2018 年 9 月第 1 版
印　　次　2018 年 9 月第 1 次印刷
印　　刷　北京盛通印刷股份有限公司

书　　号　ISBN 978 - 7 - 5046 - 8134 - 8/G · 788
定　　价　48.00 元

编 委 会

基于教育规律探讨一流大学建设的几个“双一流”
（代　序）

建设世界一流大学和一流学科是党中央、国务院继“211”“985”工程之后做出的又一重大战略决策，对提升我国高等教育综合实力和国际竞争力，实现“两个一百年”奋斗目标和中华民族伟大复兴的中国梦具有重大意义。2014年5月4日，习近平总书记在北京大学考察时指出：“办好中国的世界一流大学，必须有中国特色。”“我们要认真吸收世界上先进的办学治学经验，更要遵循教育规律，扎根中国大地办大学。”从《统筹推进世界一流大学和一流学科建设总体方案》（以下简称《总体方案》）提出的指导思想、建设任务和改革任务中也可以看出，“双一流”时期的一流大学建设将更加尊重教育规律，更加注重大学使命回归，更加强调中国特色的一流大学建设之路。下面结合我对教育规律的认识，探讨“双一流”时期我国一流大学建设的几个“双一流”要点。

人才是核心：汇聚一流师资与一流生源

教育的办学规律告诉我们：“双一流”建设，人才是核心。一所大学要成为世界一流，其决定性因素就在于能够拥有一流的师资和一流的生源，吸引到全球最高水平的教师，选拔出全球最优秀的学生。一流大学本质上就是一流教师和一流学生的集合体或共同体，一流学生趋向一流大学，归根结底还是趋向一流教师，因此在一流大学和一流学科建设中，人才队伍是核心。“双一流”《总体方案》将“建设一流师资队伍”列为五大建设任务之首，也反映出人才队伍在“双一流”建设中的核心地位。

那么，什么样的师资构成才算是一流的师资队伍？我认为应该至少包括三个方面：一是师资具有相当的科研经历，如具有博士学位教师比例高于95%，承担国家自然科学基金、社会科学基金、国家科技计划项目的教师比例要大于95%；二是拥有一流的科研成果，如有一定比例的教师获得过国际、国内大奖，或者著有在国际上产生一定影响力的教材；三是有一定比例的国际教师，这样既可以使国际科研合作和学术交流常态化，也可以更好地促进多元文化交融，教学模式转变，实现大学课程国际化，同时也是一流大学能够吸引全球一流教师，扩大全球影响力的重要体现。

拥有一流生源则首先需要大学具有能够吸引一流生源的大学声誉、大学文化、一流学科和高水平师资；其次要有科学的选拔和淘汰机制予以保障。对我国一流大学建设高校来说，后者尚有相当大的改革、探索空间。

贡献是目标：培养一流人才，产出一流成果

教育的发展规律告诉我们：教育发展与经济、社会发展是相互促进、相互支撑的，同时教育发展亦是社会发展的基础。作为一所大学，首先要为国家发展做出贡献。习近平总书记指出，办好高等教育，事关国家发展，事关民族未来，要扎根中国大地办大学。从世界一流大学发展历史来看，牛津大学、剑桥大学、柏林大学、哈佛大学、耶鲁大学等一批世界一流大学无一不是在英国领导工业革命、德国工业快速崛起、美国成为世界超级大国的过程中做出了杰出贡献。所以，中国的一流大学建设，要与国家发展和民族复兴紧密联系，在不断做贡献过程中崛起成为世界一流大学，而培养一流人才，产出一流成果就是大学对国家发展贡献中最重要的两个方面。

培养一流人才，首先，要将立德树人作为中心环节，这关系高校培养什么样的人、如何培养人以及为谁培养人的根本问题。立德树人作为我国教育事业的根本任务，贯穿至教育的各个阶段。教育的育人规律告诉我们：人的品德教育是有其规律的，要因学段而施德教。在研究生教育阶段，主要可着力在如下三个方面：一是学术道德和职业道德教育；二是国情教育，要让研究生，特别是博士生了解我国的历史，特别是近现代史，了解我国的现状和未来的发展目标；三是人生观、世界观教育，要让研究生能够正确看待自己、他人、社会和自然。

教育的育人规律也告诉我们：要循序渐进、因材施教、理论学习与实践相结合。培养一流人才要有精英教育的办学理念，如生师比不高于15，且有一定比例的国际生源；本科小班授课有足够高的比例；较高的研究生、本科生比例，绝大多数博士学位论文研究内容源自国家自然科学或社会科学基金，研究生都有机会参与国家科技项目研究；博士生都有出国参加国际学术会议，进行国际学术交流与合作经历；等等。

产出一流成果，一方面要以国家重大需求为导向，为经济社会发展和国家

战略实施做出重要贡献；另一方面也要推动加强基础性、前沿性问题研究，着力提升解决重大问题能力和原始创新能力。

基础研究是世界一流大学科学研究的根基。基础研究是人类对自然规律的发现过程，是科学研究最基础的环节。基础研究是科学研究的源头，是科技带动社会进步与人类发展的起点。我国在实现两个百年目标的过程中，应当有选择地进行一些重大基础研究，这些实现国家目标的基础研究（哲学社会科学研究）主要应当依托一流大学。从事重大基础研究（哲学社会科学研究）是一流大学在科学研究方面的根基，也是一流大学有别于其他类型大学的一个重要特点。

技术研究与开发是目前我国一流大学科技创新的主战场。技术研究与开发是把科学技术知识变为现实生产力的关键。技术革命会带来社会生产体系的组织结构和经济结构的飞跃变化，进而导致产业革命。19 世纪 30 年代蒸汽机的发明和普遍应用，带动了整个工业和交通运输业的革命性变革，使人类将传统的依赖于各种自然力的生产过程代之以人工动力，为人类社会创造了巨大的物质财富，形成了席卷全球的产业革命。还有半导体工业、电子计算机工业等很多例子。从这些我们可以看到，技术研究与开发是加快经济发展的重要手段，它有力地推动了新兴产业的形成与发展。所以理论物理学家斯蒂芬·霍金说："过去一百年全世界发生的变化比历史上任何一个世纪都多得多，其原因是基于基础科学的技术上的进展。"

科学技术和社会生产力发展到今天，提高竞争力的含义已经发生了变化，国家和企业提高竞争力的主要途径不再只是结构调整、降低成本和提高产品质量，而是更加依靠技术创新，并将创新迅速物化、商品化、产业化，以使其竞争对手的产品和技术改造难以跟上他们的创新，从而始终处于优势和主导地位。

文化是灵魂：建设一流治理体系和一流大学文化

教育的办学规律也告诉我们：一流大学建设文化是灵魂。建立现代大学治理体系，培育先进的大学文化，是培养一流人才、产出一流科技成果的基础，也是保持吸引全球一流师资和生源的重要条件。美国、德国、英国等高等教育强国，无一不是构建了具有本国特色的治理体系和大学文化，才使一批世界一流大学和一流学科涌现出来。

现代大学治理体系方面，"双一流"《总体方案》的五项改革任务从改进党的领导、学术治理、人事制度、人才培养模式和科研体制的改革、社会参与、国际合作等多方面为构建具有中国特色的大学治理体系描绘了基本蓝图，也预示着我国的世界一流大学建设进入了关键的攻坚时期。比如，我国目前的研究生招生规模控制仍属于纯粹的计划机制，规模完全由政府计划确定。国外发达国家，如美国的博士研究生教育经费中，政府资助部分全部包含在政府科技计划项目经费中。政府科技计划经费规模的变化，实际上起到了博士研究生培养规模的调节作用。我国公共财政教育经费有研究生教育专项，这是中国的特色，也是一项优势，它可以直接体现国家对研究生教育规模的整体需求，也可以保证研究生教育的快速发展和一定程度上的公平性。但无合理调节机制的完全刚性的计划体制也带来一个问题，即研究生培养规模与社会多样化需求和各高校培养能力的变化脱节。在这方面，中国与美国是两种极端机制，如果能够进行机制创新，将两者结合起来，相信会产生更加良好的效果。

教育的育人规律告诉我们：大学文化对人才培养具有不可替代、潜移默化的影响和熏陶作用。大学文化可以改善、发展和塑造人，同时，如果大学文化发生问题，也可以产生压抑、扭曲、扼制人的作用。大学自身文化建设出现问题不但不能很好地担负起继承和发扬优秀传统文化、借鉴和传播先进外来文化、创造和培育现代新型文化的积极作用，而且还会严重影响大学的人才培养质量、科学研究水平和社会服务成效。

先进的大学文化是熏陶、养成一流人才和孕育、创造新知识的土壤。这样的大学文化一定是具有厚重的民族传统文化积淀，具有坚持理性批判的民主、宽松的学术氛围，具有不懈追求真理的大学精神的文化，同时也应具有不同民族和不同国家的跨文化环境。

我国大学文化植根于中华民族数千年优秀传统文化，同时经过一百多年对西方现代大学理念的模仿，二十多年对苏联大学制度的复制，以及几十年自身进行的各种改革实践和探索，积累了丰富的经验。我国大学经过“文化大革命”的十年浩劫，传统文化在大学近于荒芜。改革开放以后迎来了科学和教育的春天，大学文化大花园中优秀传统文化的花朵开始复苏，但外来的西方文化也强势进入，吹来了新风，带来了活力，丰富了我国大学文化大花园的色彩，同时也不可避免地影响着优秀传统文化在我国大学的重建。

我国大学文化建设面临的这种复杂情况，既是对我们的巨大挑战，也使我们具有了其他国家大学所没有的变革优势和创新机遇。我们完全有可能在大学文化建设方面有所突破、有所创新，走出我们自己的道路，从而为一流大学奠定文化和精神基础。

结　语

建设世界一流大学任重道远。面对建设进程中必然遇到的一些深层次问题，需要政府、大学，以及所有高等教育工作者认真思考、理解、把握这些问题的本质和涉及的教育、科技规律，坚持立德树人，坚持服务国家，坚持改革创新，按照社会主义办学方向提高大学治理水平，加快建立并践行现代大学制度，树立自信，保持特色，强化优势，勇于进取，走出一条建设我国世界一流大学的路子。

中国学位与研究生教育学会会长　赵沁平

（原载《研究生教育研究》2017 年第 5 期）

目　　录

Contents

文献概述

文献概述主要反映2017年度研究生教育领域的总体进展。采用文献计量的方法，从关键词、期刊、作者、发文机构、论文引用等角度，描绘本领域文献的分布特点。本部分以年度统计为主，也兼顾了文献分布的纵向比较，保证数据的连续性。

第一节　文献范围确定与检索方式

一、数据来源

本报告涉及的研究文献类型为公开发表的期刊论文、学位论文、学术著作和报纸文章，起止时间为2017年1月1日与2017年12月31日。

期刊文献来源于南京大学中国社会科学研究评价中心的《中文社会科学引文索引（CSSCI）来源期刊（2014—2016）》《中文社会科学引文索引（CSSCI）来源期刊（2017—2018）》中的教育学及其扩展版期刊，同时为了更好地展现国内研究生教育研究的动态，本报告加入了北京大学中文核心期刊目录（第七版）中的教育学期刊。期刊文献的全文来自中国知网（CNKI）期刊全文数据库和万方数据平台；学位论文来自CNKI中国博士学位论文全文数据库、中国优秀硕士学位论文全文数据库和万方数据平台，清华大学、中国人民大学学位论文数据库，以及新增的北京大学学位论文数据库；学术著作来自读秀学术搜索引擎图书数据库；报纸文章来自中国知网中国重要报纸全文数据库。

二、检索方法

期刊论文的检索继续沿用“目录定刊”“词语定文”“人工鉴别”三个步骤。具体如下。

1. 目录定刊

期刊文献来源有两类，一是南京大学中国社会科学研究评价中心的《中文社会科学引文索引（CSSCI）来源期刊（2014—2016）》《中文社会科学引文索引（CSSCI）来源期刊（2017—2018）》中的教育学期刊及其扩展版，共有52种；二是北京大学中文核心期刊目录（第七版）教育学期刊，共有39种。两类数据库合并去除重复项，共确定了54种来源期刊。

2. 词语定文

第一步，由专家确定本年度与研究生教育相关的检索关键词，并编制检索式。检索关键词分为核心关键词和辅助关键词两类，核心关键词包括“学位”“研究生”“硕士”和“博士”，辅助关键词包括“导师”和“学科”。第二步，在CNKI期刊数据库与万方数据平台中通过“专业检索”方式在54种来源期刊范围内，进行关键词的二次检索。

3. 人工鉴别

第一步，由编写组两名秘书对全部检索文献进行人工鉴别，剔除与研究主题无关的题录信息，完成初步筛选。第二步，将经过初步筛选的有效文献信息汇总发送至报告编写组全体成员，进行两次筛选、甄别，确定本年度研究生教育研究领域文献。

报纸文章、学位论文、学术著作的检索同样采用期刊文章的检索关键词，分别在CNKI中国重要报纸全文数据库、CNKI中国博士及优秀硕士学位论文全文数据库、万方中国学位论文数据库、清华大学学位论文数据库、中国人民大学学位论文数据库、北京大学博硕士学位论文全文资料库、读秀学术搜索引擎中进行检索，并通过两次人工鉴别的方式确定最终文献。

经过上述检索步骤，2017年研究生教育研究文献情况如表0－1所示。

表0－1　2017年研究生教育研究文献情况

文献类型	数据库	数量/篇	比例/%
期刊论文	CSSCI（2016—2017）来源期刊目录（含扩展版）、中文核心期刊	817	63.43
学位论文	CNKI中国博士学位论文全文数据库	5	0.39
	CNKI中国优秀硕士学位论文全文数据库	142	11.02
	万方中国学位论文数据库（博士）	5	0.39
	万方中国学位论文数据库（硕士）	172	13.35
	清华大学学位论文数据库	7	0.54
	中国人民大学学位论文数据库	14	1.10
	北京大学学位论文全文资料库	14	1.10
学术著作	读秀学术搜索引擎（图书数据库）	41	3.26
报纸文章	CNKI中国重要报纸全文数据库	73	5.67
总　计		1290	100.00

表 0－2 和图 0－1 是 2011—2017 年研究生教育研究文献的分布比较，从中可知，2017 年期刊论文数量较 2016 年有小幅回升。

表 0－2　2011—2017 年研究生教育研究文献分布

（单位：篇/部）

年份	期刊论文	博士论文	硕士论文	学术著作	报纸文章	总计
2011	648	11	247	17	69	992
2012	676	21	479	31	47	1253
2013	721	38	395	38	111	1303
2014	985	13	365	53	211	1627
2015	884	10	344	41	25	1304
2016	707	16	436	60	61	1280
2017	817	18	341	41	73	1290

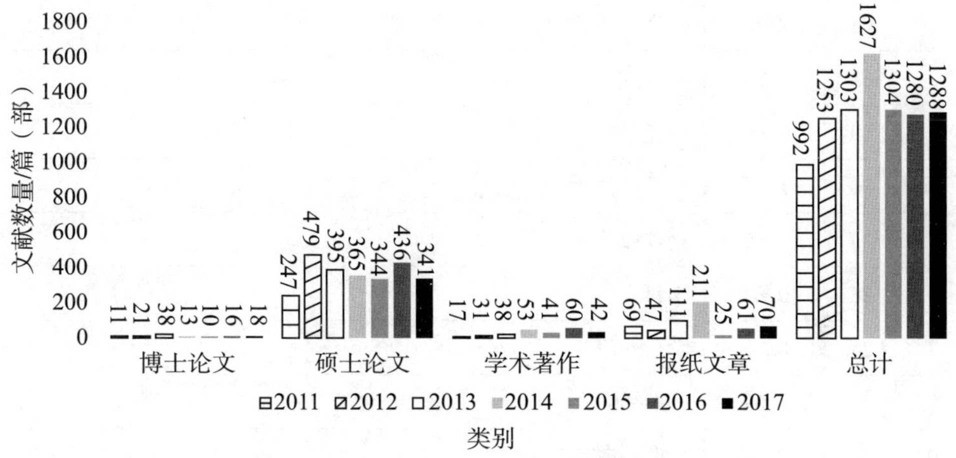

图 0－1　2011—2017 年研究生教育研究文献分布

第二节　文献分布

本节主要从关键词、期刊来源、作者、机构、引用率等维度，对 2017 年的研究生教育研究文献进行统计分析，展现文献分布的总体情况。

一、期刊论文

期刊是研究成果最主要的发表阵地和学术影响力传播平台。CSSCI 收录的中文期刊及中文核心期刊上发表的论文总体水平较高，涉及的研究领域也比较全面。选取 CSSCI 期刊及中文核心期刊论文进行分析，可以较好地反映年度研究生教育研究的概况。

（一）按关键词统计

论文的关键词反映了文章的理论基础、关键问题、主要方法与核心观点等方面的信息。表 0－3 列出了期刊论文中出现 10 次及以上的关键词，共计 26 个。

表 0－3　2017 年研究生教育研究期刊论文的关键词统计

排序	频次	比例/%	关键词
1	96	2.88	研究生教育
2	62	1.86	研究生
3	60	1.80	一流学科
4	36	1.08	世界一流大学
5	35	1.05	培养模式
6	28	0.84	学科
7	24	0.72	学科建设
8	23	0.69	“双一流”
9	20	0.60	“双一流”建设
10	18	0.54	专业学位
11	17	0.51	一流大学、人才培养
12	13	0.39	世界一流学科、博士研究生、高等教育
13	12	0.36	创新、博士生、博士生教育、跨学科
14	11	0.33	创新能力、地方高校、影响因素、高校
15	10	0.30	专业学位研究生、学科交叉、思想政治教育

与往年相比，“研究生教育”“研究生”依然是期刊文献的最主要关键词。但本年度期刊文献中，“一流学科”“世界一流大学”“双一流”“一流大学”“世界一流学科”等“双一流”建设相关关键词的频次显著增加，占比超过了“人才培养”“专业学位”“培养模式”等往年主要高频关键词。

图 0－2　2017 年研究生教育研究关键词文字云

图 0－2 是 2017 年度研究生教育期刊论文出现频次 10 次及以上的关键词文字云，直观展现了各关键词的热度。

（二）按期刊发文统计

表 0－4 列出了 2017 年研究生教育领域刊文数量 10 篇及以上的期刊。与往年相同，《学位与研究生教育》和《研究生教育研究》的发文数量继续高居前两位。载文数量排在前五位的还有《中国高等教育》《黑龙江高教研究》《中国高校科技》。2017 年，排序前十位的期刊载文量合计达到 719 篇，占总数的 88%，与 2016 年的 69.45% 相比有显著提升。

表 0－4　2017 年刊载研究生教育研究论文的期刊统计

篇数	期刊名称
165	学位与研究生教育
97	研究生教育研究
56	中国高等教育
53	黑龙江高教研究

表0-4　2017年刊载研究生教育研究论文的期刊统计

续表

篇数	期刊名称
40	中国高校科技
32	江苏高教
29	高等工程教育研究
28	中国高教研究
23	高教探索、高等教育研究
22	现代教育管理
20	中国大学教学
19	国家教育行政学院学报
18	教育发展研究
17	教育理论与实践
15	清华大学教育研究
12	高校教育管理
10	中国教育学刊、复旦教育论坛、教育研究、现代大学教育、高教发展与评估

（三）按作者统计

2017年，参与研究生教育领域相关主题研究并发表3篇及以上文章的作者达到了50位，较2015年的32位、2016年的36位有了显著提高，说明已经有越来越多的学者关注研究生教育问题、开展研究生教育理论与实证研究，研究生教育研究队伍日益壮大。从表0-5学者发文数量统计表来看，北京大学的高耀、沈文钦、陈洪捷，北京理工大学王战军、乔刚，教育部学位与研究生教育发展中心王顶明，北京航空航天大学马永红，南京农业大学罗英姿，清华大学杨斌，陕西师范大学陈玥等研究者的发文数量较高，达到了5篇以上。

表0-5　2017年发表3篇以上研究生教育研究论文的作者列表（不计论文署名顺序）

篇数	作　　　　者
9	高耀
7	王战军、马永红、陈洪捷、沈文钦、王顶明
6	罗英姿
5	杨斌、乔刚、陈玥
4	张淑林、钟秉林、袁本涛、赵世奎、王传毅、眭依凡、李明磊、姚云、李敏、杨秀芹、武建鑫、段斌斌、翟月、胡德鑫
3	周文辉、唐广军、陆根书、马陆亭、梁传杰、耿有权、于苗苗、刘利、刘宁宁、刘少雪、刘苗苗、姜华、屠中华、张佳乐、张晓报、徐雷、徐高明、方超、曹昭乐、李晴虹、杨佳乐、林健、焦磊、王任模、胡乐乐、胡波

（四）按作者机构统计

表0-6是2017年度在研究生教育领域发表论文3篇及以上的作者机构统计。可以看出，清华大学教育研究院、北京大学教育学院是本年度研究生教育研究期刊论文方面的最高产单位。从机构类型来看，研究型大学的教育研究机构、研究生院等是研究生教育研究的主要研究机构。

表0-6　2017年发表3篇以上研究生教育研究论文的第一作者机构统计

篇数	机构名称
14	清华大学教育研究院
11	北京大学教育学院
10	北京理工大学教育研究院
9	中国人民大学教育学院
8	华东师范大学高等教育研究所
7	上海交通大学高等教育研究院
6	天津大学教育学院
5	湖南师范大学教育科学学院、西南大学教育学部、陕西师范大学教育学院
4	北京师范大学教育学部、华东师范大学教育学部、华中科技大学教育科学研究院、南京大学教育研究院、南京师范大学教育科学学院、厦门大学教育研究院、常州大学高等教育研究院、浙江师范大学教师教育学院
3	东南大学高等教育研究所、华东师范大学、华中农业大学、南京农业大学公共管理学院、厦门大学高等教育发展研究中心、江苏大学教师教育学院、浙江师范大学教育科学研究院、陕西师范大学

（五）按文章被引频次统计

在中国知网引文数据库中，将发表时间段设置为 2011—2017 年、被引时间段设置为 2011—2018 年，学科类别限定为社会科学Ⅱ辑，以教育学 CSSCI 期刊为期刊来源，以“研究生”“博士”“硕士”“学位”“导师”为被引关键词进行专业检索（检索时间：2018 年 6 月 11 日），以引用率进行排序，可得到七年间研究生教育研究领域被引频次前 10 名的期刊文章，如表 0 – 7 所示。

从研究主题上看，被引较高的文献研究主要围绕“专业学位”“研究生教育培养”“研究生教育创新能力”等关键词展开，这也可以反映出七年来我国研究生教育研究的热点。同时，《高等教育研究》《学位与研究生教育》是七年间我国研究生教育研究领域高被引文献的主要期刊来源。

二、学位论文

2017 年涉及“研究生教育”的学位论文除来自 CNKI 中国博硕士学位论文全文数据库与中国万方数据库外，新增清华大学、中国人民大学、北京大学学位论文全文资料库。经过人工筛选，最终共得到 359 篇。在 359 篇学位论文中，博士学位 18 篇，硕士学位论文 341 篇。较 2016 年，博士学位论文数量增加 7 篇，硕士学位论文数量减少 11 篇。

（一）关键词统计

学位论文的关键词往往指出了该论文的研究领域、内容、范围，研究的问题、方法及核心观点等内容。通过对 2017 年筛选出的 448 篇学位论文中关键词统计得出，全部论文共出现 1064 个关键词，篇均标注关键词 2.38 个。表 0 – 8 列出了出现频次 5 次及以上的关键词，2017 年有 24 个。

由于论文总体篇数有所减少，较 2016 年，部分关键词的出现频次有所减少，同时又出现了少数关键词出现频次较往年偏高的情况。从表 0 – 8 可以看出，从整体上来看，2017 年关于“研究生教育”的关键词使用频次前两位的仍然是“研究生”和“硕士研究生”。近几年，围绕这两大核心词，衍生了越来越多的使用频次相对较高的关键词，表明研究生教育的研究人员在明确研究的宏观领域和范围之后，开始逐渐走向深入，更加关注对研究生教育中的中观层面和微观层面内容的研究与探讨。

表 0－7　2011—2017 年被引频次前 10 名的期刊论文统计

序号	被引题名	被引作者	被引来源	出版年（期）	被引/次	他引/次
1	我国研究生创新能力的现状及其影响机制	朱红、李文利、左祖晶	高等教育研究	2011（2）	161（161）	159
2	研究型大学全日制专业学位研究生培养状况调查研究	张东海、陈曦	高等教育研究	2011（2）	157（157）	156
3	临床医学专业学位研究生教育与住院医师规范化培训“双轨合一”的难点及对策研究	胡伟力、陈地龙、陈怡婷、汪玲、谢鹏	学位与研究生教育	2013（2）	96（96）	89
4	全日制硕士专业学位研究生导师队伍建设现状调查分析	施亚玲、向兴华、李若英、肖远亮	学位与研究生教育	2011（12）	93（93）	93
5	我国研究型大学创新型人才培养的思考	展涛	高等教育研究	2011（1）	91（91）	91
6	我国研究型大学“大学生创新性实验计划”的现状与反思	乔连全	高等教育研究	2011（3）	85（85）	83
7	全日制专业学位研究生培养模式运行状况的调查研究——基于全国 14 所重点高校问卷数据	耿有权、彭维娜、彭志越、曹蕾	现代教育管理	2012（1）	84（84）	82
8	全日制教育硕士专业学位研究生实践教学模式研究	邵光华	教师教育研究	2012（2）	72（72）	72
9	翻译硕士专业学位论文参考模板探讨	穆雷、邹兵、杨冬敏	学位与研究生教育	2012（4）	71（71）	67
10	关于专业学位研究生教育改革的若干思考	郑湘晋、王莉	学位与研究生教育	2012（4）	68（68）	68

表 0－8　2017 年研究研究生教育学位论文的关键词统计

频次	关键词
69	研究生
30	硕士研究生
13	高等院校
10	英语教育硕士、学科、研究生教育
9	世界一流大学、高校
8	专业学位研究生、专业学位、课程设置
7	培养模式、教育质量
6	硕士学位论文、高校图书馆
5	专业硕士、专业认同、学科建设、人才培养、全日制、培养方案、临床实践、教育硕士、大学

按照关键词的含义及具体指向，大体可以把表 0－10 涉及的关键词划分为三类：①研究群体："研究生""硕士研究生""英语教育硕士""专业学位研究生""专业硕士""教育硕士"；②培养环节："培养模式""培养方案""教育质量""硕士学位论文"；③研究问题："学科""研究生教育""世界一流大学""专业学位""人才培养""高等教育""学科建设"。在这三类关键词中，涉及培养环节和研究问题的关键词最多，在一定程度上反映了国内"研究生教育"对培养环节的重视以及对问题的研究愈加深入具体。

总体而言，2017 年"研究生教育"研究紧紧围绕"研究生"和"硕士研究生"两个核心关键词，对有关研究生教育的课程设置、学位论文、人才培养等内容进行了深入研究。

（二）按学位授予机构统计

2017 年研究"研究生教育"的学位论文共涉及 130 所研究生培养单位。其中，学位论文数量在 5 篇及以上的培养单位共 25 所，占全部培养单位的 19.23%，涉及论文 203 篇，占所有论文总数的 45.31%。华中师范大学以 34 篇的数量位居第一，中国人民大学以 13 篇排名第二位。在学位论文 5 篇及以上的培养单位中，师范类大学共 8 所，综合性大学 14 所，医科类大学 1 所，财经类大学 2 所。

三、著作和报纸

除期刊论文和学位论文外，著作也是研究生教育研究文献的重要组成部分，体现着研究生教育研究的综合水平和实力。另外，新闻媒体也时刻关注研究生教育的时事热点，报纸的快速报道吸引了社会公众的眼球。

（一）著作

2017 年，国内共出版 41 部研究生教育领域的专著和译著，比 2016 年减少了近一半。这些著作中，研究对象涉及硕士、博士，也有博士后，其中硕士层次既包括专业学位硕士，也包括学术型硕士。研究内容涉及研究生教育质量、研究生教育研究进展、培养模式、思想政治教育、研究生管理、学科建设、学科发展、就业创业等方面。这些著作既有研究专著，也有研究报告；既有国内学者著作，也有译著；既有宏观政策方面的研究，也有微观人才培养环节的探讨。2017 年研究生教育领域著作详见附录二。

从出版研究生教育研究著作的出版地分布状况来看，2017 年的 41 部著作出版于全国 13 个城市。从出版地分布来看，2017 年著作出版地排名第一的城市仍为北京市，所占比例达到 47.62%；去年第二名的上海市今年只出版了 2 部；武汉市出版了 3 部，位列第二位，但与排名第一的北京市的 20 部相比存在较大的差距。其中，出版研究生教育研究著作最多的出版社是北京市的科学出版社，有 8 部。

2017 年，国内出版有关研究生教育的著作作者共包括 47 位个人和 7 个群体。其中，既有研究生教育质量报告编研组、《中国学位与研究生教育发展年度报告》课题组等国内从事研究生教育研究的群体，也有赵沁平、王战军、邱均平、包水梅等国内知名学者。其中，中国学位与研究生教育学会、汪霞、邱均平均参与出版研究生教育著作 2 部。与 2016 年相比，本年度由课题组编著的著作数量有所减少。同时，对比 2012—2017 年著作发表情况，可以发现，国内学者赵沁平、邱均平、《研究生教育质量报告》编研组、《中国学位与研究生教育发展年度报告》课题组连续出版研究生教育报告。

（二）报纸

2017 年，国内各大报纸继续对研究生的相关内容进行了广泛、深入报道。其中，较为突出的是《中国教育报》，作为国家级报刊，该报全面、准确、及时宣传党和国家的教育方针、政策及工作部署，传播教育改革与发展的信息和经验，对我国研究生教育改革发展情况进行了集中报道。另外，《江苏教育报》《中国青年报》《文汇报》等也对我国研究生教育的重大事件进行了深入报道（表0－9）。

表0－9　2017年刊登3篇及以上研究生教育新闻报道的报纸

篇数	报纸名称
17	中国教育报
10	江苏教育报
7	中国青年报
4	文汇报
3	科技日报、美术报、中国社会科学报

就作者身份进行分析，报纸作者既有清华大学、天津大学、中央财经大学等高校教师，也有省教育厅研究生教育管理者，还有麦克斯等社会组织成员。他们分别从不同角度，对国内研究生教育相关问题发表了看法，如表0－10所示。

表0－10　2017年报纸刊登的研究生教育文章选录

作者及工作单位	报纸名称
李锋亮　清华大学教育科学研究院副教授	中国教育报
张立迁　天津大学研究生院教师	中国教育报
杨树兵　省教育厅研究生教育处处长	江苏教育报
许慧霞　浙江师范大学	中国社会科学报
林光彬　中央财经大学教授，高等教育研究所所长	中国青年报
张　鹏　首都师范大学美术学院副教授、硕士生导师	美术报
金　拓　上海交通大学药学院教授	北京科技报
麦可思	北京日报
折文旭　陈军斌　西安石油大学	中国社会科学报

第三节　研究者学术影响力分析

学者是科学研究的主体，也是学科发展的关键因素，对研究生教育领域内的核心研究者进行文献计量分析研究，了解研究生教育学者研究现状，将有助于未来更系统地开展学术研究。学术影响力是反映学者学术水平、科研实力的重要方面，很大程度上能体现其在学术共同体中的地位。学者学术影响力受到多种因素的影响，但基于代表性学术成果的评价是其中应用较为广泛、认可度较高的一种方式。本节主要基于学者的学术成果，从发文数量和发文被引情况两个方面来分析研究生教育领域研究者的学术影响力情况。

一、发文数量

发文量是文献计量学中量化评价指标之一，它代表了学者的科研活跃度及学术产出水平。为了解研究生教育领域作者发文量情况，本节统计了2011—2017年中国知网数据库收录的相关期刊文献。以“研究生”“博士”“硕士”“导师”“学位”为关键词进行精准检索，期刊来源类别限定为CSSCI（检索时间：2017年5月28日），得到中国知网收录的文献总数4177篇。经过人工鉴别，去除无作者文献、非学术研究类文献及非教育学类研究文献，共得到2011—2017年研究生教育领域有效期刊论文2209篇。将2209篇有效文献运用Note Express软件进行分析，以“作者”为关键字段，可得出每位作者的发文数及所占百分比。表0－11统计了七年间总发文量超过10篇的研究者，共有19位。

表0－11　2011—2017年高发文量研究者一览
（论文署名不计先后）

（单位：篇）

作者	年份							总计	占比/%
	2011	2012	2013	2014	2015	2016	2017		
王传毅	0	0	10	4	6	5	4	29	1.31
王战军	3	6	2	2	4	3	7	27	1.22
马永红	3	1	1	6	3	6	7	27	1.22

表 0－11　2011—2017 年高发文量研究者一览
（论文署名不计先后）

（单位：篇）

作者	年份							总计	占比/%
	2011	2012	2013	2014	2015	2016	2017		
罗英姿	0	3	3	3	5	7	6	27	1.22
袁本涛	3	3	6	2	5	3	4	26	1.18
沈文钦	6	1	2	5	0	5	7	26	1.18
赵世奎	8	1	2	5	3	2	4	25	1.13
张淑林	4	3	5	3	2	2	4	23	1.04
梁传杰	2	4	1	4	4	5	2	22	1.00
包水梅	1	4	4	1	5	4	0	19	0.86
古继宝	2	3	5	2	3	1	1	17	0.77
王顶明	0	2	1	3	1	2	7	16	0.72
周文辉	1	2	4	3	1	2	3	16	0.72
高　耀	0	0	1	0	0	4	9	14	0.63
裴　旭	2	1	3	2	3	1	2	14	0.63
陈洪捷	1	0	1	0	0	4	7	13	0.59
陈　玥	0	0	2	1	3	2	5	13	0.59
李云鹏	2	2	4	1	1	1	1	12	0.54
耿有权	1	2	4	1	1	1	1	11	0.50
总　计	39	38	61	48	50	60	81	377	17.07

其中，武汉大学的王传毅发文量最高，达到了 29 篇。王传毅、王战军、马永红、罗英姿、袁本涛、沈文钦、赵世奎、张淑林、梁传杰 9 名研究者的发文总量超过了 20 篇。他们是研究生教育研究领域活跃度非常高的研究者。

从作者连续各年度的发文数量来看，这些高产作者中既有持续关注研究生教育问题的研究者，如王战军、马永红、袁本涛、赵世奎、张淑林、梁传杰等，也有近几年开始致力于研究生教育研究并取得突出成果的研究者，如王传毅、高耀等。

从各年度的发文总量来看，核心作者们的发文总量已经从 2011 年的 39 篇、2012 年的 38 篇扩展到了 2017 年的 81 篇，发文总量增长了一倍多。这一方面反映了我国研究生教育核心研究群体人数的扩张，另一方面也反映了我国研究生教育核心研究群体研究力度的深入。这也符合前文所述的我国研究生教育领域文献总量逐年递增的发展趋势。

从2011—2017年的发文总量来看，总发文量超过10篇的高产作者发文总量达377篇，占七年间发文总量的17.07%，已经成为我国研究生教育研究领域的重要组成部分。

总的来说，这些持续追踪研究生教育问题的高产出学者的集中出现，说明我国研究生教育研究领域已经形成了较为稳定的研究队伍，未来的研究成果将更加可期。

二、发文被引情况

如果说发文量衡量了学者的科研活跃度及科研产出量，那么文章被引情况则很大程度上反映了学者研究成果的质量和价值。一般而言，研究者发表论文的被引频次越高，说明其受关注度和受重视程度越高。加菲尔德（Carfield）利用1961年《科学引文索引》（SCI）的引文数据进行分析，发现诺贝尔奖获得者人均被引用次数和被引用论文数分别是其他被引作者人均的30倍和17倍。这一研究结果从一个侧面说明，被引率越高，论文质量越高。同发文量相比，文献的被引用情况更能够反映其学术影响力，它表明了该学者的研究成果受关注的程度及其对学科研究的影响程度。被引率作为考量文献水平的一个重要标准是毋庸置疑的。

为了解近年来研究生教育研究者的学术影响力，在中国知网引文数据库中的期刊库内，就作者被引情况进行检索，将发表时间段设置为2011—2017年、被引时间段设置为2011—2018年，学科类别限定为社会科学Ⅱ辑，数据来源限定为CSSCI，以“研究生”“博士”“硕士”“学位”“导师”为被引关键词进行专业检索（检索时间：2018年5月30日），共得到中国知网引文数据库收录的文献3796篇。在此基础上，利用引文数据库中的被引文献分析工具对已检索的3796篇文献进行作者分析，按作者被引频次排序并选择总被引频次排名前十位的研究者，得到表0－12。

表 0－12　2011—2017 年被引频次排名前十位的研究者统计

序号	被引作者	被引作者单位	总被引频次	总被引文献数	被引代表文章/被引频次
1	王战军	教育部高等教育教学评估中心，清华大学，北京理工大学	323	23	1. 构建质量保障体系、提高研究生教育质量．研究生教育研究，2011/36 2. 研究生质量评估：模型与框架．高等教育研究，2012/28
2	周文辉	《学位与研究生教育》杂志社，北京理工大学	257	14	1. 基于高校调查的研究生培养质量保障机制研究．教育研究，2013/57 2. 我国研究生教育满意度调查——基于在读研究生的视角．学位与研究生教育，2012/38
3	赵世奎	北京航空航天大学	221	23	1. 研究生参与科研现状及其对培养质量的影响——基于部分高校和科研单位的调查分析．学位与研究生教育，2014/21 2. 博士生导师制度的比较分析．学位与研究生教育，2011/13
4	王应密	华南理工大学	206	11	1. 全日制工程硕士案例教学资源库建设探析．高等工程教育研究，2013/39 2. 试论研究型大学全日制专业学位研究生专业实践能力的培养．学位与研究生教育，2012/21
5	张乐平	华南理工大学	205	10	1. 全日制工程硕士研究生培养状况的调查与分析——以 Z 大学为例．学位与研究生教育，2012/51 2. 研究型大学全日制专业学位硕士研究生培养特性及矛盾分析．学位与研究生教育，2013/24

表 0 - 12　2011—2017 年被引频次排名前十位的研究者统计

续表

序号	被引作者	被引作者单位	总被引频次	总被引文献数	被引代表文章/被引频次
6	王传毅	清华大学，武汉大学	189	26	1. 我国区域研究生教育发展的外部协调性研究述评. 现代教育管理，2013/11 2. 我国研究生教育区域结构外部协调性之实证研究. 研究生教育研究，2013/9
7	沈文钦	北京大学	184	25	1. 美国博士生流失率与淘汰制度分析. 研究生教育研究，2011/7 2. 博士生跨国学位流动的国际趋势与政策动向. 高等教育研究，2016/2
8	袁本涛	清华大学	183	21	1. 中国研究生教育规模究竟大不大——基于中、美、英等的历史数据比较. 高等教育研究，2012/27 2. 我国在校研究生对国际高水平学术论文发表的贡献有多大？——基于 ESI 热点论文的实证分析（2011—2012）. 学位与研究生教育，2014/22
9	甄　良	哈尔滨工业大学	180	9	1. 建构我国研究生培养模式的改革思路. 学位与研究生教育，2013/46 2. 专业学位研究生培养质量评价及保障体系的构建. 研究生教育研究，2012/22
10	李文利	北京大学	176	2	教育收益视角下研究生资助的专业差异. 北京大学教育评论，2011/17

注：1. 总被引频次、总被引文献数不区分论文署名顺序；
　　2. 被引代表文章是被引作者以第一作者身份发表的被引频次最高的前两篇。

从 2011—2017 年的总被引频次来看，总被引频次超过 100 的共有 31 位。其中，总被引频次最高的研究者是王战军教授，达到了 323 次，显著领先于其他研究者。同时，周文辉、赵世奎、王应密、张乐平四位研究者七年的总被引频次均在 200 以上，是研究生教育领域影响力靠前的学者。

从高被引作者的研究领域来看，表 0 – 12 罗列了作者的代表被引文献，这些文献主要集中于研究生教育质量保障、专业学位研究生教育、研究生综合改革三大方面，说明 2011—2017 年，研究生教育的广大研究者对这三个领域的关注度较高。这也反映了近十年我国研究生教育研究的重点领域，符合近十年我国研究生教育改革与发展的实践情况。

本报告将文献研究的内容分为十个专题，包括研究生教育基本理论问题、教育质量、研究生培养、导师队伍建设、招生与就业、德育研究、学科建设、教育管理、国际比较和“双一流”建设。后续各专题将主要采用内容分析法，对研究文献进行提炼和总结。总体上，研究生培养研究领域、研究生教育质量研究领域和研究生德育研究领域是 2017 年研究者最为关注的三个主题，同时国际比较、基本理论问题研究、管理研究、导师队伍建设、招生与就业、学科建设等研究主题，也受到研究者们广泛关注。围绕这些主题，研究者采用文献分析、历史分析、案例分析、问卷调查、国际比较等方法开展了研究。研究内容涉及个体、课程、专业、学科、院校、区域、国家和国际各个层次，提出了一些新观点、新方法、新思路和新建议，相信将对我国的研究生教育改革实践起到一定的促进作用。其中的一些研究，也会引发新的理论思考和学术争论，为研究生教育研究的自身发展奠定良好的基础。

专题一 研究生教育基本理论问题研究

本专题主要关注围绕研究生教育领域的基本问题，如研究生教育、研究生教育学、学科、学位等，所开展的基本概念、范畴、理论、判断、推理等相关研究。2017 年研究生教育基本理论问题研究专题共发表了 89 篇相关研究文献，本专题的编写收录了其中的 64 篇。根据文献研究主题分布情况，本年度研究生教育基本理论问题研究专题主要由五部分组成，分别是研究生教育学构建、研究生教育发展战略、研究生教育规模与结构、学科建设基本问题、学位制度。

第一节　研究生教育学构建

伴随研究生教育自身规模的扩大和社会对研究生教育重视程度的提升，学者对研究生教育本身问题关注度也有所增加。与往年相比，学者们对研究生教育本身的认识进一步深化，对研究生教育学学科建构的研究更为成熟，并集中出现了一批以研究生教育研究基本情况为对象的研究文献。

一、研究生教育学研究概述

针对日益增多的研究生教育研究文献和规模逐渐扩大的研究生教育研究团队，本年度学者对研究生教育研究的热点、主题、特征，研究者合作情况，以及研究范式等方面进行了研究。

天津大学王梅等人运用 Cite Space 的作者共现功能，基于对 2001—2015 年 CSSCI 数据库中有关研究生教育研究论文的统计，绘制了我国研究生教育研究领域的作者合作网络图。指出，我国研究生教育研究的作者合作网络整体结构松散，但合作子网络的模块化参数较高，聚类效果理想；从拓扑结构视角提出合作子网络呈现出点型、星型、K－核型、星型－总线型、K－核－总线型五种模式；从学术贡献视角提出稳健型、潜力型和渐弱型三类学者。①

武汉大学王传毅等人基于作者共现，采用社会网络分析的方法，考察了中国研究生教育领域学者的合作情况。研究结果显示，学者合作率从 1980—2015 年显著上升，但合作网络的密度较低，学者联系不够紧密，以孤点型、双人型的合作模式为主，但完备型、潜力型的合作模式逐步出现，从而形成若干核心的学术团队，并有力地推动了中国研究生教育研究的发展。②

中国科学技术大学崔育宝等人基于典型高产作者分析的研究生教育研究发展探析，以研究生教育研究领域 8 位典型高产作者的研究特点为视角，通过分析其合作网络、研究主题、研究方法的分布，提出促进我国研究生教育研究事业发展的几点思考，包括建设研究生教育学学科、加强专家队伍建设和院校间的合作交流、重视研究主题的百花齐放和研究方法的海纳百川等。③

北京理工大学包海芹等人以《学位与研究生教育》期刊 2001—2015 年的载文数据为样本，运用共词分析的综合可视化研究方法，分析了我国研究生教育领域的研究热点、研究主题以及学科结构。提出我国研究生教育领域的四个研究热点、五个研究主题和三个学科结构体系，并进一步指出未来拓展研究主题的切入点。④

天津大学杨院等人以研究范式转换理论分析了既有的研究生教育研究范式，认为现有研究范式具有三个特点：根植于学术型研究生的培养而形成、基于教育学科及高等教育学科的相关理论而建立、学术共同体的专业化水平及稳定性程度均不高。进而提出了发展多维价值取向的研究生教育研究范式、构建独特的研究生教育理论体系和建立专业化的研究生教育研究学术共同体的建议，以促进我国研究生教育研究范式转换。⑤

---

① 王梅，裴文杰，马韶君. 我国研究生教育研究领域作者合作网络的特征分析——基于 CSSCI 数据库的可视化研究（2001—2015）[J]. 研究生教育研究，2017（6）：29—35.

② 王传毅，吕晓泓，李明磊. 中国研究生教育领域学者合作的实证研究：基于作者共现的社会网络分析 [J]. 学位与研究生教育，2017（8）：61—66.

③ 崔育宝，万明，李金龙. 基于典型高产作者分析的研究生教育研究发展分析 [J]. 黑龙江高教研究，2017（10）：12—16.

④ 包海芹，孙晓园. 共词分析视角下的研究生教育研究热点和主题分析 [J]. 学位与研究生教育，2017（8）：54—60.

⑤ 杨院，丁楠. 我国研究生教育研究的范式转换与选择 [J]. 学位与研究生教育，2017（8）：50—53.

二、研究生教育学的学科构建

本年度学者们对于研究生教育学学科构建的研究有所增加，研究视角也更为丰富，他们或从理论上探讨学科创建的逻辑起点、研究体系、学科范畴，或从实践层面指出学科建构的理念、重点与可行路径，为研究生教育学的发展成熟提供了支撑。

北京理工大学王战军在《研究生教育学的学科范畴与构建理念》一文中，阐述了研究生教育学的学科内涵，界定了研究生教育学与其他二级学科之间的关系，阐释了研究生教育学的六个主要研究方向和主要内容。提出了构建研究生教育学的五个理念，并指出，创新发展是灵魂，协调发展是路径，绿色发展是保障，开放发展是宗旨，共享发展是关键。①

天津大学闫广芬等人探索了研究生教育学的学科建设背景、意义及具体措施。认为学科建设是研究生教育改革中的当务之急，提出研究生教育学学科建设应遵循需要与引导相结合、借鉴与创新相结合、经验总结与理论思辨相结合等基本原则。进一步指出开展研究生教育学学科建设的基本条件，包括注重培育高水平的学科团队和学科带头人，构建稳定的前沿研究平台，提供丰富的经费与有效的资源。②

江西师范大学刘小强分析了研究生教育学学科建设路径问题。认为，面对学科内在观念建制和外在社会建制两条路径，研究生教育学建设应该走“由外而内”的路线，在其内在观念建制还没有成熟的时候先建立外在社会建制，从而加快内在观念建制成长发展的步伐。指出应扩大和加强学科外在社会建制的建设，以更加开放的姿态重新定位学科内在观念建制的建设方向。③

东南大学耿有权探讨了处于发展中的中国研究生教育学基本理论的逻辑建构问题。认为，从“研究对象”的确认到“研究领域”的认可，再到适应“学科生长”和“现实发展”的需要，从高等教育学分化而来是研究生教育学研究的逻辑演进路径。④

天津大学王梅等人着重分析了研究生教育学的逻辑起点，结合研究生教育学逻辑起点的已有观点，提出知识增值是研究生教育学的逻辑起点的新观点。

---

① 王战军. 研究生教育学的学科范畴与构建理念［J］. 学位与研究生教育，2017（5）：1—6.

② 闫广芬，王红雨. 研究生教育学学科建设：背景、意义与行动［J］. 学位与研究生教育，2017（5）：7—12.

③ 刘小强. 建设研究生教育学：方向之迷与路径之思［J］. 学位与研究生教育，2017（5）：13—16.

④ 耿有权. 论研究生教育学研究的逻辑演进［J］. 学位与研究生教育，2017（5）：17—21.

认为，知识增值包括知识广度的延伸（量增值）和知识深度的延伸（质增值），知识增值的概括度高，统摄着一连串层次不同的概念，反映了研究生教育学的质的规定性，对研究生教育学理论体系起着统一概括的作用。①

第二节　研究生教育发展战略研究

2017 年是党和国家事业发展中具有重大意义的一年，“十三五”规划继续实施，供给侧改革进一步深化，中国特色社会主义进入了新时代，社会主要矛盾发生了根本变化。在这个大的发展背景下，研究生教育怎样在新时代明确自身定位、优化发展理念、解决关键问题、实现内涵式发展得到了学者们的关注。

一、研究生教育的新发展

武汉大学王传毅等人分析了全球博士生教育的八大趋势，分别是：从培养学者到培养精英，从单一扩张到结构分化，从评估学习到全面考察，从一方主导到多方协同，从独立培养到团队指导，从专业主导到通专结合，从经济主导到全面行动，从导师主导到多方参与等推进博士教育全方位变革。并提出，只有从单纯地培养学者转向培养社会各界的领袖和精英，才能使博士教育真正成为一国竞争力和创新力的基石。②

天津大学肖凤翔等人研究了“中国制造 2025”背景下工科研究生教育发展的路径选择问题。指出，工科研究生教育应为“中国制造 2025”战略规划的实现奠定强大人才基础，“中国制造 2025”为工科研究生教育发展的路径选择指明了方向，制造业的结构调整为工科研究生教育结构优化提供了契机，制造业的智能升级推动工科研究生培养模式改革，而制造业的提质增效倒逼工科研究生质量治理创新。③

安徽大学齐美东等人分析了人口出生率下降背景下我国研究生教育的发展问题。指出，中国人口出生率的下降趋势，在既有招生规模不变或不断扩大的

① 王梅，马韶君．知识增值：研究生教育学的逻辑起点［J］．学位与研究生教育，2017（12）：56—59.

② 王传毅，赵世奎．21 世纪全球博士教育改革的八大趋势［J］．教育研究，2017（2）：142—151.

③ 肖凤翔，邓小华．“中国制造 2025”与工科研究生教育发展的路径选择［J］．研究生教育研究，2017（4）：13—18.

趋势下，势必对研究生教育产生重大影响。为适应这一全新的变化趋势，研究生教育必须进一步深化研究生教育供给侧结构性改革，加快研究生教育转型发展的步伐。①

南京理工大学朱萍等人阐述了“一带一路”国家战略的提出与对人才的需求。认为在此背景下，研究生教育应着力于开拓文化教育交流平台；树立全球意识，培养国际化人才；推进协同创新，深化国际交流与合作；加强学科建设，提高学科竞争力，完善我国研究生教育国际化的管理体系。②

重庆大学白强从建设世界一流大学的视角，指出一流研究生教育对于一流大学具有重要意义。研究生教育要树立“自知自信、自立自强、自省自闯”的战略思维，并从目标定向、师资建设、苗子选拔、机制建构、现实导向和国际合作等方面采取“超常规”的改革行动，才能尽快建成一流的研究生教育，促进中国特色、世界一流大学的建设。③

华东师范大学徐贞等人分析了就业多元化趋势下博士生教育改革问题。指出，当前博士就业多元化已经成为一种不可逆转的趋势，并呈现出学术界外部就业的博士比例不断攀升、理工科和男性博士更多流向学术界外部、博士生对职业能力的认识与用人单位需求存在偏差等特征。在多元化就业趋势下，我国博士生教育改革应积极拓展博士生教育的目标定位，加强博士生的可迁移能力训练，同时大力发展专业型博士学位。④

清华大学王轶玮分析了知识转型对学术职业和作为学术职业之源的博士教育的冲击与挑战。指出，知识转型使学术职业发展呈现出学术职业场所的社会弥散性、学术职业的国际流动性、学术工作合同的临时性以及博士后比例增加的特征。认为博士教育应从提高博士生就业技能、提升博士跨学科训练、发展专业博士、推进校企合作四个方面适应劳动力市场变化。⑤

上海交通大学朱佳斌等人分析了国际研究生教育动态。指出，当前国际研究生教育表现出规模扩大化、生源国际化、目标多样化与模式多元化等发展趋势，并对我国研究生教育发展提出提升研究生教育国际化程度、探索研究生教

① 齐美东，田蕾．人口出生率下降趋势下的研究生教育转型研究［J］．研究生教育研究，2017（4）：19—24.

② 朱萍，夏欢，陈啸，缪婧萱，孙东平．“一带一路”战略引领下的研究生教育发展探析——基于南京理工大学的案例分析［J］．学位与研究生教育，2017（7）：17—20.

③ 白强．一流大学视角下一流研究生教育的思考［J］．研究生教育研究，2017（2）：19—23.

④ 徐贞，牛梦虎．就业多元化趋势下博士生教育改革研究［J］．教育发展研究，2017（9）：64—71.

⑤ 王轶玮．知识转型下学术职业变革与博士教育发展：特征、挑战与行动［J］．研究生教育研究，2017（6）：1—7.

育多元化模式、提升教育评价的合理性、重视研究生教育的实证研究的建议。①

山东女子学院李云鹏等人分析了美国博士教育转型发展问题。指出，随着产业结构和就业结构的变化，教育目的从发现新知识转向提升实践能力；结构从学术型学位为主转变为学术型学位和专业型学位并举，并以专业型为主体；培养模式实现了从学术本位到综合能力本位的转型。提出，我国博士教育在转型发展过程中要根据社会发展状况重新定位博士教育，审时度势设计专业博士布局，改变博士教育目的、结构和培养模式，做好质量保障体系建设工作。②

二、研究生教育综合改革

研究生教育改革是我国研究生教育事业前进发展的重要推动力，新的时代背景下，如何把握研究生教育综合改革的重点？如何发展专业学位研究生教育？国际研究生教育改革的趋势与特点有哪些？本年度学者围绕这些问题开展了一系列相关研究。

华中师范大学周洪宇分析了制定实施国家教育事业发展“十三五”规划的要点。指出，国家教育事业发展“十三五”规划是国家制定的“十三五”期间各级各类教育改革发展的总体规划，是“十三五”期间中国教育改革发展的行动纲领和指导性文件。其要点有四个方面：一是要全面提高教育质量；二是加强教育的结构性改革；三是全面深化教育改革；四是加快推进教育现代化。③

中山大学戚兴华等人指出，中国研究生教育应以质量治理为发展动力模式，发展理念从封闭系统走向开放系统，从独立空间走向公共空间；发展模式从静态环节体系走向动态主体体验，从学制－体制性知识学习研究走向个体－群体性学术交流创新；发展主体从政府转为高校，主导因素从外部力量转向内生性力量；研究生发展重点从身份确立转变到身份认同，从整体身份认同转化为个性化发展路径生成。④

清华大学易然等人总结了 2015 年启动的深化工程专业学位研究生教育综合改革的进展情况，重点介绍了培养德才兼备的研究生、探索混合式教学模式、

---

① 朱佳斌，陈珏蓓，刘继安，郑天一，刘少雪．国际研究生教育动态及其对我国研究生教育发展的启示［J］．学位与研究生教育，2017（8）：72—77.

② 李云鹏，于珈懿．美国博士教育的转型及其启示［J］．黑龙江高教研究，2017（12）：56—59.

③ 周洪宇．论制定实施国家教育事业发展“十三五”规划的四个要点［J］．河北师范大学学报（教育科学版），2017（3）：9—11.

④ 戚兴华，黄崴．中国研究生教育发展的制度自觉与道路转型［J］．研究生教育研究，2017（1）：1—7.

构建实践教育新机制等改革情况及思考。①

江苏省教育厅洪流介绍了江苏省深化专业学位研究生教育综合改革的实践探索。总结了江苏省深入推进专业学位研究生教育改革的措施及取得的阶段性成效，认为政府、高校、社会三方深度协同、多措并举、资源融通是改革成功的关键。②

长江师范学院杨玉兰以我国少数民族研究生教育为研究对象，总结了改革开放以来我国少数民族研究生教育取得的显著成就，分析了少数民族研究生教育的发展特征，并提出以西部地区研究生培养单位为依托、注重规模发展与质量提升、加强责任分担促进多元资助、加强政策的支持与引导、加强国际交流与合作五个未来少数民族研究生教育发展的构想。③

北京理工大学李勇等人分析了国内一流大学研究生教育的综合改革问题。从招生制度、培养体系、质量保障、国际交流等方面，探讨了国内一流大学如何深化研究生教育综合改革以及培养高层次拔尖创新人才。④

湘潭大学廖湘阳分析了专业学位硕士研究生教育存在的与职业资格关联不强、人才培养模式特殊性不显、制度设计与实践落差较大等问题。指出，未来专业学位硕士研究生教育应进一步完善其培养体系；探索应用型硕士研究生多样化的培养模式；积极适应劳动力市场的多元化需求，多维度推动研究生教育多元分化发展；改进制度变迁模式和政策调整范式，鼓励研究生培养单位自主创新实践。⑤

部分学者聚焦于国外研究生教育改革研究。山东大学张天舒等人分析了日本一流大学的研究生教育改革，指出日本政府继“21 世纪卓越研究中心（COE）计划”和“全球 COE 计划”后又实施了“博士教育引领计划”。总结了“博士教育引领计划”的基本内容和政策特色，并针对我国博士教育提出加强政府主体责任、重视可视化培养体系、与产业界和社会需求耦合的建议。⑥

---

① 易然，等．深化工程专业学位研究生教育综合改革初探［J］．学位与研究生教育，2017（1）：5—7.

② 洪流．加大政策支持，突出主体责任，搭建培养平台——江苏省深化专业学位研究生教育综合改革的实践探索［J］．学位与研究生教育，2017（1）：1—4.

③ 杨玉兰．我国少数民族研究生教育的成就、特征与发展任务［J］．学位与研究生教育，2017（10）：45—49.

④ 李勇，何海燕，李芳．国内一流大学研究生教育综合改革探讨［J］．高等工程教育研究，2017（1）：185—187.

⑤ 廖湘阳，周文辉．中国专业学位硕士研究生教育发展反思［J］．清华大学教育研究，2017（2）：102—110.

⑥ 张天舒，李明磊．日本一流大学博士教育变革效果——基于“博士教育引领计划”中期评估结果的研究［J］．中国高教研究，2017（11）：60—64 + 76.

华中师范大学王建梁等分析了澳大利亚专业博士项目的基本情况，指出澳大利亚教育博士项目面临身份认同危机、导师专业性不足、学位论文特色不明显等诸多挑战以及澳大利亚高校及政府主要的针对性改革办法。并结合当前我国教育博士发展情况，提出扩大教育博士改革探索自主权、创新专业博士学习方式、完善导师指导与培养制度的发展启示。① 陕西师范大学袁利平等介绍了俄罗斯研究生教育改革，指出，俄罗斯研究生教育改革是创新驱动的，通过科研、创业、衔接、机构四个不同方面的创新增强本国人才的创新能力与国际竞争力。并提出对我国研究生教育改革的四点启示：加强科研学习能力的培养、注重创新创业技能的提升、重视硕博连续教育的衔接、促进培养机构的多元发展。②

第三节　研究生教育规模与结构

研究生教育规模发展的合理性与结构分布的科学性是一个国家研究生教育高质量、内涵式发展的基本前提，同时，研究生教育规模与结构也与所处国家与地区的人口规模、经济水平、社会需求和支撑条件等息息相关。学者们围绕研究生教育规模与结构的影响因素和发展路径，以及研究生教育发展与外部经济社会发展的适应性开展了相关研究。

一、研究生教育规模结构分析

北京大学杨海燕总结了 1996—2016 年学界对于我国博士教育规模的争论，并从博士生教育元认知、规模扩张的动力、规模扩张的速度、规模扩张的路径、规模扩张后的质量保障五个方面分析了争论的主要原因。进一步指出，社会经济发展水平决定了理想的博士教育规模，而能否按照理想规模发展，以及按照何种价值取向、通过何种动力、凭借何种路径并以何种速度发展到理想规模，则依赖于现实的制度和体制安排。③

中国人民解放军空军预警学院李小平等分析了军队研究生的需求内涵与供

---

① 王建梁，姚林．澳大利亚专业博士的发展、挑战、应对策略——以教育博士项目为例［J］．研究生教育研究，2017（5）：84—89.

② 袁利平，李盼宁．基于创新驱动发展的俄罗斯研究生教育改革及启示［J］．现代教育管理，2017（11）：119—123.

③ 杨海燕．扩张与稳定：我国博士教育规模之争——基于 1996—2016 年国内相关文献的分析［J］．研究生教育研究，2017（4）：82—90.

给失衡问题。从核心需求与辅助需求、使用需求与培养需求、主观需求与实际需求三个方面剖析了我军研究生培养需求的内涵；揭示了供给体系与岗位体系、供给标准与需求标准、供给资源与需求目标、供给机制与使用机制四大供需失衡矛盾；从政策适应、体系适应、模式适应、能力适应四个方面提出了军队研究生培养适应部队建设发展需求的现实对策。①

一些学者认为，在新的发展形势下合理扩大研究生教育规模具有必要性。清华大学王任模等人针对博士生教育的质量与规模指出，高质量的博士生培养是国家和社会发展的重大战略需求，高水平大学在高层次人才培养中发挥了重要作用，适度扩大高水平大学博士生人才培养规模，符合人才培养规律、国家战略发展需要和社会需求，且有利于提高培养质量，有利于“双一流”建设及办好人民满意的教育。② 湘潭大学孙瑜等人在介绍近年来美国国际研究生的规模变化及结构变化基础上，总结了美国扩大国际研究生规模的举措。进一步提出我国应从国家战略高度定位研究生教育国际化，从研究生教育内在特性审视国际化维度，以及从完善高等教育对外开放战略布局的角度扩大国际研究生规模。③

二、经济社会发展与研究生教育规模、结构

承担着培育高层次人才、产出高水平研究成果的研究生教育，其自身发展能否与国家、区域的社会经济发展相契合得到了学者们的广泛关注。

中国科学技术大学张淑林等人分析了我国专业学位研究生教育供给与需求问题。指出，专业学位研究生培养模式应满足社会行业对高端应用型人才的职业性、专业性、实践性要求，深刻把握调结构、强质量、促改革三个原则并以此为改革指引，构建以助推经济转型与产业升级为目标的合理化规模结构、以主动服务市场及社会需求为导向的科学化培养体系和以政府调控与多元主体协同参与为保障的内涵式改革发展新局面。④

南京财经大学方超等人利用空间计量经济学方法探讨了研究生教育对我国经济增长的影响与空间效应。结果表明，研究生教育能够正向促进我国经济增

① 李小平，熊韵然，王晓楠．军队研究生教育的需求内涵与供需失衡反思［J］．学位与研究生教育，2017（5）：64—68.

② 王任模，屠中华，刘惠琴，姚强，杨斌．博士生培养质量与规模研究［J］．研究生教育研究，2017（3）：8—12.

③ 孙瑜，言佳羽．美国国际研究生规模结构变化及其启示［J］．学位与研究生教育，2017（5）：69—77.

④ 张淑林等．我国专业学位研究生教育供给与需求的分析［J］．中国高等教育，2017（2）：29—32.

长，增长效应为 0.8%—1.9%；省域研究生教育在地理空间上存在较强聚集态势，但局域分布差异较大；研究生人力资本空间溢出后，对相邻省域经济增长和技术进步的弹性产出分别为 1%—1.4% 与 1.6%。①

研究生教育规模的区域差异问题得到了学者的关注。云南师范大学姚辉等人指出，我国省域研究生教育科类结构与产业从业结构的适应性状态呈较为明显的由东向西递减格局：东部发展基础较好，高等教育发展水平较高的地区科类结构与产业结构的适应性较强，教育供给结构可以保障区域产业发展需求；中部和西部地区科类结构与区域产业结构适应性较差，科类设置不合理，教育供给与区域需求不对称。② 华东师范大学刘宁宁等人同样探讨了我国研究生教育规模的区域差异，指出 2003—2014 年我国研究生教育发展可以分为积极发展、扩大规模和稳步发展、提高质量两个阶段。在积极发展阶段，不同地区研究生教育规模的差距逐渐缩小；在稳步发展阶段，不同地区博士生教育规模的差距在逐渐扩大。并利用泰尔系数的可分解性分析，发现东部地区内部研究生教育规模差距的变动是引起我国研究生教育规模差距变动的主要因素。③

部分学者基于我国各省面板数据，运用实证研究方法，分析了研究生教育与区域经济发展的关系。淮阴工学院王树乔等人基于中国 30 个省、自治区、直辖市的面板数据，运用门槛面板模型考察中国研究生教育与经济增长的非线性关系，发现研究生教育对经济增长的影响存在显著的双重门槛效应：当人均国内生产总值（GDP）较低时，研究生教育促进经济增长；当人均 GDP 跨越门槛值时，这种正向作用有所增强，与此同时，物质资本相比人力资本对经济增长的贡献率更高。④ 南京信息工程大学孙薇等人利用 2006—2014 年省际面板数据，对我国 31 个省、自治区、直辖市研究生教育与制造业经济发展的协调性进行了实证分析。结果显示，研究生教育水平与制造业经济发展之间存在较强的相关性，但是协调性高的省份比较少，超过半数的省份仍然处于初级协调的状态。从整体态势来看，我国的教育与制造业经济水平由东到西呈现出递减的趋势，区域间的协调性水平差异较大。⑤

---

① 方超，罗英姿．研究生教育对我国经济增长的影响研究——兼论研究生人力资本的空间流动性［J］．高等教育研究，2017（2）：52—60.

② 姚辉，刘六生．我国研究生教育科类结构的省域适应性评价研究［J］．现代教育管理，2017（9）：108—112.

③ 刘宁宁，唐玉光．我国研究生教育规模的区域差异研究［J］．研究生教育研究，2017（4）：1—7.

④ 王树乔，王惠，李小聪．研究生教育影响经济增长的非线性效应研究［J］．现代教育管理，2017（6）：112—117.

⑤ 孙薇，许彧．区域研究生教育与制造业经济发展的协调性研究［J］．黑龙江高教研究，2017（12）：108—111.

也有学者结合某省具体情况，分析了研究生教育学科、专业结构与区域产业结构之间的关系。华南师范大学谢金丽对广东省2010—2014年全日制硕士研究生招生数据进行了统计分析，发现广东省硕士研究生教育学科结构与产业结构需求存在一定差距，类型结构不够合理。提出应围绕区域经济产业结构转型升级的需求来优化学科结构，同时在高等教育分类体系建设的框架内加大专业学位研究生比重来调整类型结构。① 四川文理学院王成端等人对四川省高等教育学科专业结构与产业结构变化情况进行了相关性分析。结果表明，农学与第一产业存在强相关，理学和工学与第二产业分别存在中等程度相关和强相关，历史学、文学和哲学与第三产业呈弱相关、不相关甚至负相关。指出，提升四川高等教育学科专业结构与产业结构相关性应以政府统筹规划为导向，建立高等教育学科专业结构调整动态机制；以教育主管部门宏观调控为抓手，做好学科专业优化顶层设计；以高校协同为依托，促进基础学科和应用学科和谐共生。②

第四节 学科建设基本问题

作为大学建设的基本组织单元，伴随着国家“双一流”战略的进一步推进，学科建设在本年度的研究关注度有所提高。学者们主要围绕学科建设理念、学科制度、学科生态系统，以及跨学科研究、跨学科学术组织建设、国外建设经验等问题展开研究。

一、学科建设理念与内涵研究

学科建设的基本理念与内涵研究关系到学科发展的逻辑和建设的水平。本年度，学者们的研究重心从原有的学科内部人才培养、制度变革等问题，逐步向学科外部发生转移，着力探讨了学科间关系、学科发展大环境、跨学科、超学科等问题。

中国人民大学武建鑫从社会生态视角出发，就学科生态系统进行了一系列

---

① 谢金丽．广东省硕士研究生教育科类结构变化研究——基于2010—2014年招生数据的分析［J］．高教探索，2017（5）：66—70.

② 王成端，王石薇．区域高等教育学科结构与产业结构相关性分析：以四川省为例［J］．高等教育研究，2017（12）：51—55.

研究。指出，以往关于学科生态系统的概念移植、理论应用、系统建构的研究属于一种隐喻研究。这种隐喻研究由于使用范围和系统属性上的科学性不足而存在一定缺陷。提出，应超越学科生态系统的隐喻概念，统筹学科组织发展的生态规律和社会价值。并提出了以下核心观点：第一，学科生态系统包括由学科组织、组织种群、学科群落等要素构成的组织生态子系统和由知识共享、获取、内化、创新等活动构成的知识生态子系统，两大子系统相互联系、协同耦合，形成学科发展的良好学术环境。第二，学科生态系统的四项核心主张，一是重视学科生态系统的健康及其整体竞争力；二是学科多样性是系统有序演化的先决条件；三是优势学科群落决定着学科系统的学术水平；四是高校要根据知识生产和协同育人规律打造学术共同体。第三，从学科的开放度和关联度两个维度探寻学科系统演进策略矩阵，为系统演化提供了四种状态和两种演化路径，并指出首先优化学科组织的内部结构，然后侧重解决学科系统的协同创新难题，应该是我国大学培育学科生态系统的最佳路径。第四，为了进一步确保演化路径的顺利实施，提出办学者在激活基层学术组织活力的前提下探寻制度供给方式和内容，通过营造和谐的学科生态环境联动建设一流大学和一流学科。①②③

国家教育发展研究中心马陆亭强调了学科群建设的重要性。指出，科技创新前沿和一线社会需求主要是学科分化、综合的结果，跨学科异乎寻常地重要。创新性人才培养既需要其知识体系的高度结构化，又需要其知识面涉及多个学科。人的成长是多元的，需要大学之“大”，这种“大”就是多学科的氛围。④

北京航空航天大学黄瑶等人分析了知识生产模式Ⅲ对大学及学科制度的影响。知识生产模式Ⅲ作为一种新型知识生产方式，对知识体系和社会发展具有杠杆平衡、公益性引导、元认知创新等作用。随着知识生产模式的创新和演化，大学向着创业型、公益性和智库方向发展，并重新获得核心地位。大学中的学科制度受新模式影响逐渐打破各传统学科之间的边界，新的学科形式“超学科”出现，大学中面向实际问题的综合研究中心慢慢崛起。⑤

中国科学院大学童嗣超从科研合作网络的视角观测了学科生命周期的演化

① 武建鑫. 超越概念隐喻的学科生态系统研究——兼论世界一流学科的生成机理［J］. 学位与研究生教育，2017（9）：8—13.

② 武建鑫. 学科生态系统：核心主张、演化路径与制度保障——兼论世界一流学科的生成机理［J］. 高校教育管理，2017（5）：22—29.

③ 武建鑫. 学科生态系统：论世界一流学科的生长基质——基于组织生态理论建构［J］. 江苏高教，2017（4）：7—14.

④ 马陆亭. 大学应重视学科群建设［J］. 中国高等教育，2017（10）：35—38.

⑤ 黄瑶，王铭. 试析知识生产模式Ⅲ对大学及学科制度的影响［J］. 高教探索，2017（6）：10—17.

特征。运用科学计量方法与复杂网络指标相结合的方法，结合三个样本领域学科背景，观测和分析了样本领域反映在合作基本信息、合作结构、合作便捷性、合作稠密性和合作开放性方面的阶段性演化，并结合学科演化历程中的重大事件，对演化特征进行了分析和解读，从网络视角揭示了学科生命周期体现在科研合作维度的阶段性演化特征。①

二、跨学科研究

与学科建设理念的转变相似，本年度学者对跨学科的概念、跨学科的重要性、跨学科建设的抓手、国外跨学科建设经验等问题关注度明显提高，展开了一系列具体研究。

浙江师范大学王占军从学科性和跨学科性两个方面分析了学科的属性，指出学科性与跨学科性之间的矛盾已经成为现代大学学科发展过程中不可回避的问题。解释了学科性与跨学科性之间的矛盾，比较了学科性与跨学科性的支持性因素以及二者的平衡机制。认为跨学科的发展并不能消解传统学科存在的意义，二者的矛盾关系仍然是今后一段时期大学组织学术细胞发展的主要矛盾。②

哈尔滨工业大学黄超从逻辑层面演绎了大学跨学科研究合作过程中的科学发现优先权冲突的成因及其结构方式。指出不同要素主导着大学跨学科研究合作不同阶段的学术竞争，并揭示了大学跨学科研究合作过程中学术竞争的系统复杂性。在此基础上，依据协作战略构造理论，提出学术优先权系统构造、科学家行为理性构造、科学家长期合作构造三种加强和改进大学跨学科研究合作界面波动的战略管理方法。③

南京师范大学张庆玲分析了知识生产模式Ⅱ背景下的跨学科研究转型问题。指出模式Ⅱ的变化对跨学科研究的组织建制、师资配置和学生培养都提出了新的挑战。在新的知识生产模式下，跨学科研究的转型需要开放组织边界、构建多元化跨学科单位；以情境化为纽带，创新教师流动机制；扩宽学生交往，发展个体意义建构。④

学科组织建设是学科建设的重要任务，一些学者从学术组织的视角分析了

---

① 童嗣超．国际合作网络视角下的学科生命周期演化特征研究［D］．北京：中国科学院大学，2017.

② 王占军．何谓学科：学科性与跨学科性的争论［J］．学位与研究生教育，2017（11）：34—38.

③ 黄超．跨学科研究合作的科学发现优先权冲突及其管理——以“李杨论争”为例［J］．中国高校科技，2017（4）：14—18.

④ 张庆玲．知识生产模式Ⅱ中的跨学科研究转型［J］．高教探索，2017（2）：31—36.

跨学科组织及管理问题。复旦大学刘凡丰等人剖析了高校多种跨学科研究组织设计的学科整合程度和效果。认为相对独立的跨学科中心因与学科院系结构有较大的冲突，难以达到理想的效果；公共技术平台因资源的共建共享而促进科研人员的集聚与交流，在一定程度上能实现科研的组织化、实体化运行；依托学科院系建设的新体制机构、集群聘任模式是两种促进跨学科研究的较佳方案。① 华中科技大学张洋磊等人指出，我国大学跨学科学术组织在发展中面临着制度环境、组织架构、文化价值等多重冲突，大学跨学科学术组织亟须向"内生性制度创新"变革，需要创设"共同抉择"的府学关系，构建跨学科协同创新体系，形成多元参与的资源竞争和成果评价机制，营造开放、信任的跨学科合作场域。② 南京邮电大学李峻等人指出，当前跨学科学术组织的发展存在不同学科范式之间的通约性不足、外部制度环境的正面牵引性差、组织内学科权力生态结构不平衡等诸多障碍。大学跨学科组织的创新需要加强国家政策的"顶层设计"，优化外部环境；发挥教育行政主管部门的指导与评价作用，缩短创新周期；重建经费投入机制与社会支持网络系统，增强资源保障性；优化组织的结构治理与关系治理，释放组织创新的内在活力。③

部分学者介绍了国外跨学科建设的经验。嘉兴学院陈艾华等人介绍了美国杜克大学提升跨学科科研生产力的主要做法与经验，并提出我国高校提升跨学科科研生产力应明确以下三点：利用跨学科知识服务社会是进行跨学科研究的旨趣、建立跨学科管理机构是提升跨学科科研生产力的引擎、支持教师参与跨学科研究规划是发展跨学科科研生产力的关键。④ 浙江大学张炜等人以德国"卓越计划"为背景，分析了亚琛工业大学在跨学科战略定位、跨学科学术组织结构、跨学科学术组织运行机制特色、跨学科教学模式和研究模式等方面的特色实践与关键特征。并提出在国家层面提倡和推进大学跨学科战略导向、在高校层面积极构建大学跨学科学术组织体系、实施纵向一体化的跨学科教学体系与跨学科研究体系的政策建议。⑤ 天津大学申超等人以密歇根大学为案例分析了跨学科的研究、教学、学习问题，指出，"独立 + 固定式"和"分散 + 周期性"的跨学科组建方式，多学科学生聚集的住宿学院设计，校级统筹、争取

---

① 刘凡丰，等．高校促进跨学科研究的组织设计策略［J］．清华大学教育研究，2017（5）：75—83.

② 张洋磊，张应强．大学跨学科学术组织发展的冲突及其治理［J］．教育研究，2017（9）：55—60.

③ 李峻，陈楚伦．大学跨学科学术组织的成长逻辑与创新策略［J］．江苏高教，2017（10）：13—17.

④ 陈艾华，邹晓东．杜克大学提升跨学科科研生产力的实践创新［J］．高等工程教育研究，2017（5）：115—119.

⑤ 张炜，钟雨婷．亚琛工业大学的跨学科战略实践及其变革［J］．高等工程教育研究，2017（5）：120—124.

外援与绩效拨付相结合的跨学科财政支持，跨学科教师岗位的联合聘用，以及多样化与自主性相结合的跨学科专业设置与学位授予是密歇根大学推动师生跨学科研究、教学与学习的全面和持续开展的重要手段。①

第五节　学位制度

学位制度是学位与研究生教育的基本制度。其中，学位授权审核制度是中国特色学位制度的重要内容。学位授权审核制度改革如何更好地适应经济和社会发展需求，是我国研究生教育研究的一项紧迫课题。同时，随着长期以来学者对学位条例、学位管理体制的研究积累，本年度对学位法相关问题研究的关注度也有所上升。

一、学位授权审核及学位点动态调整机制

学位授权审核、学位点动态调整依然是研究者关注的重点问题。本年度出现了一些主要依托于专家访谈的学位授权审核研究，在学位点动态调整方面，有学者提出了构建区域学科联盟的新观点。

北京师范大学唐艺卿等人围绕中国学位授权审核需求与改革问题对 7 个省级学位办和 62 所高校进行了调查研究。指出，“服务需求、提高质量”的学位授权审核改革理念已经得到普遍认可，放权成为学位授权审核改革的普遍要求。并进一步提出，学位授权审核的改革应尽快启动《中华人民共和国学位条例》修订工作，学位授权审核必须依法放权，建立学位授权审核质量标准，加强学位授权审核公平与公开的审核制度建设的建议。②

北京师范大学曹昭乐等人基于对 38 位国务院学位委员的半结构式访谈探讨了我国研究生学位授权审核改革理念。发现国务院学位委员普遍认同“服务需求、提高质量”的发展理念，但在优化结构是否要达到区域平衡、研究生发展规模是否要扩大、学位授权审核是否应该常态化等具体实施策略上存在一些争议。进一步指出，现代学位授权审核制度应该在外在需求与内在质量之间寻求适当的平衡，构建国家、省（市）和高校三者协作的边界明确的

① 申超．如何推动跨学科的研究、教学与学习——以密歇根大学为例［J］．外国教育研究，2017（4）：54—65.

② 唐艺卿，姚云．研究生学位授权审核需求与改革［J］．高教发展与评估，2017（6）：67—77.

权责管理体系，优化研究生教育结构与科学布局，创新内外联动的质量保障体系。①

清华大学杜艳秋等人研究了专业学位目录的规范与管理问题，认为专业学位目录具有特定功能和价值，类别与领域互为依存，领域可以逐步升格为类别。建议进一步明确专业学位类别和领域的准入条件、设置程序及权责边界；按照放管结合、抓大放小的原则，由国家层面统筹管理专业学位类别设置，由学校层面自主设置专业学位领域；实行专业学位类别与领域的质量关联和动态调整，在规范、有序前提下的自主发展。②

吉林师范大学吴振利提出以区域学科联盟来解决学位授权点的自治与共治问题。基于对学科、学位点和高校的逻辑关系分析，指出封闭管理有碍学术自治和共治、学术交流和繁荣和学科与学位点发展。认为区域性学科联盟能够实现学术自治和共治，能够在学位点评审与评估、导师遴选与聘任、研究生招生以及保障研究生培养质量上发挥指导、规范、主导和斧正作用。③

对外经济贸易大学徐雷通过检视美国学位撤销的相关案例，从撤销权确立、实体要求和程序要求具象化、学术型和非学术型撤销的分化三个方面梳理了美国学位撤销审查的新进展。并以此为基准，厘清了我国大学适用学位撤销时的模糊点。指出，在程度拿捏上注意平衡办学自主和依法办学之间的关系；在程序要求上明确学位评定委员会的作用；在实体认定上准确区分学术型和非学术型“严重违规”的判断标准。④

二、学位法相关问题

淮北师范大学李福华等人回顾了我国研究生学位授权审核法治化进程，认为在35年的学位授权审核法治化过程中，我国依法明确了学位授权审核主体，建立了系列性学位授权审核制度，并在此基础上展望了未来我国学位授权审核发展情况，包括在制定学位授权审核标准、规定授权审核主体权责、学位授权审核时间常态化、学位授权审核监督与问责制度建设等方面进行法治化改革等。⑤

---

① 曹昭乐，钟秉林．研究生学位授权审核改革理念［J］．高教发展与评估，2017（6）：59—66.

② 杜艳秋，王顶明．专业学位目录管理：规定性与自主性［J］．中国高教研究，2017（3）：56—61.

③ 吴振利．论基于区域性学科联盟的学位授权点自治与共治［J］．学位与研究生教育，2017（11）：56—60.

④ 徐雷．大学学位撤销审查路径：美国的经验与启示［J］．高校教育管理，2017（5）：62—68 +101.

⑤ 李福华，姚云，钟秉林，中国研究生学位授权审核法治化35 年的回顾与发展展望［J］．高等教育研究，2017（9）：50—55.

南昌大学黄厚明认为高校学位授予权法律性质存在着“国家行政权”和“高校自主权”两种不同定位。基于国家行政权法律性质定位，高校学位授予案件司法审查运用法律解释无法得出高校学位授予权属于国家行政权的结论。基于高校自主权法律性质定位，高校学位授予案件司法审查进路主要包括：司法审查范围方面应选择全面审查模式；司法审查标准方面应以正当性标准为主，以合法性标准为辅；司法审查基准方面程序问题以正当程序为主要基准。①

沈阳师范大学刘旭分析了我国高校学位撤销权的法律规制问题。以近几年发生的高校学位撤销案为基础，归纳出我国高校学位撤销权行使过程中存在的问题，包括行使条件不明确、程序不规范、证据不明与救济机制缺失。并结合美国高等学校学位撤销权法律规制的经验分析，指出我国高校学位撤销权的行使应遵循依赖保护、正当程序、事实不可更改三个原则，完善高校学位撤销权的立法规制、行使程序规制、救济规制和监督规制。②

第六节　文献分布及其特点分析

一、文献总量及分布情况

从文献来源分布来看，2017 年研究生教育基本理论研究文献共检索出了 89 篇。其中，期刊论文 80 篇，占 89.89%；研究生学位论文 2 篇，占 3.13%；报纸文章 7 篇，占 7.87%（表 1－1）。与上一年相比，期刊论文依然是本专题的主要文献来源，同时，期刊文献总量由 2016 年的 40 篇上升到 2017 年的 62 篇，增幅显著。

从研究主题分布来看，本年度关于学科建设基本问题（26.97%）和研究生教育发展战略（24.72%）的研究较多，占了本专题文献总量的一半以上，如图 1－1 所示。与 2016 年相比，五个主题的文献数量均有所增加，其中，关于研究生教育发展战略、研究生教育规模与结构、研究生教育学构建三个主题的文献数量增长尤为明显。

---

① 黄厚明．高校学位授予案件司法审查进路研究：基于两种法律性质定位的考察［J］．高教探索，2017（6）：24—28.

② 刘旭．我国高等学校学位撤销权法律规制研究［D］．沈阳：沈阳师范大学，2017.

表 1－1　2017 年研究生教育基本理论问题研究文献来源统计

文献类型	数据库	数量/篇	比例/%
期刊论文	CSSCI	80	89.89
学位论文	CNKI 中国博士学位论文全文数据库	2	2.24
	CNKI 中国优秀硕士学位论文全文数据库	0	
报纸文章	CNKI 中国重要报纸全文数据库	7	7.87
合计		89	100

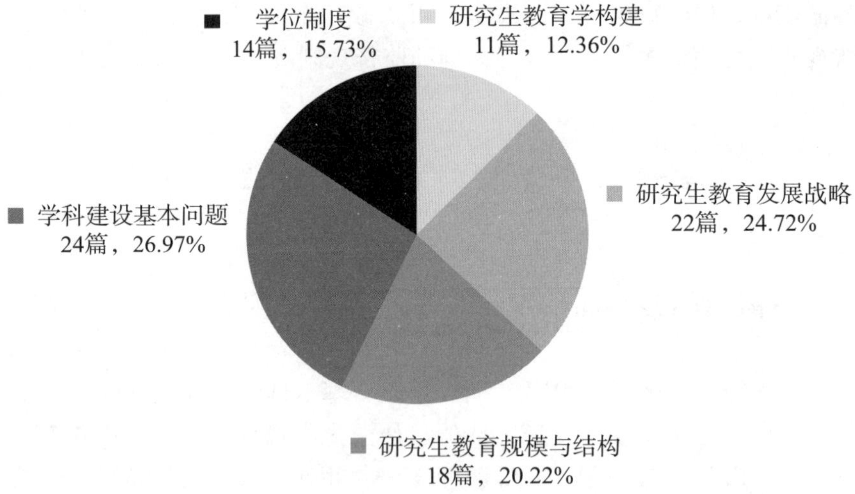

图 1－1　研究生教育基本理论问题的研究主题分布

二、研究特点

与往年相比，本年度关于研究生教育基本理论问题的研究在数量上大幅增加，在研究的深度与广度上进一步扩展，呈现出以下特征：

第一，更加关注研究生教育学科建设问题。随着研究生教育领域研究逐渐增多，学者们对研究生教育本身的内涵、特征、研究体系等有了更深的认识。作为一门学科的研究生教育引起了学界的广泛思考。学者普遍认为在研究生教育大国背景下构建研究生教育学，从理论上解释研究生教育实践问题、指导研究生教育实践发展是当前研究生教育改革与发展的重要内容。已经有学者从学科内涵、学科范畴、学科逻辑起点、学科研究范式、学科构建理念与原则、学科建设问题及策略等多方面进行了较为系统的研究。

第二，更加关注研究生教育发展战略与规模结构问题。在我国实施创新发展战略、建设创新型国家的发展新时期，研究生教育所具有的培育高层次人才、开展高水平科学研究、提供优质社会服务等功能将使其在国家和社会发展过程中发挥更为重要的作用。在此背景下，科学制定研究生教育发展战略、合理配置研究生教育发展资源、协调区域发展与研究生教育发展之间的关系等问题迫切需要解决。对于这些问题，学者们运用定性、定量多种研究方法对这类问题进行了多角度地研究，分析了新时代背景下研究生教育的转型、研究生教育科类结构与社会经济发展的协同，以及博士生教育、专业学位教育改革等问题。

第三，更加关注国际研究生教育发展形势研究。随着我国建设世界一流大学和一流学科进程的推进，一些学者开始关注国际层面的研究生教育、学科建设、学位授予等问题，介绍其他国家改革发展的思路和理念，总结经验，并结合我国发展实际提出改进建议，研究的国际视野更为明显。

三、未来研究展望

通过对本年度研究生教育基本理论问题研究的总结分析，结合研究生教育现实发展情况，未来的研究生教育基本理论问题研究可能出现以下两个研究趋势。

1. 研究生教育学学科建设研究进一步成熟

截至 2017 年，我国在校研究生教育规模已经达到了 260 余万，高等教育毛入学率也已经接近 50% 。在高等教育即将进入普及化、研究生教育规模不断扩大的发展趋势下，研究生教育的内涵、人才培养的定位、研究生教育学位类别的侧重、研究生教育与经济社会文化发展的关系、一流大学背景下的研究生教育等问题将会得到更多学者的关注。同时，伴随着对研究生教育本身认识的深入和现有研究生教育学科构建的相关研究，近几年研究生教育学科建设问题也会得到持续关注，学界将围绕研究生教育学的内涵、特征、基本理论、学科体系、研究框架、建构逻辑、发展路径等内容开展进一步的研究。

2. 学科及学科建设理论研究更为丰富

世界一流大学和一流学科建设再一次将学科推到了重要位置。随着国家和各省级层面对学科建设的多方面支持，学科、学科建设，尤其是一流学科的建设和评价问题，将会得到更多关注。学科建设与发展的本质、不同类型高校学科建设的重点与策略、学科群与跨学科等新型学科组织、学科制度与文化、一流学科建设的特征标志及作用、学科建设评价的理念与维度等问题都亟待学界通过研究给出进一步的科学解释。

专题二 研究生教育质量研究

2017年度质量研究文献突出内容和大体进展如下：2017年，研究生质量研究、评估与保障依然保持研究和关注热度，研究论文数量较去年有所减少，但主题内容丰富，研究方法多样。本年度，共检索出64篇期刊论文、21篇学位论文、10篇报刊文章、11部学术著作，总计106篇（部）文献。在106篇（部）文献中，有40篇期刊论文、14篇学位论文、6部著作、1篇报刊文章，共计61篇（部）文献被纳入专题文献综述。本专题围绕研究生教育质量现状、质量评析、质量保障三个小节主题展开，各小节根据文献数量和内容进行细分。

第一节　研究生教育质量现状

在研究生教育质量现状研究领域，2017年共有49.06%的文献与质量现状相关。根据文献情况，作者将文献分为“研究者探索研究生教育质量”和“研究生感知研究生教育质量”两类。学者们从不同方面针对2017年国内教育质量热点现状进行剖析并思考。

一、研究者探索研究生教育质量

教育质量永远是研究者的探索热点。研究者们分别从宏观现状、具体案例等角度入手探索研究生教育质量。

（一）宏观探索教育质量

本小节展现的是专家学者在宏观层面对质量问题的探析。学者们从理论入手针对2017年国内教育质量热点现状，如就业质量、培养质量、专业实践等，进行剖析并思考。

清华大学王任模等人认为高质量的博士生培养是国家和社会发展的重大战略需求，高水平大学在高层次人才培养中发挥了重要作用，适度扩大高水平大学博士生人才培养规模，符合人才培养规律、国家战略发展需要和社会需求，且有利于提高培养质量，有利于“双一流”建设及办好人民满意的教育。①

陕西学前师范学院翟月等人针对美国博士生教育质量改进策略进行探析，发现近期美国博士生教育质量改进的策略主要表现在五个方面，即加大对博士生教育的财政支持力度；重视“跨学科”在博士生教育中的作用；强调博士生教育要为博士生的职业生涯做准备；加强大学与企业、政府等多方的合作；进一步完善博士生教育的质量评估。②

首都师范大学王建跃从研究生教育质量文化的提出、构成及功能入手，归纳总结其内涵，结合研究生教育质量文化建设现状，重点剖析目前研究生教育质量文化建设过程中所面临的挑战以及存在的误区，并在此基础上形成关于研究生教育质量文化在顶层设计、基础保证、关键环节等方面的培育策略。③

河北大学杨凤英、许建忠从波兰尼个体知识理论出发，指出学位论文是研究生个体知识的外化成果，研究生个体知识是影响其质量的内在因素。提出目前在职教育硕士研究生个体知识存在着结构性问题，即教育理论知识的浅表化和片段化、教育科研知识的非规范化、学位论文规范表述知识的缺失，是影响在职教育硕士学位论文质量的根本原因。总结出多因素聚合导致在职教育硕士研究生个体知识结构性问题的存在。针对上述问题及成因，建议采取有效措施，优化研究生及其指导教师个体知识，为在职教育硕士学位论文质量提升提供根本保障。④

江苏师范大学王海峰针对《高校学生事务管理规范与服务标准》讨论全面提高高校研究生事务管理质量的策略。认为高校研究生事务管理是研究生教育管理的重要组成部分，作为高校研究生事务管理者，需要分析当前我国高校研究生事务管理存在的各种问题，探究阻碍管理效力的问题，寻找提高高校研究生事务管理质量的有效策略，进一步完善高校研究生事务管理办法。⑤

---

① 王任模，屠中华，刘惠琴，姚强，杨斌．博士生培养质量与规模研究［J］．研究生教育研究，2017（3）：8—12.

② 翟月，陈玥．美国博士生教育质量改进策略探析［J］．研究生教育研究，2017（3）：91—95.

③ 王建跃．研究生教育质量文化建设初探［J］．研究生教育研究，2017（4）：51—55.

④ 杨凤英，许建忠．个体知识视阈下在职教育硕士学位论文质量的提升［J］．学位与研究生教育，2017（6）：56—60.

⑤ 王海峰．全面提高高校研究生事务管理质量的策略——评《高校学生事务管理规范与服务标准》［J］．教育发展研究，2017，37（21）：88.

西南大学兰珍莉提出应通过认识研究生教育教学质量监控的内涵、功能及实现条件，发挥研究生教育教学质量监控在应用过程中的认知性监测功能和反思性调控功能，并派生出预测和鉴定功能和约束和激励功能，从而有效避免教学质量监控内部结构错置、约束功能放大和工具化倾向的实践难题。①

若将高等教育看作一种服务，可以说目前我国高校的研究生教育服务质量还比较薄弱，难以匹配高等教育大众化后出现的各方需求。中南财经政法大学覃曼宇以服务质量管理的视角研究高等教育质量，综合质量管理学、服务管理学和教育管理学等学科的理论，将质量管理领域的模型运用于研究生教育服务领域。以“服务质量需求——服务质量特性”为思路，围绕研究生教育服务中的四类利益相关者，把利益相关者对服务质量的需求转化为研究生教育活动中参与者和管理者都能够理解和执行的具体信息，以便于研究生教育服务质量改进活动的开展。研究通过服务质量（SERVQUAL）模型，设计了衡量利益相关者期望－感知差异值的多维度量表，并计算四类利益相关者对各个研究生教育质量需求的期望－感知差距。②

清华大学李雪指出激励和淘汰机制对于博士生培养质量建设起着不可或缺的重要作用。并采用访谈法对我国博士生的求学动机和学术兴趣现状、我国高校支持博士生学术兴趣发展的经验和问题以及我国实施博士生淘汰制的障碍进行了研究，发现我国博士生求学动机类型多样，可总结为：职业考虑型、学术追求型、顺势选择型、自我提升型、附加收益型、他人影响型和个人理想型。指出博士生淘汰制在我国未能严格落实，是由于在就业环境、社会文化环境、研究生招生体制环境以及高校制度和文化环境方面存在一定障碍。建议遵循兴趣规律，支持学生学术兴趣发展；高校建立相关制度，促进导学匹配和构建和谐的导学关系；加强设立保障性质奖学金和科研资助型奖学金。③

《5说中国研究生教育质量（2017）》在《中国研究生教育质量年度报告（2017）》基础上，按照数说、事说、省说、生说、他说的维度，以图表为主要表现方式，分层聚焦我国2016年及“十三五”时期我国研究生教育质量的概况。该书内容翔实，全面、客观，多角度反映了2016年度中国研究生教育质量概况，为研究生培养单位创新研究生培养模式，提高培养质量提供有益的参考。④

① 兰珍莉．研究生教育教学质量监控：内涵、功能及实现条件［J］．学位与研究生教育，2017（4）：60—63.

② 覃曼宇．我国研究生教育服务质量研究［D］．武汉：中南财经政法大学，2017.

③ 李雪．博士生培养质量建设研究：基于激励和淘汰的视角［D］．北京：清华大学，2017.

④ 王战军．5说中国研究生教育质量（2017）［M］．北京：科学普及出版社，2017.

《江苏省研究生教育质量年度报告（2017）》系统分析了江苏省2016年研究生学位授权单位与授权点分布、研究生招生与在校生以及导师的基本状况；对江苏省高水平大学的建设方案进行解读，并介绍“十二五”期间及2016年江苏省学科建设的主要工作和成果；从研究生思想政治教育、博士生培养改革、专业学位培养改革、课程改革与研究生培养创新工程五个方面重点展示了江苏省研究生教育改革的创新举措；以硕士学位论文抽检、硕博士论文评选、硕士学位授权一级学科点评估三项基础工作的数据为依据，呈现了江苏省研究生教育质量总体情况；从毕业去向、就业质量七维度、满意度调查结果等方面介绍江苏省研究生的就业质量；遴选出江苏省8所高校，展示其在学科建设、学位与研究生教育方面的特色举措及实施成效。①

（二）具体案例探索教育质量

研究生教育作为国家创新体系的重要组成部分，其质量直接关系到国家综合实力和核心竞争力的提升。不少研究者针对研究生教育领域具体案例，从具体高校、具体专业学位或某一具体问题入手，对研究生教育质量展开深入探索，其中也有不少学者针对具体案例提出提高教育质量的建议。

西安交通大学冯涛以陕西省12所高校2012—2014年获得国家奖学金的335名工程硕士生和872名工学硕士生为研究对象，通过对获奖者的成果和科研实践经历进行比较，对工程硕士培养质量进行了评价。研究表明在培养过程中，工程硕士生在实践能力培养方面受益较多，工程硕士和工学硕士分类培养成效显著，但是工程硕士生的创新能力有待进一步提高。并针对经济新常态下工程硕士教育面临的机遇与挑战，提出了提升工程硕士培养质量的建议。②

东北师范大学赵朋以专业学位研究生培养为例研究产学研融合提升研究生培养质量，表示虽然我国专业学位研究生教育经过20多年的发展，在层次、类别和规模上都取得了较大的成效，但培养质量还不能很好满足用人单位的需要。只有找出研究生培养质量存在问题的原因，才能结合当前产学研融合的现状，从政府、企业和高校的视角探讨如何在专业学位研究生培养过程中建立产学研融合的有效途径。③

南京农业大学罗英姿等人基于输入－过程－输出－发展（IPOD）框架对我

① 汪霞，洪流．江苏省研究生教育质量年度报告（2017）［M］．南京：南京大学出版社，2017．

② 冯涛，陆根书，柳一斌．工程硕士和工学硕士培养质量实证比较研究［J］．学位与研究生教育，2017（1）：61—65．

③ 赵朋．产学研融合提升研究生培养质量——以专业学位研究生培养为例［J］．中国高校科技，2017（3）：41—43．

国六所涉农高校在读博士生和毕业博士的调查发现：农科博士生具有延期比率较高、学习投入时间较长、学科背景较为一致、国外访学经历和教学体验缺乏、接受职业指导不足、职业期望多为学术职业的群体性特征；毕业博士体现出单位类型多元、从业专业相关度高、个人与工作岗位匹配度高于个人与工作单位匹配度的职业发展特征。对此，认为应依据学科差异适当调整博士生学制长度，提高博士生对博士学位的理性认知，加强博士生职业路径引导。①

华南理工大学刘源、张建功从绩效的视角出发，运用因子分析法将表征研究生教育现状的 12 组变量整合为投入和产出两个主要因子，对我国 31 个省、自治区、直辖市进行评价和比较。结果显示：我国大部分地区的研究生教育投入和产出水平大致匹配；北京、辽宁、上海、吉林、天津等地的研究生教育产出大于投入，教育资源利用效率和绩效水平较高；山东、四川、河南、河北、江西等地区的研究生教育绩效相对较低，亟待通过制度改革创新来提高研究生教育资源利用的效率和效益。并从研究生教育战略调整机制、经费投入保障机制和跨区域合作共享机制等方面，提出促进研究生教育健康发展的若干对策建议。②

学位论文水平是研究生培养质量的直接体现，如何提高研究生学位论文质量是当前学位与研究生教育改革的重要课题。北京大学高耀等人基于 × 省 2014 年硕士学位论文抽检结果数据，从总体质量和分项质量两个维度对学术型硕士学位论文质量的学科差异进行实证分析。研究结果显示该省学术型硕士学位论文抽检合格率高，质量整体有保障。分项质量方面得分由高到低分别为选题意义与研究价值、基础知识、论文工作量、写作规范性、结构严谨性、文献综述和创新性。③ 中国人民大学李霞等人以人文社科博士学位论文为研究对象，将反映博士学位论文质量特征的要素分为形式要素和实质要素两类，构建形式要素和实质要素特征评价指标，通过测量指标得分，分析评价人文社科博士学位论文质量特征，研究成因并提出改进建议。④ 河北大学李瑞娇以 H 大学硕士学位论文为研究对象，选取 2014—2016 年的论文质量状态数据做支撑，通过相关数据分析揭示学位论文的质量现状与存在的问题；采用问卷调查法、访谈法等研究方法，对影响学位论文质量的因素进行了调查分析，发现主要影响因素包

---

① 罗英姿，刘泽文，张佳乐，顾剑秀．基于 IPOD 框架的博士生教育质量研究——以涉农学科为例［J］．高等教育研究，2017，38（5）：55—63.

② 刘源，张建功．我国各地研究生教育绩效研究［J］．研究生教育研究，2017（5）：30—35.

③ 高耀，陈洪捷，杨佳乐．全国学术型硕士学位论文质量差异研究——基于个体属性特征的视角［J］．中国高教研究，2017（10）：51—56.

④ 李霞，宋俊波．人文社科博士学位论文质量要素特征评价——以中国人民大学人文社科类博士学位论文为例［J］．学位与研究生教育，2017（11）：13—17.

括导师指导不力、生源质量差、研究生科研训练不足、学校监管措施不到位等。提出强化导师岗位意识、设立研究生创新项目、加强学术道德和学术规范教育、提高论文双盲评审比例、建立论文中期考核制度、完善自我评估制度等建议。①

随着来华留学生数量的增多，来华留学研究生教育质量逐渐受到学者的关注。北京师范大学刘水云在针对来华留学研究生培养质量的大规模实证调研的基础上，发现我国政府资助来华留学研究生数量稳步增长，对培养质量的满意度比较高，基本达到了预期的目标。但是依然存在着生源质量参差不齐，留学生语言障碍较大，对中国的课堂教学方式不够适应，教师培养留学生的积极性不高，部分高校对培养质量监控不力等问题。② 西藏民族大学李海生等人发现来华留学研究生教育中存在生源绝对规模偏小、生源所在学科专业分布集中度较高、生源地分布不均衡、生源质量不高等问题。认为影响生源质量的主要因素包括留学服务支撑系统不完善、招生宣传不到位、入学考核把关不严、培养规格与国际不完全接轨、高校研究生教育水平总体不高等。认为欲提升留学研究生生源质量，需要高校加强建设优势学科和国际化导师队伍，建立与国际接轨的培养体系，构建入学考试新机制，拓展招生信息渠道，完善奖助政策及留学服务配套系统。③

二、研究生感知研究生教育质量

在校学生满意度是衡量教育教学质量、教育政策实施效果等的重要尺度，为深入研究研究生教育质量及各类教育政策实施效果，不少学者运用问卷调查法、访谈法、个案分析法、回归分析法、层次分析法等多种方式开展了有关研究生教育不同方面的满意度调查。

学位与研究生教育杂志社周文辉等人为持续追踪研究生对研究生教育的满意度情况，对全国 109 个研究生培养单位的 57067 名研究生进行了问卷调查。发现不同研究生群体对研究生教育的满意度呈现均衡化趋势；专业学位研究生满意率连续四年高于学术学位研究生；研究生对课程教学、科研训练、管理与服务的部分方面满意度较低。在对调查结果阐释的基础上，针对调查数据反映出的问题提出提高研究生教育满意度的对策。④

---

① 李瑞娇．H 大学研究生学位论文质量调查及对策研究［D］．保定：河北大学，2017.

② 刘水云．来华留学研究生培养质量调查［J］．学位与研究生教育，2017（8）：26—31.

③ 李海生，龚小娟．来华留学研究生教育中的生源问题及对策分析［J］．学位与研究生教育，2017（8）：32—37.

④ 周文辉，黄欢，付鸿飞，刘俊起．2017 年我国研究生满意度调查［J］．学位与研究生教育，2017（9）：41—47.

北京理工大学李明磊等人使用全国性时序调查数据监测博士生对培养过程的满意度水平及其变动趋势。发现2012—2016年总体上博士生满意度水平从高到低依次为导师指导、科研训练、课程与教学、奖助体系、管理与服务等培养过程指标，但后三个指标呈现出稳步上升态势，同时也是短板和薄弱环节，亟待加大改革力度和精准施策。①

北京航空航天大学包艳华等人通过自编问卷对全国102所高校的2015届全日制工程硕士研究生开展了教育服务质量满意度调查。发现75.6%的工程硕士研究生认可当前的教育服务质量。指出，在学习过程阶段，工程硕士研究生对课程设计、专业实践、导师指导、合作培养单位、能力提升、职业发展的满意度均显著影响教育服务质量满意度，且相关性较强。工程硕士研究生对课程内容的前沿性、职业性和实践性满意度低，对实习实践场所的不满突出，“双导师制”存在2/3缺口，合作培养单位较少参与工程硕士研究生培养。在学习结果阶段，工程硕士研究生的国际视野和创新能力提升较小，专业与社会需求的符合度、职业与期望的匹配度以及收入的期望达成度的满意度略低于平均职业发展满意度水平。②

中山大学许长青利用SERVQUAL模型测量广东高校研究生教育服务满意度，分析其影响因素。结果表明，研究生对移情性最满意，对保证性最不满意；研究生教育服务满意度总体上呈现正向，但在研究生服务满意度不同维度上存在显著差异；Logistic逐步回归表明，学校设施、导师队伍、图书资料、学术氛围、职业规划、课程设置及管理服务等对研究生教育服务质量满意度提升具有显著影响，各发生概率均具有较大优势比；象限分析表明，广东研究生教育服务质量满意度的影响因素均落在高度关注区和优先改进区。③

南京理工大学江宏裕从学生满意度的视角出发，以“少干计划”硕士研究生教学质量为研究对象，根据顾客（学生）满意度、教学质量等相关理论成果，在借鉴现有指标体系设计的基础上，通过网络和点对点方式在国内各层次高校“少干计划”硕士研究生中实施问卷调研。调研发现：“少干计划”硕士研究生对教学质量的整体满意度为良好；教学管理的学生满意度最高，专业及课程设置的学生满意度最低；学校声誉与学生满意度呈正相关关系；报考身份、培养模式、录取情况、学科类别、汉语水平对学生满意度具有显著性影响，而

---

① 李明磊，周文辉，黄雨恒．博士生对培养过程满意吗？——基于数据监测视角［J］．研究生教育研究，2017（5）：36—42+48.

② 包艳华，于苗苗，马永红，雷庆．我国工程硕士研究生教育服务质量满意度调查［J］．学位与研究生教育，2017（10）：59—65.

③ 许长青．研究生教育服务质量评估及影响因素分析［J］．高教发展与评估，2017，33（5）：30—49+114—115.

性别、是否师范院校、是否跨考、学校层次和母语是否汉语等对学生满意度无显著性影响。①

学生对课程教学的满意度是衡量高校课程教学质量的重要指标。华中师范大学李宝宝以武汉地区四所高校为例，对公共管理硕士（MPA）学习满意度进行实证调查研究，运用四分图评价模型对影响 MPA 研究生学习满意度的各级指标进行分析后得出，高校的 MPA 模拟教学、现场教学、专题讲座和社会实践情况、高校 MPA 课表安排以及课程考核方式等指标是影响学生学习满意度的关键指标因素。② 河北经贸大学彭月媛以专业学位研究生课程教学满意度为议题，综合运用层次分析法，构建了专业学位研究生课程教学满意度指标体系，编制了课程教学满意度问卷，对专业学位研究生课程教学满意度现状进行了评估。发现存在课程科目设置学科化、课程结构不合理，教学方法缺乏灵活性、教学内容重理论轻实践，前沿专业理论知识效果、能力效果欠佳等问题。③

新疆师范大学郭嘉以“学生主体性”为视角，基于研究生的需求以新疆三所高校的全日制学术型硕士研究生为研究对象，了解新疆高校研究生专业学习满意度的现状，找出研究生不满意的因素并分析原因。通过调查得知：新疆高校研究生对专业学习维度大多比较满意，只是对课程学习与教学、学习条件、导师指导三个维度中的个别指标不满意。基于学生主体角度分析在课程学习与教学方面、导师指导方面、学习条件方面存在问题的原因，并基于学生主体性的视角从高校、导师和研究生本身提出相应的建议和对策。④

教育消费获得教育服务时，其教育服务质量影响着学生满意度，而学生满意度又影响着生源质量，关系着高校生存与荣誉。兰州财经大学田艳丽采用问卷调查的研究方法，从教育消费的角度探讨研究生满意度。采用修正后的 SERVQUAL 量表对兰州市四所高校的研究生进行满意度调查，采用“期望 - 实际”模型，计算每个项目、维度的平均得分，最后计算总得分，使用象限法分析优势区和机会区等。分析结果指出四所高校的研究生对高等教育服务质量普遍不满意，性别、就读学校和上学年限等研究生的个人背景因素对研究生满意度有显著影响。⑤

---

① 江宏裕．“少数民族高层次骨干人才培养计划”硕士研究生教学质量的学生满意度调查研究［D］．南京：南京理工大学，2017.

② 李宝宝．MPA 研究生学习满意度调查研究［D］．武汉：华中师范大学，2017.

③ 彭月媛．专业学位研究生课程教学满意度提升研究——以财经类 H 大学为例［D］．石家庄：河北经贸大学，2017.

④ 郭嘉．基于学生主体的新疆高校研究生专业学习满意度研究［D］．乌鲁木齐：新疆师范大学，2017.

⑤ 田艳丽．兰州市研究生教育消费满意度调查研究［D］．兰州：兰州财经大学，2017.

《中国研究生教育质量年度报告（2017）》对2016年我国研究生教育质量进行了述评；对2016年我国研究生教育发展状态进行了数据分析，构建了研究生教育质量指数；遴选出2016年度中国研究生教育质量十大事件、清华大学和苏州大学为质量单位、何镜堂为本年度质量人物；从条件支撑、教育贡献和社会适应三个维度，对全国31个省、自治区、直辖市的研究生教育质量进行了单项排名；对全国109所研究生培养单位的57067名在校研究生进行的满意度调查显示，在校研究生对教育质量的总体满意度为70.6%；搜集了国外媒体对我国“双品质”建设背景下研究生教育发展的观察，以及美国、英国、德国、俄罗斯等国家研究生教育动态和亚洲部分国家研究生教育质量；编录了2016年中国研究生教育要事志。①

2017年全国第四轮学科评估结果和国家“双一流”建设名单公布，高校研究生学位质量也引起了一些专家学者的关注。吉林大学高娜等人发现吉林大学通过提高生源质量、加强博士学位授权点建设、博士研究生培养及博士学位授予过程管理、完善质量监督保障体系、加强科学道德与学风建设等一系列措施，在提升博士学位授予质量工作方面取得一定成效，并在此基础上，对进一步提升博士学位授予质量进行探索研究。②

第二节　研究生教育质量评析

在评析研究生教育质量的研究中，2017年共有26.42%的文献与质量现状相关。根据文献情况，本节分为评价理念与方法和质量评价体系两部分内容。

一、评价理念与方法

近年来各类评价体系层出不穷，专家学者基于对理论的分析、概念的界定、实践调研、历史研究等方式对如何科学、有效地评价教育质量展开了思考。

北京理工大学王战军等人提出基于国家层次的研究生教育质量指数构建是一项具有开创意义的探索性研究，质量指数可以对研究生教育质量进行监测评估，并回应社会问责，从而为教育行政部门和研究生培养单位制定研究生教育

① 王战军．中国研究生教育质量年度报告（2017）［M］．北京：中国科学技术出版社，2017.

② 高娜，高全胜，张雷生．提升博士学位授予质量的路径探索研究［J］．黑龙江高教研究，2017（7）：102—104.

发展政策和质量保障举措提供客观的、有效的参考。在借鉴各类社会发展指数和作者前期探索性研究构建的基础上，提出了优化完善后的研究生教育质量指数构建方案，包括投入、产出、结构化、国际化、满意度五个维度以及五项基础观测指标。对2017年我国研究生教育质量指数进行了实证分析，得到质量指数为86.0，表明质量处于良好状态。从三个方面提出了继续优化和完善研究生教育质量指数的建议。①

博士生教育质量评价是保障博士生教育质量的必要环节。随着知识生产模式的转型、博士劳动力市场的变化以及博士生教育质量本身内涵的演变，博士生教育质量评价内容和方式也在发生变化。武汉大学陈小鹏等人对美国博士生科研绩效研究进行综述，从测度内容、测度时段、测度指标和数据来源等方面阐述了美国博士生科研绩效评价的方法，从个体、组织及个体与组织结合三个层次，对影响博士生科研绩效的因素方面的研究成果做了归纳，并对博士生科研绩效的未来研究及教育改革实践提出了建议。② 南京大学王邦权等人认为在我国实施双一流建设战略的过程中，迫切需要加强博士专业质量评价的创新。指出美国研究理事会组织的博士专业质量评价，模式新颖，可资借鉴：评价的价值取向以质量为本；评价的方法论坚持利益相关者、数据、成效三位一体；评价的组织与实施，透明和科学；评价的方式方法，量化评价和声誉评价相结合；评价的对象，更加关注对学生的评价；评价的主体，实现从政府部门向高校和社会转变；评价结果的应用，从追求声誉到提升质量。③ 南京农业大学罗英姿等人认为传统单纯遵循学术成果导向的博士生教育质量评价主要面临着三大转变：从博士生主体的惯性“缺位”向突出博士生主体地位转变，从强调博士生在学质量向关注毕业博士发展质量转变，从单一内部评价视角向多维度综合评价视角转变。④

湖南师范大学熊辉以化学教育专业为例，初步探索化学教育专业硕士论文定量评价的标准。对全国32所高等师范院校化学教育专业的硕士论文评阅书进行了详细的分析，建构出化学教育硕士学位论文质量评价标准的指标体系。对某高校2016届化学教育专业的21篇硕士学位论文的各项指标分别进行量化评价后发现：化学教育专业硕士学位论文可采用量化方法进行评价，初步建构一

---

① 王战军，唐广军．研究生教育质量指数构建研究［J］．学位与研究生教育，2017（12）：44—49.

② 陈小鹏，张三保．美国博士生科研绩效的评价方法与决定因素——一个多学科综述［J］．学位与研究生教育，2017（4）：70—77.

③ 王邦权，汪霞．博士专业质量评价的创新：基于NRC第三次评价模式的分析［J］．研究生教育研究，2017（1）：66—72.

④ 罗英姿，刘泽文，张佳乐．博士生教育质量评价的三大转变［J］．研究生教育研究，2017（3）：59—64.

套量化评价标准；运用所构建的《化学教育专业硕士学位论文质量量化评价标准》能够有效评价硕士学位论文写作质量；运用所构建的《化学教育专业硕士学位论文质量量化评价标准》能够有效发现和全面甄别硕士学位论文的质量问题，对于提升研究生的培养质量具有重要的促进作用。①

二、质量评价体系

2017 年涌现了许多新的质量评价体系，这些质量评价体系由学者们更为客观地从不同角度针对动态监测、科研竞争力、培养质量、就业质量、学科竞争力等方面所构建，在经过实际操作后，根据评价结果提出提高研究生教育质量的建议。

华东交通大学周尔民等人应用 SPSS 21.0 软件，通过设计和编制调查问卷对全日制专业学位研究生质量分析维度进行研究。运用巴特利特（Bartlett）球形检验和 KMO 检验问卷搜集数据以确定是否适合做因子分析。再根据胜任力模型的特征，进行主成分分析。最终得到一个包含知识与专业基础能力、人际交往能力、身体素质、个性品质、处事心态的五维度专业学位研究生质量的胜任力模型。认为此研究不仅有利于提高专业学位研究生质量，还能促进专业学位研究生职业生涯发展。②

北京大学罗杭基于 SE－DEA 模型对中国理工类“985 工程”大学展开专门的效率评价，综合考虑效率得分与标杆分析两方面的表现，并分别展开“主业”理科和“副业”文科的效率评价，进一步对无效率高校展开投入冗余与产出不足的松弛变量分析，包括针对单个高校的横项元组分析和针对各项投入、产出指标的列项指标统计，为理工大学的效率改进和教育资源的优化配置提供思路和建议。③

博士生科研和创新能力的培养是在素质教育基础上开展的重要能力培养环节，以扎实深入的基础知识为前提，是高校科研创新能力的重要体现。北京理工大学李雪梅等人通过文献检索、问卷调查、调研访谈、数据统计分析等方法，基于博士生学术成果质量的视角，结合高校博士生培养现状，建立了一套博士

① 熊辉．化学教育专业硕士学位论文质量量化评价标准的构建及应用［D］．长沙：湖南师范大学，2017．

② 周尔民，刘秋红，王贵用．基于胜任力模型的专业学位研究生质量分析维度［J］．黑龙江高教研究，2017（4）：93—95．

③ 罗杭．中国理工类“985 工程”大学效率评价［J］．高等工程教育研究，2017（1）：133—139．

生导师人才培养质量评价体系。[①] 哈尔滨工程大学徐建中等人在综合考虑影响博士生协同创新能力的内外部因素的基础上，构建博士生协同创新能力评价指标体系，利用云模型评价法将协同创新能力评价指标的定性描述转化为定量测度，在评价结果的基础上提出提升博士生协同创新能力的建议。[②]

武汉大学王传毅等人认为省域研究生教育质量评价旨在科学、客观地反映当前我国省域研究生教育质量的整体状况。省域研究生教育质量评价的指标体系构建应遵循四个统筹：统筹研究生教育的活动属性和事业属性、统筹研究生培养的条件质量与结果质量、统筹指标设计的“理论解构”和“数据驱动”、统筹质量评价的绝对指标和相对指标。从人才培养和社会贡献两个维度出发，构建出省级质量评价的理论指标体系，并从培养条件、培养成果、文化贡献、社会贡献四个方面，运用可得数据对 2015 年全国 31 个省的研究生教育质量进行综合排名。[③]

南京工程学院花喆斌等人认为专业学位研究生核心能力的凝练是契合行业发展需求、提高人才培养质量的有效途径。运用德尔菲法和层次分析法建构的专业学位研究生核心能力评价指标体系包括一级指标 4 个、二级指标 10 个、三级指标 32 个。指标体系的构建旨在对专业学位研究生核心能力进行科学评价，从而为高校精准化、差异化培养提供理论依据。[④]

重庆医科大学王悦通过文献研究与德尔菲专家咨询法建立一套基于“双轨合一”培养模式的临床医学专业学位硕士研究生考核指标体系，采用层次分析法（AHP）计算指标权重，将考核指标制成自评量表在临床医学专业学位研究生中进行小范围的实测以检验指标质量，旨在为临床医学研究生教育提供参考。“出科考核”“年度考核”“毕业考核”为一级指标，在此基础上建立 15 个二级指标，43 个三级指标。咨询专家积极性、权威性高，经检验，指标体系信度效度及区分度较好，实用性强，符合临床医学专业学位研究生培养要求。[⑤]

浙江大学俞婉琦采用文献分析法回顾相关理论知识，拟定研究生学位论文质量评价指标体系框架及指标条目初步方案，采用分层随机抽样方法抽取

---

① 李雪梅，王秉中，甘国龙. 博士生导师人才培养质量评价体系研究——基于理工科博士生学术成果质量的视角［J］. 学位与研究生教育，2017（5）：28—33.

② 徐建中，赵亚楠. 基于云模型的博士生协同创新能力评价研究［J］. 黑龙江高教研究，2017（7）：97—101.

③ 王传毅，乔刚. 省域研究生教育质量评价指标体系构建研究［J］. 研究生教育研究，2017（1）：58—65.

④ 花喆斌，洪志钧. 专业学位研究生核心能力评价指标体系研究［J］. 现代教育管理，2017（9）：113—117.

⑤ 王悦. “双轨合一”模式下临床医学专业学位硕士研究生考核指标体系研究［D］. 重庆：重庆医科大学，2017.

2008—2015 年 642 篇研究生学位论文进行实证研究。构建了由 9 个一级指标、52 个二级指标构成的研究生学位论文质量评价指标体系，并通过实测评价发现该指标体系整体信度较好，结构效度尚理想，且与传统的秩和比综合评价法结果一致性高，说明该指标体系整体上科学、合理、有效，具有应用价值。①

安徽工业大学朱丽琴基于随机森林算法提出一种学生成绩评价算法——ESP_ RF 算法，利用该算法对学生成绩进行预测。同时，找出影响学生学习的因素，并对这些因素进行重要性排序。以安徽某高校的学生成绩为对象，运用 ESP_ RF 算法对学生成绩进行评价，发现该算法可以很好地对学生成绩进行预测，同时得出的特征变量重要性排序与实际情况相吻合。指出用科学的方法对学生成绩进行预测一方面能够指导学生有针对性地补习，另一方面为教学管理人员提供科学的决策依据。②

江苏大学李楣借鉴国内外数据素养研究成果，通过分析研究生数据素养能力需求及高校图书馆数据素养供给现状，归纳图书馆数据素养教育实践不足；围绕科研活动流程构建研究生数据素养胜任特征标准，编制了研究生数据素养评价量表，在全国 13 所高校开展大规模测评；构建了研究生数据素养全国常模、地区常模、学科常模、年级常模等，以便考察研究生数据素养总体水平，揭示不同类别研究生的数据素养能力差异。③

第三节　研究生教育质量保障

2017 年与研究生教育质量保障有关的文献占教育质量文献的 20. 75%。根据文献内容，本节分为质量保障理论研究和质量保障体系的构建与实践探索两部分内容。

一、质量保障理论研究

建立教育质量保障体系的一个基本前提是全面地理解教育质量的深刻内涵，树立科学的教育质量观。不少学者通过分析各类保障机制、引用其他学科理论、比较国外质量保障体系等方式，针对质量保障开展了理论研究。

① 俞婉琦．研究生学位论文质量评价指标体系研究［D］．杭州：浙江大学，2017.

② 朱丽琴．基于随机森林算法的学生成绩评价研究［D］．马鞍山：安徽工业大学，2017.

③ 李楣．研究生数据素养评价量表构建及应用研究［D］．镇江：江苏大学，2017.

清华大学王战军等人认为通过制度建设发挥研究生导师和研究生的作用，在培养过程中细化和落实质量保障措施，提高研究生教育质量和健全研究生教育质量保障体系是长期的、常态的教育实践活动，完善且高效的研究生教育质量保障体系是教育现代化和研究生教育强国的重要标志之一。“十二五”时期是研究生教育质量保障政策变革和转型的重要历史时期，政府顶层设计“五位一体”学位与研究生教育质量保障体系，并于 2014 年召开了改革开放以来的首次全国研究生教育质量工作会议，灵活运用了各种政策工具来保障研究生教育质量，开启了研究生教育的“质量时代”。①

香港大学谢梦等人发现香港大学博士生教育管理的组织与制度融合了英美模式，现已建立了完善的质量保障制度与服务平台，并以高质量的学术研究为依托培养世界拔尖的博士生人才。将香港大学博士生教育过程与相对应的管理组织与制度规章相结合，探究其大学内部博士生教育质量保障体系的组织架构、制度特征与权责关系。②

延安大学乔刚等人从理念、手段、制度和文化四个方面阐释了研究生教育内部质量保障的内涵。树立学生为本理念，激发多元主体活力；积极开展监测评估，构筑常态保障体系；完善内部保障制度，筑牢质量保障根基；营造和谐生态环境，打造质量保障文化。从以上几个方面选择我国研究生教育内部质量保障的现实路径。③

我国从 1954 年开始招收外国留学研究生，目前广西区是国内招收东盟国家留学生最多的省区之一。广西大学蒋婷婷以广西南宁市三所高校为调查对象，通过问卷法、访谈法、比较法、数据统计法等旨在了解并描述东盟来桂留学研究生教育现状，以期发现东盟来桂留学研究生教育质量保障方面存在的主要不足之处，认为应从以下四个方面构建留学研究生教育质量保障机制：优化过程，构建留学研究生教育质量的运行机制，从招生选拔到课程教学、师资建设、科研锻炼、学位论文审核、管理工作等一系列环节都要有所优化；加大投入，建立留学研究生教育质量的动力机制，对留学研究生和导师进行激励和淘汰；转变观念，践行留学研究生教育质量的导向机制，加强制度建设，完善学历互认；加强服务，构建留学研究生教育质量的辅助机制，加强政府和社会监督，建立

① 王战军，唐广军．“十二五”时期研究生教育质量保障政策分析［J］．中国高等教育，2017（5）：28—31.

② 谢梦，王顶明．质量保障与权责关系：香港大学博士生教育管理组织与制度研究［J］．学位与研究生教育，2017（2）：73—77.

③ 乔刚，付鸿飞，王晴．创新驱动战略下我国研究生教育内部质量保障的内涵、维度与路径［J］．学位与研究生教育，2017（2）：39—43.

留学研究生专项质量跟踪反馈系统。①

《研究生教育质量保障机制研究》从研究生教育质量的研究背景、理论基础及研究生教育质量的内涵和类型出发，运用理论与实践、定量与定性、问卷调查和深入访谈、普遍性研究与典型案例追踪等相结合的方法，对研究生教育质量保障机制的现状进行调查；在此基础上，对部分大学研究生教育质量存在的问题、影响因素进行深入探讨与分析；后以多中心治理理论为理论基础，分别从内部和外部两个层面构建研究生教育质量保障机制。②

《规范、行动与质量：博士生培养过程管理研究》利用全国259所高校512份博士生教育管理者的问卷数据、相关访谈以及案例分析资料，从培养主体及条件、管理规范与行动、培养质量等维度，对我国高校博士生培养过程管理的现状、培养过程管理与质量之间的关系和改善培养过程管理的行动策略等进行研究。分析发现博士生培养管理中存在重结果轻过程、有章不依、知行不一等现象。建议培养单位应让博士生等主体参与培养过程管理，实现多元善治；管理重心下移，使院系组织成为培养过程管理主体，将育人目标融于培养过程管理；管理重心前移，在培养过程管理中实施定期进展检查，完善博士生培养过程分流淘汰机制，构建博士生培养内部质量保障体系，提升博士生生源质量，改善博士生培养环境。③

天津大学张立迁认为高层次人才培养方是研究生教育的出发点和归宿，博士硕士学位授权审核工作是保证学位授予和研究生培养质量的重要一环，与大学办学特色和育人质量具有高度相关性。面对当前研究生教育的新形势新要求，对照授权审核的准入条件门槛，循着质量标准的主导作用，从长远看还应做到通过立法手段保障学位授予审核工作、借鉴国际评估加强质量监控和重视学位授权点质量文化建设。④

也有不少学者着眼于国外，对他国有效的质量保障机制进行分析解读，从国外研究生教育质量中汲取经验为我国的发展提供参考。陕西学前师范学院翟月等人探析了美国专业认证制度及其在博士生教育外部质量保障中的作用，得出美国专业认证制度在博士生教育外部质量保障中的作用是多方面的。⑤ 陕西师范大学陈玥发现在多年的发展与变革过程中，美国博士生教育质量保障取得

---

① 蒋婷婷．东盟来桂留学研究生教育质量保障机制研究［D］．南宁：广西大学，2017.

② 郭宇，谢治菊．研究生教育质量保障机制研究［M］．北京：科学出版社，2017.

③ 王顶明．规范、行动与质量：博士生培养过程管理研究［M］．广州：广东高等教育出版社，2017.

④ 张立迁．学位授权审核制织就质量保障网［N］．中国教育报，2017－04－07（2）.

⑤ 翟月，陈玥．美国专业认证制度及其在博士生教育外部质量保障中的作用探析［J］．黑龙江高教研究，2017（3）：77—80.

了长足的发展，积累了诸多宝贵经验。提出借鉴美国的经验，我国博士生教育质量保障应强化内部培养过程的管理，建立内部自我评估的机制；完善相关组织机构的建设，有效发挥中介机构的作用；注重教育质量标准的完善，加强相关法律法规的建设。①

二、质量保障体系的构建与实践探索

除了研究质量保障的理论之外，不少学者基于所发现的教育质量问题，着手于构建质量保障体系，并积极开展实践探索。

清华大学唐广军等人提出随着专业学位研究生教育规模快速增长，特别是在研究生教育“服务需求，提高质量”背景下，专业学位研究生教育质量保障体系优化与完善问题越来越凸显。系统分析了专业学位研究生教育质量保障体系理念、制度、实践、结构等方面的偏差。认为公共治理理论契合了研究生教育质量治理的实践诉求，并从治理主体多元化、治理权责一致化、治理重心基层化、治理机制常态化等方面提出了优化和完善专业学位研究生教育质量保障体系的政策建议，指出未来应加强质量文化建设。②

华南理工大学焦磊发现我国全日制工程硕士教育自 2009 年扩大招收应届本科毕业生后获得了“跨越式”发展，与规模急速增长相伴生的是人们对全日制工程硕士教育质量的关注。反观全日制工程硕士教育质量及其保障的现状，质量保障体系仍处于“缺位”中。政府当前开展的“工程硕士专业学位授权点专项评估”是其对全日制工程硕士教育质量进行外部监控的信号，这为构建全日制工程硕士教育质量保障体系提供了外部驱动。鉴于此，“外发内生”将是全日制工程硕士教育质量保障体系构建的理想路径。③

厦门大学郑飞中等人介绍了我国保障临床医学专业学位研究生教育质量的实践，阐述了“医教协同”对临床医学专业学位研究生教育质量保障提出的新要求。认为“医教协同”背景下的临床医学专业学位研究生教育质量保障体系应该是多维联动的体系，要参照国际标准建立国家质量标准、医学院校内部的质量标准、同行专家的专业质量标准，还需强化全面质量文化氛围的营造。

---

① 陈玥. 美国博士生教育质量保障的基本经验及启示 [J]. 现代教育管理，2017 (4)：108—112.

② 唐广军，王战军. 专业学位研究生教育质量保障体系优化研究 [J]. 高等工程教育研究，2017 (5)：109 + 113—114.

③ 焦磊. 全日制工程硕士教育质量保障体系构建路径研究——基于工程硕士专业学位授权点专项评估的思考 [J]. 研究生教育研究，2017 (3)：72—76.

南京信息工程大学何亚群等人阐述了研究生教育质量保障体系的系统性，认为研究生教育质量保障体系的碎片化影响了研究生教育质量保障系统功能的发挥和系统结构的稳定，指出整体性治理是走出碎片化困境，实现我国研究生教育质量保障系统目标的理性选择。①

同时，也有一些学者从国外研究生教育质量保障体系借鉴经验。华南理工大学刘源等人以英国华威大学为例研究了耗散结构理论视角下的研究生教育质量保障系统，探讨研究生教育质量保障系统的结构特征及内外部正负熵流，分析了自组织研究生教育质量保障系统的治理结构、经费构成和反馈体制。② 哈尔滨工业大学宋平等人对美国、英国、日本三国研究生教育质量保障体系做了比较研究，介绍美国、英国和日本的研究生教育质量保障体系及其保障措施，分析各国研究生教育质量保障体系的特点。在总结其共性特征基础上，提出完善我国研究生教育质量保障体系的对策建议。③

《我国研究生教育质量需求与保证体系研究》是关于研究生教育质量的专著，一共分为7章，通过理论分析与实证研究，揭示了影响我国研究生教育的质量因子，并据此设计研究生质量管理体系，提出相应的意见和建议。④

第四节　文献分布及其特点分析

一、搜索文献数量

2017年研究生教育质量的研究文献数量有所回落，但在2011—2017年期间研究生教育质量研究文献总体数量整体呈上升趋势，如图2－1所示。期刊论文数量依旧占据最大比例，学位论文有所减少，报纸文章和学术著作数量均显著增加，尤其是学术著作数量翻了一倍。这说明研究生教育质量研究继续保持学界关注的研究热点地位。

---

① 何亚群，张建伟．整体性治理：我国研究生教育质量保障体系构建的理性选择［J］．学位与研究生教育，2017（2）：29—34.

② 刘源，张建功．耗散结构理论视角下的研究生教育质量保障系统研究——以英国华威大学为例［J］．研究生教育研究，2017（2）：89—95.

③ 宋平，郭海凤．美、英、日三国研究生教育质量保障体系比较研究［J］．研究生教育研究，2017（1）：93—95.

④ 胡铭．我国研究生教育质量需求与保证体系研究［M］．武汉：武汉大学出版社，2017.

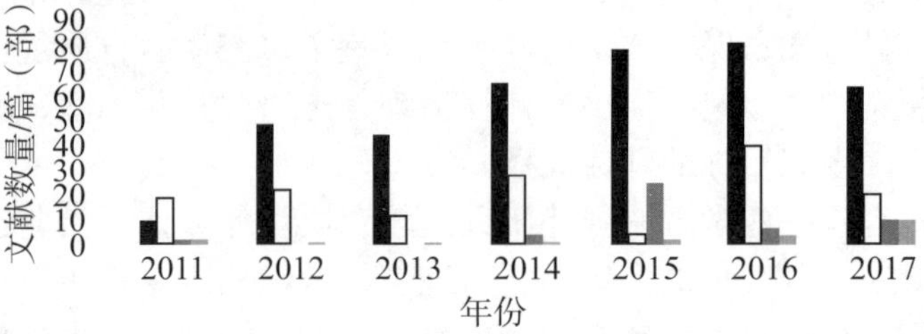

	2011	2012	2013	2014	2015	2016	2017
期刊论文	10	49	45	66	78	81	64
学位论文	20	22	12	29	4	40	21
报纸文章	3	0	0	4	26	8	10
学术著作	3	1	1	1	3	5	11
总计	36	72	58	100	111	134	106

图 2－1　2011—2017 年文献检索情况

二、采纳文献的数量与类型

文献搜索后，经过人工关键词和摘要筛选得出与专题有关的研究文献。对文献进行综述，将反映专题研究现状、脉络、成果、方向，水平较高的研究成果纳入专题之中。本专题使用文献以期刊论文为主 40 篇，占 65.57%；其次是学位论文 14 篇，占 22.95%；著作为 6 部，占 9.84%；最后是报刊文章 1 篇，占 1.64%（图 2－2）。

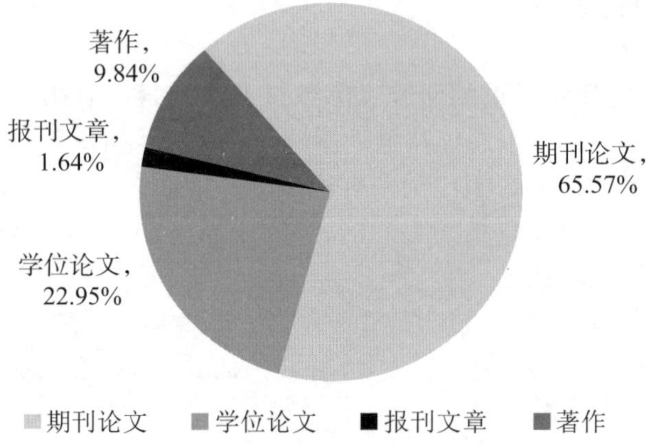

图 2－2　2017 年度本专题采纳文献类型

三、专题结构

2017 年，研究生教育质量的三个主题——质量现状、质量评析、质量保障文献数量有些差异。在研究生教育质量研究领域，2017 年与质量现状相关的文献占 48.11%，本专题收纳分析 30 篇；与研究生教育质量评析有关的文献占 26.42%，本专题收纳分析 15 篇；与研究生教育质量保障有关的文献占 20.75%，本专题收纳分析有 15 篇。可见，现状研究所占的比例较大，质量评析和保障研究所占比例差不多。

本章节各专题文献选取比例与在总体各主题文献占比相似，如图 2－3 所示。质量现状部分，宏观的教育质量现状研究与具体案例研究平分秋色，较多文献中宏观把控与具体案例分析并存；质量评析部分，质量评价体系构建比例增多；质量保障部分，质量保障体系的理论研究比例较多。

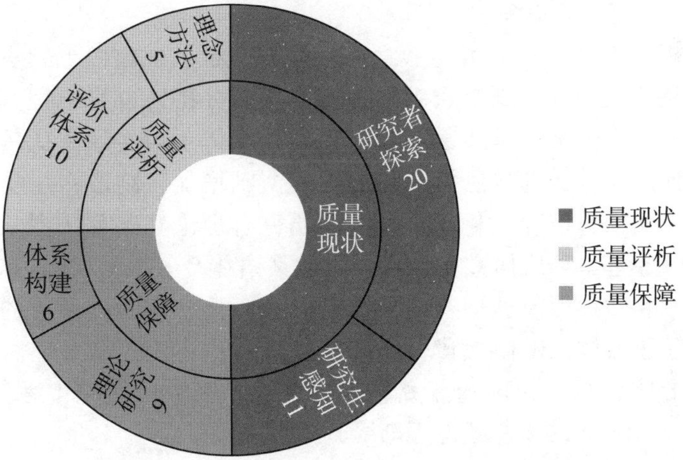

图 2－3　2017 年度本专题各小节与节点文献比例

四、研究方法

今年本专题研究所使用方法更加丰富，问卷调查法得到广泛应用，大部分研究采用问卷调查与访谈相结合的混合研究方法（表 2－1）。定量模型使用和运算统计更加丰富，结构方程模型、定序 Probit 模型、多元线性回归模型、优先行动矩阵等都被使用到满意度调查研究中。总体上，研究生教育质量研究逐渐向规范的社会科学研究范式方向发展。

表 2-1　本专题研究所使用研究方法统计

年份	文章数与比例	研究方法					
		文本分析	统计分析	理论分析	问卷调查	访谈调研	比较研究
2014	数量/篇	2	5	22	17	5	7
	比例/%	3	9	38	29	9	12
2015	数量/篇	1	10	24	6	1	12
	比例/%	2	18	42	12	2	24
2016	数量/篇	4	9	30	7	3	6
	比例/%	65.57	14.75	52.46	11.48	4.92	9.84
2017	数量/篇	6	11	28	10	6	7
	比例/%	8.70	15.94	40.58	14.49	8.70	11.59

五、年度文献研究特点总结与未来展望

经过分析，2017 年度研究生教育质量研究文献呈现出以下特点：①关于质量研究的文献逐渐深入，既有宏观的把控与理论分析，也有结合具体实例进行的研究。此外，基于某一具体案例构建评价指标体系的文献占比较多。②研究方法方面，使用各种数理方法做统计分析类文献增加，制度构建类文献数量减少。③专题二文献整体理论化水平更高，研究有理论基础和依据。文献行文流畅，条理清晰，基本形成研究生教育质量的话语体系。④从研究内容比例来看，有关质量概念和质量保障理论这类偏重基础核心概念和基础理论的研究所占比例增大，但基于具体案例做质量分析研究的依然占主流，未来还需要增加更加本质、基础的核心概念和理论探究。⑤随着近年来中国研究生教育质量提升，来华留学生数量增多，该领域也逐渐受到学者关注。

通过对本年度学科建设领域文献深入研究，本专题认为未来关于研究生教育质量的研究将会更加深入，基于宏观层面的把控和具体实例的研究文献均会增多，两者并行发展。会有越来越多的学者基于国际教育质量的长处对我国的教育质量进行分析和提供建议，所以关注国外教育质量的文献会逐渐增多。研究方法会更加多元，不仅限于调查问卷、访谈等传统方法，模型建构等方法会逐渐成为主流。本专题的文献与时代热点结合紧密，一旦当年出现某一质量热点，必然会大幅涌现有关热点的文献。此外，自 2017 年末“双一流”建设名单公布起，未来会出现对一流研究生教育的研究与思考。教育质量是衡量是否为“一流”的重要标准，所以一流大学和一流学科中研究生教育质量的研究会越来越受到关注。

专题三

研究生培养研究

2017 年“研究生培养研究”专题主要由四部分构成：研究生培养模式、研究生能力与综合素质培养、研究生课程与教学和研究生学位论文与质量管理。相较往年，本年度研究生培养研究呈现如下特点：①成果产出显著提升。2016 年关于研究生培养方面的研究文献有 232 篇（部），收录 77 篇（部）；2017 年有关研究生培养方面的研究文献则有 408 篇（部），收录 112 篇（部）。②研究重点变化显著。研究生培养模式研究更加关注高校的人才培养模式综合改革实践，现实指导意义进一步凸显；研究生能力与素质培养研究中的创业研究热度降低，科研能力与实践能力的研究增加；研究生课程与教学研究中的基础理论研究逐渐增加，实践探索研究持续分化，专业学位研究生的课程与教学成为主要研究对象；研究生学位论文与质量管理研究更加侧重学位论文评价指标体系设计与质量调查研究。③研究方法各有侧重。培养模式研究侧重于使用经验总结、理论思辨等研究方法，能力与素质、课程与教学、论文与管理等侧重于使用实证调查研究方法。

第一节　研究生培养模式

深化研究生培养模式改革，全面提升研究生培养质量，是推进研究生教育内涵式发展的重要动力。2017 年，入选“研究生培养模式”研究的代表作有 46 篇，主要内容包括三个方面：一是研究生培养模式改革的理论探索与实践研究，具体包括以理论思辨和实证调查为主要研究手段的研究生培养模式理论研究，以及以经验总结为主要研究手段的研究生培养模式综合改革实践探索。二是协同创新背景下，校所合作、校企合作、政产学研联合培养研究生模式的改革探索。三是基于不同学科、不同专业的研究生培养模式的改革与实践。

一、研究生培养模式改革的理论探索与实践研究

当前，我国研究生教育进入内涵式发展阶段，研究生培养模式也正在发生积极的转变。加强对研究生培养模式改革的理论与实践研究，不断满足社会对不同类型人才的需求，是我国研究生教育改革与发展的必然趋势。

陕西师范大学范建刚认为现行大学研究生培养体制是一种准压力型体制，它已不能充分满足持续提高研究生培养质量的要求。构建包容型体制是持续提高研究生培养质量的内在要求。确立包容性培养理念，建立包容型培养体制，采取包容性培养策略，为落实包容性培养创造条件，是实现研究生培养体制由准压力型向包容型转变的必要措施。①北京大学张林基于理性选择制度主义和中国特有的文化传统与人文特征，发现研究生培养机制改革这一行动舞台不同程度地受到改革的正式规则、中国的人情社会、学术场域、院系政策执行力度等情境因素的影响，进而影响院系、导师和学生这些行动者的互动模式，从而导致不同程度的政策偏移和意外后果，因此需要从治理与善治两方面加强协作，最大限度地实现研究生培养质量的提升。②三亚学院李海军认为现行研究生培养制度与社会对人才的需求相脱节，民办高校可借当前教育变革之大形势，创新应用型研究生培养制度，本着创新为导向、科研为驱动，从招考录取、培养计划、指导团队、毕业考核、学制顺延、教学资源组织等制度方面进行改革，从根本上提高研究生的培养水平。③

对于学术学位研究生培养模式改革的理论探索，教育部学位与研究生教育中心王顶明的著作《规范、行动与质量：博士生培养过程管理研究》利用全国259 所高校 512 份博士生教育管理者的问卷数据、相关访谈以及案例分析资料，从培养主体及条件、管理规范与行动、培养质量等维度，分析我国高校博士生培养过程管理的现状、培养过程管理与质量之间的关系，提出让博士生等主体参与培养过程管理，实现多元善治和管理重心下移、前移等行动策略，构建博士生培养内部质量保障体系。④ 厦门大学徐岚等人基于本校的行动研究，指出学制改革是博士生培养方案修订与培养模式改革的最恰当的接入点，要适当延

---

① 范建刚．由准压力型向包容型转变：研究生培养体制改革的方向［J］．研究生教育研究，2017（1）：8—13.

② 张林．研究生培养机制改革的制度分析——基于理性选择制度主义分析框架［D］．北京：北京大学，2017.

③ 李海军．民办高校研究生培养制度创新研究［J］．教育理论与实践，2017，37（30）：10—12.

④ 王顶明．规范、行动与质量：博士生培养过程管理研究［M］．广州：广东高等教育出版社，2017.

长博士学制、提高硕博连读与直博生比例、调整课程设置、建立重视学生利益的资助制度，使我国研究型大学与国际接轨，未来则要不断加强质量内部监管、重视课程外其他培养环节、严格中期考核分流、促进导师指导水平提升。[①] 华中科技大学刘劲松等人在反思现行直接攻博及硕博连读培养模式优势与不足的基础上，重构了“学制分段、培养贯通”的“硕博贯通”这一新型贯通培养模式，并从招生、培养、资助、管理、师资、考评等方面对其运行机制进行了设计。[②]

在具体实践上，南京大学吕建等人介绍了该校围绕立德树人的根本任务、坚持以服务需求和提高质量为改革主线、依托学校多学科协调发展的优势、系统探索博士生培养全过程质量提升的有效机制，所形成的面向培养全过程的“四三三”博士生培养模式。指出该模式解决了改革实践中“关键环节难贯通、培养模式难融合、规模化实施难推进”等顽症，有效地提升了博士研究生培养质量。[③] 中南大学杜勇等人介绍了该校针对我国研究生的创新能力普遍不强的问题，探索形成的中德联合实验室研究生培养模式。该模式采取“三位一体”的核心理念，从准研究生培养，“走出去，请进来”，多层次、多渠道等方面对研究生培养模式进行了系统的改革，进而使研究生的创新能力与教师的创新能力得到显著提高。[④] 重庆工商大学文传浩等人介绍了该校基于长江上游经济研究中心的独特优势，围绕国家特殊需求，探索实施的基于教学、应用实践、管理制度三方面的“六个五”工程人才培养模式，弥补了地方高校应用经济学研究生人才培养改革理论的研究不足。[⑤]

在专业学位研究生培养模式改革的理论探索方面，武汉大学刘亚敏等人的著作《专业学位研究生培养模式改革》全面、系统地厘定了专业学位研究生培养模式的内涵，历时性地梳理了多国专业学位研究生教育产生与发展的脉络，共时性地总结了多国专业学位研究生培养模式及改革趋势，描述了我国专业学位研究生培养模式的形成与发展轨迹，提出要从价值取向、动力机制、路径选

---

① 徐岚，陶涛，吴圣芳．以学制改革为切入点的研究生培养方案修订——厦门大学的行动研究［J］．高等教育研究，2017，38（1）：37—47.

② 刘劲松，徐明生．贯通式博士研究生培养模式困境与重构［J］．研究生教育研究，2017（2）：47—51.

③ 吕建，吴俊，卞清，等．模式、机制、成效：以质量为核心的南京大学“四三三”博士研究生教育改革实践［J］．学位与研究生教育，2017（12）：6—11.

④ 杜勇，阳海棠，张利军，等．研究生创新能力培养模式研究——以中南大学中德联合实验室研究生培养为例［J］．现代大学教育，2017（5）：95—101.

⑤ 文传浩，程莉，张桂君，等．地方高校应用经济学研究生培养理论与实践创新研究［M］．成都：西南财经大学出版社，2017.

择、未来走向等方面创新我国专业学位研究生培养模式改革。① 中国药科大学张永泽等人提出以项目为依托的专业学位研究生培养模式，并从专业学位研究生教育的本质属性和该培养模式的特点出发，提出构建该培养模式应坚持的原则，即职业实践原则、应用研究原则、项目引领原则和基于问题的学习原则，并从项目确定、导师遴选、招生录取、课程体系、教学方式、实践研究等环节对该培养模式进行了具体的构建。② 北京大学医学部王欣怡等基于过程视角分析了医学科学学位博士生培养的利益相关体对培养模式改革的期望，针对培养目标、招生方式、科研环境和导师指导四个关键环节存在的问题，提出在培养目标与招生方式上重视科研能力和创新能力的同时，要提高职业素质；在科研环境上，要平衡经费分配比例，改善科研整体环境，加强国际学术交流，营造创新氛围；在导师指导上，要探寻和实践双导师制、指导小组负责制等指导制度，确保指导质量。③ 华中科技大学王海军等人结合知识的创新机理，从企业的知识创新能力出发，提出其对创新性专业硕士的需求，并在专业型研究生现有培养模式的基础上，构建出以企业需求为导向的专业型研究生创新能力培养模式。其特点为：以企业需求为导向的培养目标，多维知识的教学课程设置，注重创造能力和创新能力的培养，构建校企联合的培养环境。④

在具体实践上，浙江大学朱云辰等人介绍了该校建筑工程学院与企业合作开展的基于协同创新的城乡规划专业学位研究生教育实践。通过“双院制”协同平台、“双师制”协同培养、“双向制”协同创新、“团队制”项目管理等模式，卓有成效地提升专业学位研究生培养质量的经验。⑤ 西北工业大学李圣等人介绍了该校基于新时期国防领域对科技人才的需求，着力构建的“双向扩展型”人才培养模式：通过实施“平台 + 竞赛 + 基金”翱翔创新计划和“校内国际班 + 校外国际交流”国际竞争力提升计划等内扩研究生培养内涵；通过“校内名家讲堂 + 校外实境挂职”将研究生的学业、职业、事业有效衔接；通过“产学研 + 国防”创新协同培养新模式，外张育人环境，有效提升了研究生的

---

① 刘亚敏，胡甲刚．专业学位研究生培养模式改革［M］．北京：科学出版社，2017.

② 张永泽，于广琮．构建以项目为依托的专业学位研究生培养模式［J］．江苏高教，2017（4）：71—73.

③ 王欣怡，崔爽，段丽萍．医学科学学位博士生培养模式改革期望的调查分析［J］．学位与研究生教育，2017（7）：44—47.

④ 王海军，王天雨．企业需求导向的专业型研究生创新能力培养模式研究［J］．高等工程教育研究，2017（3）：154—157.

⑤ 朱云辰，黄杉，华晨．基于协同创新的专业学位研究生教育——以浙江大学城乡规划专业为例［J］．研究生教育研究，2017（1）：73—77.

实践创新能力、综合素质和行业适应能力。① 中国农业大学王雯等人介绍了该校面向国家现代农业发展的需求，以培养能够胜任与引领现代农业产业化发展的高层次应用型复合型人才为目标，按照“拓展培养平台，创新培养模式，推进国际合作”的总体改革思路推进落实各项改革任务，探索出的应用型人才培养新模式。② 湖南人文科技学院陈勇人等人介绍了该校基于国家现代农业发展和新农村建设对高层次应用型复合型农业人才的特殊需求，以职业能力为导向，以“研究性解决实际问题能力”培养为重点，以产学结合为途径，构建的“三双、四模块、七学段”人才培养新模式。③ 闽南师范大学李顺兴等人介绍了该校以化学类研究生教育为载体，构建的需求导向下的协同培养体系：聘请三类导师，挖掘三种教学资源，提升研究生培养保障度；参与三类课题，扮演三种角色，设置交叉学科前沿研究领域，提高培养体系运行有效度；最终获三种研究成效。④

在工程硕士培养模式改革的实践上，武汉理工大学梁传杰等人基于工程硕士研究生培养改革现实需求，针对教育资源相对短缺、三类主体积极性不足两大瓶颈，介绍了该校通过课程体系建设、支撑平台建设、师资队伍建设三项建设，以及研究生培养模式创新和研究生培养机制改革两类改革，形成的较具典型示范意义的工程硕士研究生教育综合改革模式。⑤ 武汉科技大学刘军伟等人介绍了该校以提升职业能力为导向的“三双－三融”工程硕士研究生培养模式：“双基地”“双导师”“双评价”的“三双”培养方法；以“校、地、企、院、际、内”为协同体的多元“融合”、实践教学与理论教学的有机“融合”、课题研究与工程应用的交叉“融合”的“三融”机制。⑥ 华北电力大学赵黎明介绍了该校通过校企协同构建工程人才培养全科知识体系，施行的以研究生工作站为载体的研究生培养模式，实现了工程硕士研究生培养与职业资格

---

① 李圣，李勇，王海燕．国防行业专业学位研究生培养模式改革的探索与实践——以西北工业大学“双向扩展型”人才培养模式为例［J］．研究生教育研究，2017（1）：14—19.

② 王雯，李健强，于嘉林，等．拓展培养平台 创新培养模式 推进国际合作——中国农业大学深化专业学位研究生教育综合改革实践与探索［J］．学位与研究生教育，2017（1）：8—12.

③ 陈勇，周发明，彭健民．全日制农业硕士专业学位研究生“三双四模块七学段”培养模式的探索与实践［J］．学位与研究生教育，2017（3）：37—43.

④ 李顺兴，杨妙霞．地方高校专业硕士协同培养模式探究［J］．中国大学教学，2017（3）：43—46.

⑤ 梁传杰，王卫华，刘勇波．工程硕士培养模式综合改革与实践——以武汉理工大学为例［J］．学位与研究生教育，2017（10）：5—9.

⑥ 刘军伟，刘静，吕勇，等．以“三双－三融”模式培养工程硕士研究生——武汉科技大学的实践［J］．学位与研究生教育，2017（9）：25—30.

的对接。①

在教育硕士培养模式改革的实践上，天津师范大学王光明等人介绍了该校教师教育本硕一体化培养的“3+1+2”模式：学生完成大学本科阶段前3年学习任务，成绩优异者通过笔试、面试合格后，进入“3+1+2”实验班。通过构建“三位一体”协同培养机制和“严”“精”“巧”“实”的培养过程，实现了理论与实践的兼顾，提升了教育硕士研究生的培养质量。② 华南师范大学徐福荫等人介绍了该校适应教育硕士现代教育技术专业特点的“六位一体”培养模式：创建提高现代教育技术专业教育硕士综合问题解决能力的“六结合”学习方式，构建信息化教学课程与管理平台，构建立体化、数字化的教育硕士专业学位研究生课程培养体系。③

在其他专业学位研究生培养模式改革的实践上，北京大学医学部段丽萍等介绍了其完善临床医学专业学位博士研究生培养体系，建立高层次全科医学应用型人才培养体系以及探索医学技术、公共卫生、药学专业高层次医学应用型人才的培养模式等方面的实践经验。④清华大学邓海峰等人介绍了该校法学院在探索法律硕士教育改革过程中逐步形成的“精耕细作、因材施教、立足本土、放眼国际”的培养思路：注重法律硕士的应用型特征，通过普通法教学和案例教学模式来提升学生的理论功底与实务能力；以“更国际、更创新、更人文”的人才培养理念为基础，通过多个主修方向的设计来凸显交叉人才培养特色。⑤中国人民大学宋远方等人介绍了该校的“高级管理人员工商管理硕士（EMBA）中国实践管理教育项目（CMPM）”：通过借鉴明茨伯格国际实践管理硕士（IMPM）项目思想，以五种管理心态为基础，基于反思的学习与实践，架构了知与行、理论世界与现实世界之间的桥梁，探讨了基于反思性实践的专业学位研究生教育。⑥

---

① 赵黎明．工程人才产学研协同培养的探索与实践——以华北电力大学为例［J］．中国高校科技，2017（10）：10—12.

② 王光明，苏丹，贾国峰，等．教师教育本硕一体化培养模式的探索与成效——以天津师范大学“3+1+2”模式为例［J］．学位与研究生教育，2017（12）：12—16.

③ 徐福荫，黄慕雄，吴鹏泽，等．创建教育硕士现代教育技术专业“六位一体”培养人才模式的研究与实践［J］．电化教育研究，2017，38（1）：115—121.

④ 段丽萍，李晨曦，崔爽，等．健康中国视角下高层次医学应用型人才培养的探索与实践［J］．学位与研究生教育，2017（10）：1—4.

⑤ 邓海峰，杨如筠，张召怀．法律硕士培养中的精耕细作与彰显风格——清华法学院法律硕士教育改革的新探索［J］．研究生教育研究，2017（5）：73—78.

⑥ 宋远方，孙莹璐，成栋．基于反思性实践的专业学位研究生教育探索——以中国人民大学EMBA培养为例［J］．学位与研究生教育，2017（7）：48—53.

二、以联合培养为代表的研究生培养机制创新研究

随着知识生产模式的转变，大学与企业、政府、科研院所等单位的互动日益频繁，国内外高校、科研院所、地方政府和企业积极开展各种形式的联合培养，不断将人才培养与企业需求、市场需求、国家战略需求有机融合。

在校所联合培养方面，哈尔滨工业大学双勇强等人介绍了新知识生产模式下博士生校所联合培养的特征。指出当前我国校所联合培养博士生工作开展以来存在的问题：研究生课程学习与科研实践之间的衔接有待加强、跨学科人才培养趋势仍不够突出、工程院所的参与度和积极性不高、传统的学生评价方式仍占据主导地位。为推进校所联合培养博士生工作，政府要扮演好“经纪人”角色、大学要扮演好“推销员”角色、博士生要扮演好“转换机”角色。① 东南大学李平借鉴发达国家中高校与科研机构协同式培养经验，将其校所协同研究生培养模式大致可分为“以课程为主导”“以科研为主导”“双重主导”三种模式类型，同时，以系统理论、协同理论和利益相关者理论为基础，探讨了校所协同培养研究生的运行过程、内在机理。②

在校企联合培养方面，五邑大学何益宏等人基于“广东顺德工业研究院”的实践，探讨了一种以研究院为主体、基于科研项目为纽带的校企协同研究生培养模式的内涵，阐述了该种培养模式下的管理运行、动力发展、激励约束、风险保障等方面的运作机制，分析其在实施过程中可能产生的问题，从完善毕业考核制度、评估研究生水平、提高企业技术研发人员理论指导能力等方面提出了应对策略。③

在产学研联合培养方面，常州大学鲁武霞指出目前制约高校产学研合作教育的主要障碍有：产学研结合存在体制壁垒，校所企合作面临机制束缚，科教融合缺乏有效的平台。依托产学研联盟来培养工程科技人才则可以弥补这些不足，并介绍了常州大学依托产学研联盟，推动产学研合作教育与培养方案更新、改革课程体系、打造双师型师资、拓展工程实践项目等研究生教育教学改革措施。④ 哈尔滨师范大学冯丹娃等人基于“政产学研用”的创新合作模式，借鉴美国研究生协同培养的经验，提出了以高校为主导的研究生培养基地模式，并

---

① 双勇强，刘贤伟．新知识生产模式下校所联合培养博士生的问题及对策［J］．学位与研究生教育，2017（6）：19—23.

② 李平．校所协同的研究生培养模式研究［D］．南京：东南大学，2017.

③ 何益宏，符吉祥，梁淑芬．构建以科研项目为纽带的校企协同研究生培养机制［J］．黑龙江高教研究，2017（10）：89—91.

④ 鲁武霞．依托产学研联盟培养工程科技人才［J］．学位与研究生教育，2017（5）：43—48.

分析了在这一培养模式下的培养目标、申请程序、培养年限与学期安排、课程设计及考核评价。① 西安理工大学赵康等人结合西安理工大学的服务定位和做法，构建了基于产学研联合培养体系的专业学位研究生培养模式——“1135”研究生人才培养体系：以“培养思想素质好、基础理论扎实、综合实践与创新能力强的学生”为 1 条主线，立足“工程应用研究型”1 种研究生人才培养目标，抓紧“课程学习”“实践环节”“论文选题和论文研究”3 个关键环节，强化“2 支导师队伍”“联合培养实践基地”“工程实践平台”“创新实践氛围”和“质量监控体系”5 项建设。②

在教育硕士“U－S”联合培养方面，华中科技大学李茹等人针对教育类学术型研究生培养实践中存在的培养目标严重趋同、缺乏专业差异，培养过程教学为主、科研训练不足，培养评价成果导向、缺乏现实关注等问题，结合 U－S 合作在研究生培养过程中所具有的独特价值，从整合多种培养模式、构建师生学术共同体、保障微课题推进工作等几方面就如何构建基于 U－S 合作的研究生培养路径提出具体对策。③ 贵州师范大学张翔借鉴共生理论，分析了全日制教育硕士“U－S 双实基地”双边联动培养模式的理论模型与共生机制。在共生理论视角下，该模式实为大学与中小学以培养全日制教育硕士为中介而形成的一种共生结构。其共生单元为大学和中小学；共生模式为“U－S 双实基地”双边联动；共生环境为当前的教育政策与信息技术条件。④ 西南大学张学敏等人更进一步地提出了教育硕士“U－T－S”联合培养模式。该模式通过创设大学、地方教育研训机构与中小学的协同发展机制，促进了理论、实践和指导的“三融通”。⑤

三、基于不同学科、不同专业的研究生培养模式的改革与实践

研究生培养模式存在学科差异，不同学科、不同专业的研究生培养具有不同要求。本年度学者对跨学科、交叉学科以及教育学、农学、公共管理等不同

① 冯丹娃，张睿．基于“政产学研用”的研究生协同培养模式研究［J］．江苏高教，2017（2）：52—54.

② 赵康，杨媛，李峰，等．基于产学研联合培养体系的专业学位研究生培养模式探索［J］．学位与研究生教育，2017（3）：44—49.

③ 李茹，李太平．U－S 合作背景下教育类学术型研究生培养探讨［J］．黑龙江高教研究，2017（10）：7—11.

④ 张翔．共生理论视角下全日制教育硕士“U－S 双实基地”双边联动培养模式建构［J］．黑龙江高教研究，2017（6）：136—139.

⑤ 张学敏，隋国成．教育硕士“U－T－S”联合培养模式的构建［J］．教育研究，2017，38（10）：64—68.

学科与专业的研究生培养模式进行了探讨。

在交叉学科与跨学科研究生培养模式方面，阜阳师范学院房正宏等人认为要在坚持学科交叉融合理念的前提下，构建以提升科研能力为目标的交叉学科平台，建设致力于培养复合型人才的交叉学科师资，优化人才培养模式以实现学科创新功能转化。[①]浙江财经大学颜建勇等人通过分析交叉学科学位的蕴义及其高等教育哲学价值，阐明在我国研究生教育阶段设立交叉学科学位必要性、可行性，提出国家层面建立基本规范、培养单位建立扶持机制、学位点建立培养机制，三者协同形成交叉学科学位的人才培养体系。[②]南京信息工程大学吴立保等人认为跨学科博士研究生培养是知识生产模式变迁的内在要求、解决社会复杂问题的需要和创新驱动发展战略的诉求。针对跨学科博士研究生培养面临诸多现实困境，提出应围绕优化顶层设计、建设学术组织、组建导师团队、营造学术氛围等环节推进系统改革。[③]北京航空航天大学黄瑶等人提出协同培养博士研究生的概念，即教育参与要素在共同目标下进行知识生产关系协同，通过跨学科、创新中心、校内外合作等多种方式，形成多元知识能力人才培养模式。指出协同培养具有研究导向、能力导向、多元导向的特点。认为跨学科路径在特点、目标、内涵、机制等方面与协同培养相契合，是实现博士研究生协同培养的必要途径。[④]

在教育学学科研究生培养方面，西南大学王正青等人分析了数字化时代对教育博士专业人才培养的新诉求及现阶段教育博士专业学位培养在培养目标、信息素养、实践需求上存在的问题，指出数字化时代教育博士的培养，应以培养高素养专家型教育工作者、复合型职业化教育实践者、数字化岗位型教育创新者为目标，增加数字化素养的规格要求，开发数字化素养的课程模块，推广数字化应用的临床教学，组建行业复合型的导师团队，融入数字化素养的多维评价。[⑤]广西师范大学蔡楚楚以58所高校的高等教育学专业硕士研究生培养方案为研究样本，挖掘了当前高等教育学专业硕士研究生培养方案中存在的不和谐因素，从培养目标、课程设置、学习年限、质量评估等多方面提出完善我国高

---

① 房正宏，李本友．构建学科交叉为核心的研究生培养体系［J］．国家教育行政学院学报，2017（3）：56—61.

② 颜建勇，李晓峰．设立交叉学科学位：培养研究生创新人才的可供选择［J］．高等工程教育研究，2017（1）：179—184.

③ 吴立保，茆容英，吴政．跨学科博士研究生培养：缘起、困境与策略［J］．研究生教育研究，2017（4）：36—40＋55.

④ 黄瑶，王铭，马永红．以跨学科路径协同培养博士研究生［J］．学位与研究生教育，2017（6）：24—28.

⑤ 王正青，陈琴．数字化时代教育博士专业人才培养的新诉求与路径［J］．研究生教育研究，2017（4）：41—44.

等教育学专业硕士研究生培养方案的政策建议。①

在农学学科研究生培养方面，南京农业大学吴莹等人针对传统研究生培养模式中出现的课程体系难以适应现实需求、师资紧缺、学术型和专业学位培养目标不清晰等问题，结合我国新型农业和农村发展形势，从课程体系、实践环节、培养目标和培养类型等方面提出相应策略。② 大连海洋大学张瑜的著作《我国专业学位研究生培养模式研究——农业硕士做法及经验》通过理论与实证研究分析了我国专业学位研究生的发展现状、存在问题与培养模式，结合农业硕士培养模式的案例分析，对专业硕士培养模式的路径进行了深入研究和探讨。③

在其他学科研究生培养方面，湘潭大学盛明科结合当前国内公共管理学科发展实践，指出其研究生教育存在培养目标模糊、资源配置僵化、培养体系趋同、质量保障弱化等问题。面向国家推进“双一流”建设战略目标，必须从培养目标、教学体系、学科资源、质量保障、教育评估五个维度进行研究生教育综合改革，培养一批高层次复合型人才。④ 贵州师范大学李郑丽从历史的视角，把思想政治教育专业学术型硕士生的培养划分为又红又专（1987—1996）、一专多能（1997—2004）、综合能力（2005 年至今）三种培养模式。通过分析，提出新时期思想政治教育专业学术型硕士生的培养要在招生方面做“减”法，在课程设置方面做“加”法，在培养机制方面做“乘”法，在评价方面做“除”法。⑤ 西北大学高黎的著作《翻译硕士培养研究：环境与结果》较为系统地调查和分析了我国七所翻译硕士培养单位的环境和培养结果，一定程度上反映了翻译硕士培养环境和结果的“图景”，揭示了培养环境、专业承诺、学习投入和培养结果变量间的关系。其研究将为推进和改革我国翻译硕士培养工作奠定一定的基础。⑥ 贵州财经大学杨春宇编著的《研究生双元培养模式改革研究与实践——以旅游管理专业为例》通过翔实的理论溯源、问卷调查数据对我国研究生“双元制”创新培养模式的基本概念、发展历程、培养模式、培养与评价环节和内容进行系统全面的阐述与论证，以实用主义高等教育哲学思想为指导，

---

① 蔡楚楚．高等教育学专业硕士研究生的培养方案研究［D］．桂林：广西师范大学，2017.

② 吴莹，袁新华，敬小军，等．学术型与专业学位研究生培养模式创新——以农科为例［J］．中国高校科技，2017（3）：49—51.

③ 张瑜．我国专业学位研究生培养模式研究——农业硕士做法及经验［M］．南京：东南大学出版社，2017.

④ 盛明科，蔡振华．面向“双一流”建设的研究生教育综合改革路径探析——以公共管理学科为例［J］．研究生教育研究，2017（2）：57—61 +95.

⑤ 李郑丽．“三十年”来思想政治教育专业学术型硕士研究生培养模式研究［D］．贵阳：贵州师范大学，2017.

⑥ 高黎．翻译硕士培养研究：环境与结果［M］．北京：科学出版社，2017.

融合国家创新体系、德国双元教育培养模式，为进一步改进和完善旅游管理研究生教育体系和制度提供了理论指导。①

第二节　研究生能力与综合素质培养

研究生能力与综合素质是衡量研究生培养质量的重要因素。2017 年，入选本节关于“研究生能力与综合素质培养”研究的代表作有 20 篇（部），主要内容包括三个方面：一是研究生能力与综合素质影响因素研究；二是研究生创业教育研究；三是研究生学术科研能力、实践创新能力培养研究。

一、研究生能力的影响因素研究

学术力是构成研究生素质结构的核心要素。西北工业大学陈洁认为研究生的学术志趣、学术培养制度以及学术生态环境是研究生学术力提升的三个最具活性的要素。提出要通过加强德性教化与制度引导、创新研究生学术培养制度、净化和修复研究生的学术生态等举措，使三个活性要素有序运行，对研究生学术力的提升形成协同作用。②浙江师范大学赵彩霞等人依据扎根理论，构建了学术型硕士研究生学术创新影响因素的理论模型：个人因素、导师因素和环境因素是影响研究生学术创新的三个重要因素，导师因素影响个人因素和环境因素，个人因素与环境因素相互作用。建议从创新研究生招生制度、完善研究生导师制、优化研究生培养方式和营造有利的学术环境来提高研究生学术创新水平。③北京大学郭胜军基于 2014 年“首都高等教育质量与学生发展”监测项目硕士生调查数据，探究了影响学生发展的科研经历：不同类型的科研动机会影响硕士研究生的科研参与状况；科研参与经历、科研参与类型、科研参与广度和科研投入时间对学生自身发展会产生影响；硕士的科研参与经历不仅能够直接影响学生发展，还会通过科研支持与挑战间接影响学生发展。④中南大学王进等人认

---

① 杨春宇．研究生双元培养模式改革研究与实践——以旅游管理专业为例［M］．北京：科学出版社，2017.

② 陈洁．研究生学术力提升的活性要素与机制建构［J］．江苏高教，2017（5）：67—70.

③ 赵彩霞，眭依凡．学术型硕士研究生学术创新影响因素探究——基于对学术型硕士研究生访谈的研究结果［J］．学位与研究生教育，2017（7）：60—64.

④ 郭胜军．科研参与经历对学生发展的影响——以学术型硕士研究生为例［D］．北京：北京大学，2017.

为当前研究生教育面临的科研生态呈现出种种不良趋势：高校招生扩大化、研究生科研次要化、学术研究功利化、知识授受断裂化、师生共同体责任泛化等。这些不良趋势共同阻碍了研究生科研意识的觉醒。唯有经历唤醒，研究生才能挣脱“不知、不想、不能、不敢”从事科研之“研无能”境地。因此，需借助于认知不协调理论与教育的融会贯通，使各教育主体各司其职，成就研究生从怠惰因循到力学笃行的科研意识觉醒之路。①

在研究生创新能力影响因素研究方面，青岛理工大学胡保玲运用层次回归方法研究了导师支持、同学支持对研究生创新行为的影响以及积极情绪的中介作用。研究发现，导师支持与同学支持对研究生创新行为均有显著影响；导师支持和同学支持显著影响积极情绪；积极情绪在导师支持、同学支持与研究生创新行为之间起到部分中介作用。②北京工业大学刘贤伟等人采用问卷法对 10 个高校与工程院所联合培养博士生项目的 175 名博士生进行调查，分析了社会资本、心理资本与联培博士生创新能力之间的确切关系。结果显示，在社会资本对联培博士生创新能力的影响中，心理资本起到了完全中介作用。③重庆师范大学刘纯静从理论角度论证了依托创客空间的创客、课题项目、文化氛围、资源等要素能够促进硕士研究生创新能力的培养。并以重庆市几所高校为例，对创客背景下硕士研究生创新能力培养现状进行了调查分析，发现学生创新动机不高，高校缺乏创新氛围，资源配置没有发挥功能性，重视程度没有起到良性作用等问题。④ 南京信息工程大学马晓霞等人以学科文化为研究视角，从共通性、异质性、内隐性、双向性、延展性等方面探讨了其与研究生创新能力培养的关系，认为当前研究生教育存在的学术动机的非学术性和创新意识淡薄、学科荣誉感不强和学科榜样模糊、人才培养准则和评价方式的相对单一化、狭隘的学科组织边界设定等问题与学科文化密不可分。⑤

在研究生实践能力影响因素研究方面，广东顺德创新设计研究院林炎志等人通过调研顺德区企业的需求，将研究生的实践能力划分为实践动机、一般实践能力、专业实践能力和综合实践能力四个维度。提出全日制专业学位研究生

① 王进，彭妤琪．从“怠惰因循”到“力学笃行”——论研究生科研意识的唤醒［J］．现代大学教育，2017（1）：20—26.

② 胡保玲．导师支持、同学支持对研究生创新行为的影响：积极情绪的中介作用［J］．黑龙江高教研究，2017（9）：117—120.

③ 刘贤伟，马永红．社会资本对校所联培博士生创新能力的影响研究——基于心理资本的中介作用［J］．高等工程教育研究，2017（5）：175—180.

④ 刘纯静．创客背景下硕士研究生创新能力培养研究［D］．重庆：重庆师范大学，2017.

⑤ 马晓霞，张新厂．学科文化视野下研究生创新能力培养路径刍议［J］．研究生教育研究，2017（3）：54—58.

实践能力培养应以专业实践能力的培养为依托，以综合实践能力的培养为重点，兼顾实践动机和一般实践能力的提升。①华东师范大学张东海通过对全国56所传统研究生院高校的问卷调查发现，专业学位研究生普遍存在专业实践时长不足、课程安排与学术学位研究生雷同、研究生对校外导师的指导质量评价偏低、大多数的毕业作品仍以毕业论文为主等问题。在研究生实践能力成长过程中，教师教学的实践性、校内导师的指导以及专业实践的效果是最重要的影响因素。②

二、研究生创新创业教育研究

中国科学技术大学黄颖等人基于情境学习理论，对231个专业学位研究生样本进行问卷调查，探讨了创业教育对专业学位研究生创业意愿的影响机制：社会创业教育在学校创业教育和创业意愿之间起完全中介作用；生源地类别对社会创业教育与创业意愿的关系起调节作用；同时，生源地类别可显著调节社会创业教育的中介作用。③

哈尔滨理工大学王全岩结合互联网创业项目具有投入低、门槛低、工作灵活等特点，运用态势分析法（SWOT），基于研究生具有的研究平台、科研成果等优势，提出SO、ST、WO、WT四种创业策略。并分析研究生在校创业、休学创业、毕业创业三种不同创业时机选择的优缺点，指出在校创业、在校锻炼转休学创业更适合当前研究生创业选择。④

重庆师范大学张爽编制了研究生创业心理资本的测量工具，并对研究生创业心理资本的现状、特点和相关因素进行了调查与研究，发现，当前研究生事务型心理资本和人际型心理资本均处于中等水平；研究生经济自我能力呈中等偏上水平，而自尊水平呈中等水平；研究生职业探索处于中等偏上水平，成就动机呈中等水平；事务型心理资本和人际型心理资本与创业意向呈显著正向相关。⑤

---

① 林炎志，徐旭雁，李仙，等．全日制专业学位研究生实践能力培养模式的探索——以广东顺德工业设计研究院模式为例［J］．学位与研究生教育，2017（3）：31—36.

② 张东海．专业学位研究生实践能力培养体系及其成效研究——基于传统研究生院高校的调查［J］．中国高教研究，2017（6）：82—89.

③ 黄颖，张淑林，古继宝．创业教育对专业学位研究生创业意愿影响研究［J］．研究生教育研究，2017（1）：36—42.

④ 王全岩．基于“互联网＋”的研究生创业特点及策略研究［D］．哈尔滨：哈尔滨理工大学，2017.

⑤ 张爽．研究生创业心理资本的研究［D］．重庆：重庆师范大学，2017.

三、研究生学术科研能力、实践创新能力培养研究

在学术科研能力培养方面，吉林大学赵俊芳等利用中国知网 CNKI 数据库、中国硕博学位论文全文数据库等相关网站的公开信息，对经济学、法学、教育学学科 60 位博士的学术生产力、学术影响力进行统计分析发现，博士研究生经博士生学习期间系统的专业学习和训练，学术发展力大幅提升，产出了一批拥有较高学术影响力的研究成果；不同类型高校、学科博士学术生产力、学术影响力等存在差异。① 华东师范大学刘宁宁以 33 所研究生院高校的 1007 名工科博士生为分析对象，对博士生科研创新能力进行分析，发现就读于不同等级高校的工科博士生的科研能力存在显著差异；而前一学历来自不同等级高校的博士生科研创新能力的差异性并不显著；博士生前一学历高校等级和现就读高校等级的交互效应进一步证伪了出身于“985 工程”高校、现就读于第一等级高校的博士生科研能力最强的传统假设。② 北京航空航天大学韩霞探讨了理工科高校文科研究生创新能力培养问题，其以北航为例，针对文科研究生创新能力培养中存在的主要问题，提出要重视研究性学习，加强跨学科教育，加大科研方法训练，发挥导师负责与集体培养的双重作用，不断完善文科科研平台和实践基地建设，推进理工科高校文科研究生创新能力培养。③

在实践创新能力培养方面，清华大学杜艳秋等人基于对专业学位研究生教育相关者的深度访谈分析，从知识、能力、素养三方面归纳了专业学位研究生培养的能力需求框架，剖析了全日制专业学位研究生实践教学环节中面临的问题和困境，提出加强联合培养实践基地建设、改革教师分类评聘制度、严格落实实践培养过程、探索多样化专业实践模式等对策建议，以提升专业实践质量、提高全日制专业学位研究生实践能力。④北京大学阎凤桥基于 2014 年“首都高校学生发展状况”调查数据，从实践能力培养的课程、导师指导和实习三个方面对专业学位硕士生与学术学位硕士生之间以及专业学位硕士生内部的差异进行了量化分析，发现：专业硕士生对实践课程设置的评价高于学术硕士生；专

---

① 赵俊芳，于倩倩. 社会科学博士学术发展力研究——以三学科 60 名博士为研究对象［J］. 学位与研究生教育，2017（2）：62—67.

② 刘宁宁. 不同高校生源博士生科研创新能力差异研究——基于 1007 名工科博士生的分析［J］. 中国高教研究，2017（11）：54—59.

③ 韩霞. 理工科高校文科研究生创新能力培养研究——基于北京航空航天大学的案例分析［J］. 国家教育行政学院学报，2017（7）：74—79.

④ 杜艳秋，李莞荷，王顶明. 全日制专业学位研究生实践教学存在的问题与对策——基于专家访谈结果的实证分析［J］. 研究生教育研究，2017（2）：69—74.

业硕士生的校外实践导师制度得到了落实，质量有待提升；与学术硕士生相比，专业硕士生的实习比例更高、时间更长、学校参与的程度更高，且实习与专业结合情况更好。[①]上海第二工业大学郑世良等从工程哲学和教育学的视角，梳理了工程知识与实践能力的内在逻辑，形成了工程知识 - 工程实践能力框架，论证了工程实践能力是全日制工程硕士研究生核心能力的观点，并介绍了该校的成功实践经验：制订工程知识与实践能力融通的课程方案，构建认知—应用创新三阶段梯次递进的工程实践模式；探索“政府—学校—企业—社会”多元共治工程实践机制。[②]赣南师范大学谢本亮等人介绍了赣南师范大学在教育硕士研究生教学实践能力的培养实践中把教学竞赛机制引入教学实践能力常态培养的做法。“赛学制”使真实行业环境中的学科竞赛成为实践教学本身的内容和环节，形成了具有制度化、多元化、一体化（赛—学—用）、协同化（高校—行业）特点的培养模式，对教育硕士研究生实践能力培养具有普遍的借鉴意义。[③]

第三节　研究生课程与教学

课程与教学作为研究生培养过程中的重要环节，是提高研究生培养质量、提升研究生创新能力和发展能力的关键因素。2017 年，入选本节关于“研究生课程与教学”研究的代表作有 31 篇（部），主要内容包括三个方面：一是研究生课程与教学模式改革研究；二是不同学科、不同专业的研究生课程与教学研究；三是基于信息化的研究生课程与教学改革研究。

一、研究生课程与教学模式改革

研究生课程与教学模式的改革是提高研究生教育教学质量、保障研究生培养质量的重要举措。本年度，学者们在研究生教学生态、教学监测、教学模式、课堂教学、课程建设等方面展开了研究。

在教学生态、教学监测、教学模式研究方面，复旦大学程诗婷等人从教育

---

① 阎凤桥，李欣，杨钋，等. 专业学位硕士生与学术学位硕士生实践能力培养的比较研究［J］. 学位与研究生教育，2017（4）：9—16.

② 郑世良，王景伟，徐玲，等. 抵及核心：全日制工程硕士研究生实践能力培养体系研究［J］. 学位与研究生教育，2017（12）：17—21.

③ 谢本亮，陈勃，谢志勇. “赛学制”与全日制教育硕士研究生教学实践能力培养［J］. 学位与研究生教育，2017（10）：10—15.

生态学视角下探讨了保证学术学位硕士生课程教学生态系统良性运行的基本要素：高水平、业务精湛且品行良好的师资队伍；契合的授课内容与方式；先进的教学设施。并从课程学习效果、授课教师水平、授课方式、课程内容质量、教学设施等几方面对九校联盟（C9）高校学术学位硕士生课程建设情况进行了实证调研与分析。[①] 西南大学兰珍莉分析了研究生教育教学质量监控的内涵、功能及实现条件，提出发挥研究生教育教学质量监控在应用过程中的认知性监测功能与反思性调控功能，并派生出预测和鉴定功能与约束和激励功能，可以有效避免教学质量监控内部结构错置、约束功能放大和工具化倾向等实践难题。[②]贵州师范大学杜尚荣等人构建了专业学位研究生培养的实践指向性教学模式，分析了其具有的实践指向性、问题导向性、双重系统性、“产学研”协调性、内容与形式的灵活性五个特点及其逻辑疑云，并从理论关怀、目标指向、过程开展、运行机制、评价标准、框架机构六个方面构建了实现实践指向性教学模式的基本路径。[③]

在课堂教学研究方面，四川师范大学王珊认为研究生课堂教学参与的本质是以拓展学术视野、培养学术旨趣、掌握前沿知识和研究方法、提高学术素养及研究能力的学术性参与。其具体特征表现在基于学术自由的意义协商和平等、充分的学术理性思辨以及学术话语的参与。构建以“对话”为旨趣的课堂、建立学术对话伦理规范，以及提高研究生的学术批判力是实现研究生实质性参与的主要途径。[④] 南京大学陈举等人基于社会互动视角，使用访谈法对研究生的课堂参与行为进行了社会学解读：研究生课堂教学参与受“价值合理性、目的合理性、情绪的、习惯的”四个维度价值导向的引导，作为“听者”的研究生群体丰富了课堂教学参与以“行为和语言”为载体的传统观念，习惯的迟滞性和“面子心理”是影响研究生课堂教学参与的重要因素。[⑤]

在课程建设研究方面，兰州大学包水梅的著作《中国学术型博士研究生课程建设研究》对我国学术型博士研究生课程教学进行了系统研究。它运用思辨研究与实证研究相结合的方法，从理论探索、现状调查、文本分析、经验借鉴、

---

① 程诗婷，廖文武．试论教育生态学视角下的学术学位硕士研究生课程建设——以 C9 高校为例［J］．研究生教育研究，2017（5）：49—54.

② 兰珍莉．研究生教育教学质量监控：内涵、功能及实现条件［J］．学位与研究生教育，2017（4）：60—63.

③ 杜尚荣，施贵菊，朱毅．专业学位研究生培养的实践指向性教学模式建构研究［J］．研究生教育研究，2017（1）：78—82＋92.

④ 王珊．论研究生课堂教学参与的本质及其实现途径［J］．研究生教育研究，2017（1）：43—46＋72.

⑤ 陈举，熊岚，纪曼然，等．研究生课堂教学参与的价值理性与社会学反思［J］．研究生教育研究，2017（6）：57—62.

对策建议等方面对我国学术型博士研究生课程建设状况和存在的问题进行系统探讨，并提出学术型博士研究生课程建设的基本指导思想和策略。①山西大学李金碧认为我国长期探索形成的“以学科知识为中心、以学术价值为追求”的研究生课程范式，忽视了研究生教育“探究”“创生”的本质要求，已不能满足经济社会的快速发展以及科技创新日新月异对高层次人才的需求。基于后现代主义课程理论，主张课程回归生活世界，关注知识交叉融合，关注知识生成与能力培养。②华南农业大学邓永超等人从哲学本体论转向过程、教育转向生活、课程转向学习化等多个视角论证了研究生课程开发要注重“创造性和过程性”“联系生活开展教育”“面向未来开展行动学习”的预见式行动研究这一新路径。③华东师范大学姜勇从“文化存在论教育学”出发，建构了基于 ALC 核心素养的师范类研究生课程方案。其主张师范类研究生课程应该是一种培育仁爱之心、启迪自由之性、熏陶文化之品的课程，与之相随的是它需要营造一种“相遇”的人生旅程，打造一种“唤醒”的反思氛围，铸造一种“陶冶”的文化之路。④

在具体实践上，吉林大学马丽红以吉林省 5 所高校为例，分析了吉林省高校加强研究生课程建设、进行课程教学改革的探索与实践：建立了更加符合各校研究生培养目标的课程体系，可动态调整的课程体系结构更加满足研究生的培养需求，课程内容得到进一步优化，创新并实施了多元的课程评价方法。⑤河北大学巴信武介绍了河北大学依托一级学科学位点，以立项的形式，进行基于一级学科知识体系的研究生拓展课程建设的实践及成效。拓展课程以专题讲座为主，采用团队授课，受到了教师的肯定和研究生的追捧，活跃了校园的学术氛围，激发了研究生的学习热情，开阔了研究生的视野，具有较高的示范价值。⑥

二、不同学科、不同专业的研究生课程与教学研究

2017 年，不同学科、不同专业的研究生课程与教学成为研究生课程与教学

---

① 包水梅．中国学术型博士研究生课程建设研究［M］．北京：科学出版社，2017.

② 李金碧．硕士研究生课程设置的反思与范式重构——基于后现代主义课程理论的视角［J］．教育研究，2017，38（4）：49—54＋116.

③ 邓永超，苏雄武，杨玉浩．预见式行动研究：研究生课程开发的路径选择［J］．教育理论与实践，2017，37（3）：3—5.

④ 姜勇，Asta Birkeland，刘静．基于 ALC 核心素养的师范类研究生课程改革新思考——一种“文化存在论教育学”的视角［J］．学位与研究生教育，2017（8）：15—20.

⑤ 马丽红．省域高校研究生课程建设的探索与实践［J］．学位与研究生教育，2017（10）：24—28.

⑥ 巴信武，李素琴．河北大学基于一级学科知识体系的研究生拓展课程建设实践［J］．学位与研究生教育，2017（10）：19—24.

研究的重点，我国学者对此给予了充分关注。

北京师范大学周海涛等人通过调查 10 所教育学学术型研究生培养单位课程发现：课程建设遇到研究生生源复杂化、多样化的挑战；培养目标与现实不契合，课程价值取向亟待分类定位；课程结构不尽合理，知识与兴趣、教师与研究生诉求等有待统筹；各主体的课程建设参与度不高，课程管理和服务制度亟须完善；教材特色不彰，开发力度有待加大；国际化建设深度不够，服务保障体系有待加强。[①]湖南师范大学刘健智通过对 21 所高校学科教学（物理）专业教育硕士研究生培养方案中的公共学位课、专业学位课、专业选修课、实践活动及其学分和课时进行统计发现：部分课程内容之间相互重复或交叉；部分课程针对性不强且不具有教育硕士特色；课程设置不重视教育科研能力的培养；个别课程与本科阶段课程重复。[②]华中科技大学李玉栋针对教育硕士学位的特性，构建了一套以案例教学为核心，包含理论讲授、案例教学、微格模拟和实地实习的“四位一体”教学模式，改变了单线条的教学流程，提升了整体教学质量，使培养对象提高了理论水平和实践能力。[③]

对于法学学科的课程与教学研究，西南政法大学卢明威等人分析了当前法律硕士培养中的实践教学问题：课时比例及结构不合理、授课方式陈旧、案例资源缺乏、师资力量不足、双导师指导流于形式、毕业实习指导不到位，认为应适当提高实践教学课程及课时比例，转变传统的实践教学授课方式，加强实践教学师资队伍建设，丰富实践教学资源，强化毕业实习实践指导效果，以提高法律硕士研究生的培养质量及社会竞争力。[④] 该校的孙长永等人介绍了西南政法大学以培养一流法治人才为目标，以项目建设方式开展法学专业研究生课程改革的实践探索：以课程责任教授制为核心，全面优化课程体系，创新教学内容，改革教学方法，完善教学质量监督保障机制，健全教改资助和奖励机制，整体提升法学研究生教学质量。[⑤]

对于其他学科专业的课程与教学研究，上海交通大学赵昕等人以管理类博士生“营销前沿精读”课程为例，探索设计了以目标、内容、组织和成果为主

---

① 周海涛，史少杰．教育学学术型研究生课程建设浅析［J］．学位与研究生教育，2017（2）：8—11.

② 刘健智．物理学科教学教育硕士课程设置的文本分析［J］．学位与研究生教育，2017（2）：12—17.

③ 李玉栋．论以案例教学为核心的“四位一体”教育硕士教学模式［J］．研究生教育研究，2017（3）：77—81.

④ 卢明威，李图仁．法律硕士研究生实践教学现存不足及解决措施［J］．学位与研究生教育，2017（3）：50—54.

⑤ 孙长永，李燕．建设一流研究生课程　培养一流法治人才——西南政法大学法学专业研究生课程改革实践探索［J］．学位与研究生教育，2017（8）：9—15.

要维度的“四维十因素”博士生研讨式课程模式：目标应为促进学生对前沿热点问题的把握、提高其批判性思考能力、开阔其国际视野；内容设计要增强前沿热点学习，注重提升学习深度，增强学习内容的国际性；成果评价应将形成性评价与总结性评价相结合，注重提高学生能力。① 北京理工大学陈煜以该校材料学学科为例，探讨了在课堂教学、社会实践、实验研究、学术活动等环节构建的多方位实践教学模式在低年级硕士研究生转型培养中的应用及取得的成效。② 武汉体育学院陈蔚等人通过调查发现，目前各院校全日制体育硕士的培养目标与课程设置基本达到了国家《全日制体育硕士专业学位研究生指导性培养方案》和相关规章的要求，但仍存在课程类型设置不完整、学分比例分配不合理和选修课开设范围狭窄与比重偏低等问题。提出要优化课程设置，提高其合理性和科学性，以提高体育硕士专业学位研究生培养质量。③

在创业课程与教学研究方面，武汉大学李姗霖等人基于创新创业教育中存在的课程体系建设不够完善，课程设计缺乏针对性，未能与专业教育相融合等问题，在遵循创业过程一般规律、不同学科差异性等原则基础上，构建了由创新创业精神培养、创业机会识别、新企业组建、企业组织与管理四大核心模块共计 16 门课程组成的研究生创新创业教育课程体系。④ 华东师范大学吴永和等人从学、做、创三个层面和教学分析、教学活动设计、教学评价设计三个阶段，构建出以“学做创”为导向的创客教育课程设计模式：学生由跨学科师资队伍指导，在线上到线下（O2O）学习空间中，通过研讨式、基于项目、体验为主的三类学习活动，以认知学徒制的方式学习实践融合学做创的跨学科跨领域的内容，解决面向真实情境的问题，培养其高阶思维能力。⑤

在公共英语课程与教学研究方面，西安外国语大学焦双静基于哈奇森（Hutchinson）和沃特斯（Waters）的需求分析理论，使用调查问卷法和访谈法对非英语专业硕士研究生学术英语课程的需求进行了调查分析。发现目前的英语课程不能完全满足非英语专业硕士研究生的学术英语需求，提出要应根据非英语专业硕士研究生的具体需求开设，以学术语境中真实活动任务为主，以真

---

① 赵昕，陈洁，赵蓉．“四维十要素”博士研究生研讨课程的研究与设计——以上海交通大学管理类博士生“营销前沿精读”课程为例［J］．学位与研究生教育，2017（12）：35—38.

② 陈煜，金韶华，金海波，等．多方位实践教学模式在低年级硕士研究生转型培养中的应用［J］．学位与研究生教育，2017（10）：16—18.

③ 陈蔚，田丹．我国全日制体育硕士专业学位研究生课程设置研究——基于九所院校体育硕士研究生培养方案的文本分析［J］．教育学术月刊，2017（4）：104—111.

④ 李姗霖，熊淦，吴亭燕，等．研究生创新创业教育课程体系构建研究［J］．研究生教育研究，2017（4）：45—50.

⑤ 吴永和，刘晓丹，仲娇娇，等．创客教育课程设计与应用——以华东师范大学 2015 级研究生创新课程为例［J］．现代远程教育研究，2017（1）：88—94.

实材料为主，以小班额为主，开设时间从研一开始等建议。① 复旦大学蔡基刚等人在回顾了学术英语、项目教学法等理论的基础上，结合对北京、上海和青岛等地五个不同种类的学术论坛的观察和分析，探索了基于学术论坛教学的特点和方法，为研究生学术英语教学提出了新的思路。② 北京林业大学李芝等人提出的在语言输入、互动和输出模型理念指导下，进行英文学术论文写作、现代农林学术英语阅读、学术英语听说“三位一体”新型教学模式和课程体系建设也取得了良好的效果，切实提高了研究生的学术英语应用能力。③中国农业科学院赵轶洁等人构建了有趣、有料、有意义的农科研究生公共英语“交换课堂”。它是将农科研究生公共英语口语课堂与在华留学生中国文化课堂进行交换，学生以小组为单位到对方课堂进行农业相关主题演示的课程教学方式。调查显示：“交换课堂”有助于创设进行意义构建的真实语言交流环境，增加同伴交流、小组协作的学习机会，极大地提升了农科研究生的外语学习兴趣，提高了农科研究生英语听、说交流的能力。④

三、基于信息化的研究生课程与教学改革

随着教育信息化的快速发展，研究生教学模式正在发生重大变革：以“灌输式”为主的传统教学模式正在让步于基于互联网信息技术的“少教多学”为主的新型教学模式。中共山西省委党校崔泽园等人介绍了几种基于互联网信息技术的研究生教学模式：在研究生教学中广泛推行教学新模式的“翻转课堂”、在研究生教学中大量引入教学新资源“微课”、鼓励研究生适度参与教学新常态“跨学科慕课”⑤

沈阳工业大学逄红梅等人从慕课技术、个性化培养和自主学习能力三个方面论证了开展研究生在线教学的可行性，并以计算机应用技术专业为例，探讨了影响课程引入的显性问题（课程资源不足、整合度低）和隐性问题（重硬建设，轻软管理），并从课程供给和需求视角提出将在线课程引入课程体系的具

① 焦双静. 非英语专业硕士研究生学术英语课程的需求分析［D］. 西安：西安外国语大学，2017.

② 蔡基刚. 基于项目研究的学术论坛教学法在研究生英语教学中的作用［J］. 学位与研究生教育，2017（2）：18—24.

③ 李芝，吴增欣，史宝辉. 农林类院校研究生学术英语教学模式改革研究［J］. 学位与研究生教育，2017（4）：56—59.

④ 赵轶洁，毛晓霞. 有趣、有料、有意义的农科研究生公共英语“交换课堂”［J］. 学位与研究生教育，2017（2）：25—28.

⑤ 崔泽园，赵瑞. 基于互联网信息技术的研究生教学模式探析［J］. 教育理论与实践，2017，37（6）：6—8.

体策略。①

哈尔滨师范大学王凤秋等人通过分析指出研究生的学习特点、学习能力和教学环境能够使之接受、适应、保障翻转课堂在研究生教学中的应用，但要让翻转课堂真正走进研究生教学应在教学观念、教学方式及评价标准上做出改变。② 北京理工大学杨春梅等人讨论了研究生翻转课堂上主动学习的重要方法：在目标上追求内容、过程、人际和参与四个维度的统一；在课堂讨论上有问答讨论、组内讨论、批判性辩论、角色扮演和全班讨论等多种形式；为促进有效讨论，教师需要明确开展讨论的目的，讨论前需要做好充分准备，避免有“指导”或“佯装”的讨论，并加强对讨论过程的控制与评价。③ 南京大学胡乐乐在分析介绍“翻转课堂”与“同伴教学”这两种教学法的基础上，提出并在教育硕士研究生“课程与教学论”课程中实践了的基于“翻转课堂”和“同伴教学”的“混合式教学”，并取得了符合预期的良好教学改革效果。④

第四节　研究生学位论文与质量管理

学位论文是研究生培养的最后关口，集中反映出研究生的科研能力与学术水平，是研究生培养质量的重要体现。2017 年，入选本节关于“研究生学位论文与质量管理”研究的代表作有 15 篇（部），主要内容包括两个方面：一是学位论文的规范性研究，主要涉及学位论文的选题与写作；二是学位论文质量评价与管理，包括学位论文评价体系、质量调查、规范管理等内容。

一、学位论文的规范性研究

复旦大学游汝杰讨论了“博士论文如何做到有创见”的问题，他认为做到有创见的前提是立志高远，博采众长，独树一帜，并就有创见的博士论文进行

---

① 逄红梅，黄宏军．基于课程体系的研究生在线课程引入问题探析［J］．研究生教育研究，2017（5）：55—59.

② 王凤秋，玄琳琳．“翻转课堂”与高校研究生教学模式改革［J］．黑龙江高教研究，2017（1）：153—155.

③ 杨春梅，孙孟思．研究生翻转课堂如何推进课堂讨论［J］．学位与研究生教育，2017（5）：48—53.

④ 胡乐乐．基于“翻转课堂”和“同伴教学”的“混合式教学”［J］．学位与研究生教育，2017（5）：54—57.

了分类举例说明，如创立新的学科、开辟新的研究领域、采用新的研究方法、创立新概念与新术语、采用新观点研究旧材料、填补空白、文献综述等。①

北京大学袁毓林等人认为要想让博士论文有价值，最好形成具有开拓性的博士论文选题。作者围绕这一观点，讨论了“什么样的选题具有开拓性”“为什么要形成开拓性的选题”“怎样形成开拓性的选题”，总结了其作为第一作者的研究经历与教训，并以著名历史学家严耕望为例，讲述了“世俗时代学者如何安身立命”“怎样做一个纯粹的学术人”。②

浙江师范大学李润洲认为研究生的论文写作蕴涵着依次递进的三重意涵：一是独立思考，二是对某（些）问题的创见，三是对某（些）问题创见的系统论证。在分析了当下研究生的论文写作呈现出的思想贫困现象之后，作者阐述了研究生论文写作中的路径，即坚守为己之学，习得论文结构；学会学术提问，孕育新颖观点；增强自省意识，倾心论文修改。③

云南大学鄢显俊认为当前的硕士论文属于典型的“范式研究”，可通过构建“硕士论文写作‘洋八股’规范”，将硕士论文写作流程“可视化”为若干必须严格遵循的“机械步骤”，以此对研究生展开有章可循、有标准可依的学术训练。其中，科学选题要遵循三大标准：“真问题”“好问题”和“专业问题”；开题报告要充分阐述选题的合理性，即研究的重要性、必要性和可行性。④

二、论文质量评价与管理

南京大学许丹东、吕林海从知识生产模式的视角，针对博士论文“是否基于应用的情境”和“是否跨学科”两个维度上的差异，将其划分为单一学科的纯学术性研究、单一学科的学术应用性研究、跨学科的纯学术性研究、跨学科的学术应用性研究等四种类型。在此基础上，从“学术水平”和“写作水平”两个方面设计了相应的评价指标体系。⑤ 中国人民大学李霞等人以人文社科博士学位论文为研究对象，将反映博士学位论文质量特征的要素分为形式要素和

---

① 游汝杰．博士论文贵在有创见［J］．中国大学教学，2017（1）：20—22.

② 袁毓林，王恩旭．怎样形成具有开拓性的博士论文选题［J］．中国大学教学，2017（5）：42—48 +68.

③ 李润洲．研究生论文写作的思想创生——一种教育学的视角［J］．学位与研究生教育，2017（2）：3—7.

④ 鄢显俊．“洋八股”与硕士论文写作规范［J］．研究生教育研究，2017（1）：53—57.

⑤ 许丹东，吕林海．知识生产模式视角下的博士学位论文评价理念及标准初探［J］．学位与研究生教育，2017（2）：48—53.

实质要素两类，构建了形式要素和实质要素特征评价指标，并通过实证分析概括了人文社科博士学位论文质量特征：学科的性质决定了人文社科的研究取得创新相对困难；文科人才培养的传统路径和模式可能成为其研究能力成长的瓶颈；以西方学问为核心的研究倾向使经济学、管理学领域的学术研究基本处于跟踪和学习状态，对中国社会实践的应用性不强。[①]浙江大学俞婉琦构建了一个由9个一级指标和52个二级指标构成的研究生学位论文质量评价指标体系。在指标权重设计中，“选题及科研设计”最大，“材料与方法”“结果”“讨论”“文献综述”次之，“论文题目”“摘要”“引言”及“其他注意问题”较小；在评价结论设置中，分为“优秀”“良好”“及格”“不及格”。指标设计整体上科学、合理、有效，具有一定应用价值。[②]

在学位论文质量调查研究方面，北京大学陈洪捷团队针对学位论文抽检情况展开了系列研究。一是以2014年全国硕士研究生学位论文抽检专家评阅意见为研究对象，分析了学术型硕士研究生学位论文中被专家判定为“不合格论文”的缺陷和不足，认为不合格学术型硕士研究生学位论文具有作者科研能力不足、论文规范性欠缺、论文创新性和价值性不高、文献综述质量较低、作者学术态度和行为不端正、选题意义和严谨性不够等六大典型特征。[③] 二是基于2014年全国16275篇学术型硕士学位论文抽检专家评议数据，从年龄差异，攻读类型（学历型、同等学力型等），考试方式（推免生、考试生等），论文类型（基础研究、应用研究、综合研究等），依托项目和课题（是否有项目与课题支撑及其等级等）等多个方面，对我国学术型硕士学位论文质量的个体属性特征差异进行了量化研究。[④] 三是对2014年全国5415篇工学门类学术硕士学位论文抽检结果进行了量化分析，结果显示：总体质量方面，工学门类抽检论文的整体合格率为99.02%，比同年度全部学术硕士学位论文抽检的平均合格率高0.78百分点，工学门类下各一级学科的总体得分均值为82.50分，高出同年度全部抽检总体样本得分均值1.48分。分项质量方面，工学门类分项得分由高到低分别为选题与综述、科研能力与基础知识、论文规范性、创新性与论文价值，

---

① 李霞，宋俊波．人文社科博士学位论文质量要素特征评价——以中国人民大学人文社科类博士学位论文为例［J］．学位与研究生教育，2017（11）：13—17.

② 俞婉琦．研究生学位论文质量评价指标体系研究［D］．杭州：浙江大学，2017.

③ 李敏，陈洪捷．不合格学术型硕士研究生学位论文的典型特征——基于论文抽检专家评阅意见的分析［J］．学位与研究生教育，2017（6）：50—55.

④ 高耀，陈洪捷，杨佳乐．全国学术型硕士学位论文质量差异研究——基于个体属性特征的视角［J］．中国高教研究，2017（10）：51—56.

且不同一级学科在各个二级指标维度上的表现存在差异性。①四是基于 Y 市 2014 年硕士学位论文抽检结果数据，从总体质量和分项质量两个维度对专业硕士学位论文质量进行了监测评估。研究结果显示：Y 市 2014 年专业硕士学位论文质量整体上有保障。分项质量方面得分由高到低分别为选题与综述、论文规范性、基础知识、研究方法与实践能力和创新性与应用价值，且不同专业学位类别在各个二级指标维度上的表现存在差异性。② 此外，河北大学李瑞娇以 H 大学硕士学位论文为研究对象，选取 2014 年、2015 年、2016 年的论文质量状态数据做支撑，通过相关数据分析学位论文的质量现状和存在的问题；其次采用问卷调查法、访谈法等研究方法，对影响学位论文质量的因素进行了调查分析，发现主要影响因素包括导师指导不力、生源质量差、研究生科研训练不足、学校监管措施不到位等。③

在学位论文规范管理研究方面，河北大学杨凤英、许建忠认为学位论文是研究生个体知识的外化成果，研究生个体知识是影响其质量的内在因素。目前，在职教育硕士研究生个体知识存在着结构性问题是影响在职教育硕士学位论文质量的根本原因，具体表现在教育理论知识的浅表化和片段化、教育科研知识的非规范化、学位论文规范表述知识的缺失。④ 广西师范大学李延认为学位论文规范化管理分为实体管理和程序管理两部分的规范化。学位论文实体管理即影响学位论文质量和评价标准及相关因素管理；学位论文程序管理即研究生和学校的程序及相关过程管理。提出要从建立学位论文质量体系规范、健全学位论文评价规范、推广学位论文知识产权规范、完善学位论文的道德与法律规范等方面完善学位论文管理的实体规范，从规范学位论文程序、规范学位论文的评审程序、规范网络技术的使用和程序、规范学位论文的涉密机制等方面完善学位论文管理的程序规范。⑤国防科学技术大学靳冬欢等人介绍了该校探索形成的“与阶段性成果挂钩、多种评阅方式相结合”的博士学位论文分级评阅制度，总结分析了评阅制度实施四年来的成效，并就改进内部评估方式、分类制定学位标准、进一步强化质量导向提出了下一步工作建议。⑥

---

① 高耀，陈洪捷，沈文钦．工学门类学术硕士学位论文质量的学科差异——以 2014 年全国硕士论文抽检数据为例［J］．研究生教育研究，2017（2）：28—34.

② 高耀，陈洪捷，沈文钦．专业硕士学位论文质量监测评估报告——基于 Y 市学位论文抽检结果的量化分析［J］．复旦教育论坛，2017，15（1）：54—61.

③ 李瑞娇．H 大学研究生学位论文质量调查及对策研究［D］．保定：河北大学，2017.

④ 杨凤英，许建忠．个体知识视阈下在职教育硕士学位论文质量的提升［J］．学位与研究生教育，2017（6）：56—60.

⑤ 李延．我国研究生学位论文管理规范化浅议［J］．学位与研究生教育，2017（10）：50—54.

⑥ 靳冬欢，吴丹，刘利，等．博士学位论文分级评阅制度的探索与实践［J］．学位与研究生教育，2017（2）：44—47.

第五节　文献分布及其特点分析

2017 年，研究生培养专题涉及 4 个议题：研究生培养模式、研究生能力与综合素质培养、研究生课程与教学和研究生学位论文与质量管理。在文献分布、专题结构、核心作者、研究热点、研究方法等方面呈现如下特点。

一、文献分布与专题结构

2011—2017 年，研究生培养研究文献总体数量呈现上升趋势。尤其是 2017，文献总量较 2016 年增加了 176 篇（部），增幅高达 75.9%，原因在于 2016 在文献检索中除去了学位论文这一类型文献。除去学位论文类型文献，2017 年文献总量为 277 篇（部），较 2016 年增加了 45 篇（部），增幅达到 16.2%。

通过对检索文献进行人工甄别，将能够反映研究生培养研究现状，且研究水平较高的研究成果纳入到本专题。2011—2017 年，纳入到本专题综述的文献总量呈现上升趋势，见图 3－1。2017 年，纳入综述的文献共计 112 篇（部），其中 84.8% 为期刊论文，6.3% 为学位论文，8.9% 为学术著作。可以看到，2017 年纳入综述的文献总量较 2016 年增加了 35 篇（部），增幅高达 45.5%。一方面在于 2017 年的文献检索数量激增，且本年度纳入的文献类型较 2016 年增加了学位论文与学术专著两种类型文献；另一方面，研究生培养研究的整体研究水平有了较大提升，以纳入综述的 95 篇期刊论文为例，84.2% 发表在 CSSCI（2017—2018）来源期刊（不含扩展版）。

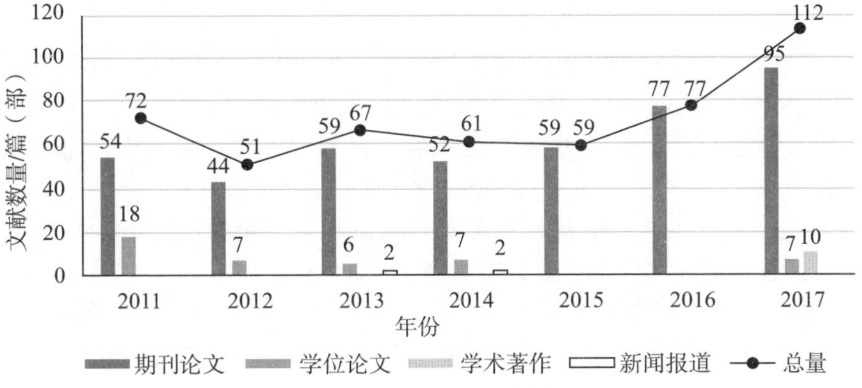

图 3－1　2011—2017 年采纳文献的类型分布

从纳入综述的主题分布来看，41.1% 为研究生培养模式研究，17.9% 为研究生能力与素质研究，27.7% 为研究生课程与教学研究，13.4% 为研究生学位论文与质量管理。整体看来，研究生培养研究文献主要集中在“研究生培养模式研究”和“研究生课程与教学”领域。其中，“研究生学位论文与质量管理”领域文献占比较 2016 年增加了 3 百分点，反映出学界对研究生培养质量的关注热度上升。

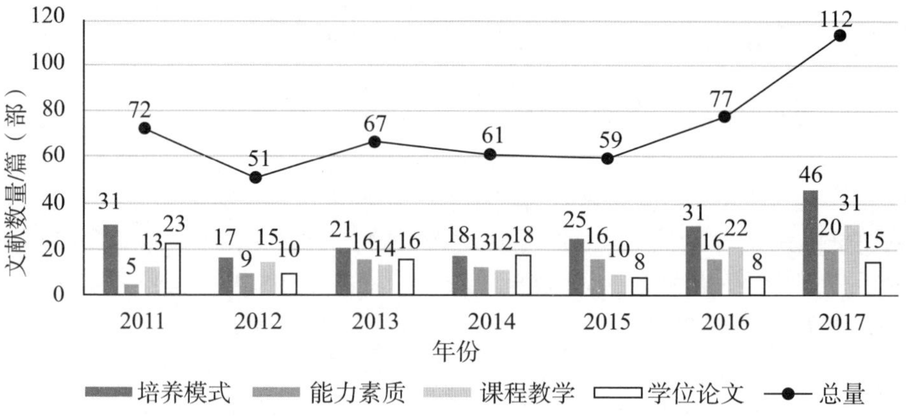

图 3－2　2011—2017 年采纳文献的主题分布

二、核心作者与代表性作品

为进一步反映最新、最具代表性的研究成果，笔者采用两种方式梳理出研究生培养研究领域的核心作者及其代表作品：一是统计 2017 年度在本领域发文较多的高产作者的研究成果；二是统计 2011—2017 年在本领域发文较多且在 2017 年发文的高产作者的研究成果。

通过梳理《中国研究生教育研究进展报告》（2012—2017）和本年度报告中研究生培养研究领域的作者署名信息，共有 961 名作者参与了本专题研究。其中，4 人发文 5 篇（部），6 人发文 4 篇（部），19 人发文 3 篇（部），61 人发文 2 篇（部），871 人发文 1 篇（部）。仅梳理 2017 年纳入文献综述文章的作者署名信息，共有 236 名作者参与了本专题研究。其中，1 人发文 4 篇（部），1 人发文 3 篇（部），10 人发文 2 篇（部），224 人发文 1 篇（部）。表 3－1 列举了 2011—2017 年研究生培养研究领域累计发文超过 3 篇（部）的高频作者年度发文情况（其中李敏、沈文钦、赵铁洁为在 2017 年发文 2 篇的作者）。

表 3-1 2011—2017 年研究生培养研究高产作者年度发文数量分布

（单位：篇/部）

序号	姓名	年份							合计
		2011	2012	2013	2014	2015	2016	2017	
1	刘亚敏	0	1	0	0	0	3	1	5
2	马永红	0	0	0	1	2	0	2	5
3	张淑林	1	0	2	1	0	0	1	5
4	甄　良	2	0	1	1	1	0	0	5
5	包水梅	0	0	0	0	3	0	1	4
6	陈洪捷	0	0	0	0	0	0	4	4
7	丁雪梅	2	0	0	1	1	0	0	4
8	古继宝	0	0	1	1	1	0	1	4
9	梁传杰	1	1	0	0	1	0	1	4
10	宋　平	2	0	0	0	1	1	0	4
11	陈　伟	1	0	1	1	0	0	0	3
12	崔　爽	0	1	0	0	0	0	2	3
13	段丽萍	0	1	0	0	0	0	2	3
14	高　耀	0	0	0	0	0	0	3	3
15	耿有权	1	1	1	0	0	0	0	3
16	胡承孝	1	1	0	1	0	0	0	3
17	胡甲刚	0	1	0	0	0	1	1	3
18	李　勇	0	1	0	0	0	1	1	3
19	廖湘阳	3	0	0	0	0	0	0	3
20	刘　静	0	0	0	0	1	0	2	3
21	刘贤伟	0	0	0	0	1	0	2	3
22	吕红艳	0	1	2	0	0	0	0	3
23	裴　旭	1	0	1	1	0	0	0	3
24	袁本涛	0	0	0	0	3	0	0	3
25	王顶明	0	0	0	0	1	0	2	3
26	王海燕	0	0	0	0	0	2	1	3
27	王应密	0	0	1	1	0	1	0	3
28	张　军	0	1	1	1	0	0	0	3
29	张凌云	1	1	0	1	0	0	0	3
30	李　敏	0	0	0	0	0	0	2	2
31	沈文钦	0	0	0	0	0	0	2	2
32	赵铁洁	0	0	0	0	0	0	2	2

表 3－2 列举了表 3－1 中高产作者在 2017 年的发文情况。其中，北京大学陈洪捷以其主持的学位论文调查研究所形成的 4 篇文章位列第一，该系列研究成果也曾在 2017 年引发社会关注。研究生培养研究高产作者刘亚敏、胡甲刚在 2017 年出版了专著《专业学位研究生培养模式改革》，该著作对我国专业学位研究生培养模式改革具有重要指导意义。研究生培养研究高产作者包水梅在 2017 年出版了专著《中国学术型博士研究生课程建设研究》，是一部系统研究学术型博士研究生课程教学的著作。

表 3－2　研究生培养研究高频作者 2017 年发文情况统计

代表人物	作者	题目	期刊/出版社
陈洪捷 高　耀 沈文钦 李　敏	李敏、陈洪捷	不合格学术型硕士研究生学位论文的典型特征——基于论文抽检专家评阅意见的分析	学位与研究生教育
	高耀、陈洪捷、杨佳乐	全国学术型硕士学位论文质量差异研究——基于个体属性特征的视角	中国高教研究
	高耀、陈洪捷、沈文钦	工学门类学术硕士学位论文质量的学科差异——以 2014 年全国硕士论文抽检数据为例	研究生教育研究
	高耀、陈洪捷、沈文钦、李敏	学术型硕士学位论文质量的学科差异——基于 X 省学位论文抽检结果的量化分析	学位与研究生教育
段丽萍 崔爽	段丽萍、李晨曦、崔爽等	健康中国视角下高层次医学应用型人才培养的探索与实践	学位与研究生教育
	王欣怡、崔爽、段丽萍	医学科学学位博士生培养模式改革期望的调查分析	学位与研究生教育
马永红 刘贤伟	双勇强、刘贤伟	新知识生产模式下校所联合培养博士生的问题及对策	学位与研究生教育
	刘贤伟、马永红	社会资本对校所联培博士生创新能力的影响研究——基于心理资本的中介作用	高等工程教育研究
	黄瑶、王铭、马永红	以跨学科路径协同培养博士研究生	学位与研究生教育

表 3－2　研究生培养研究高频作者 2017 年发文情况统计

续表

代表人物	作者	题目	期刊/出版社
王顶明	王顶明	规范、行动与质量：博士生培养过程管理研究	广东高等教育出版社
	杜艳秋、李莞荷、王顶明	全日制专业学位研究生实践教学存在的问题与对策——基于专家访谈结果的实证分析	研究生教育研究
赵铁洁	赵铁洁、毛晓霞	有趣、有料、有意义的农科研究生公共英语“交换课堂”	学位与研究生教育
	赵铁洁	农科研究生公共英语教学资源建设与教学模式研究	中国农业科学院博士论文
刘亚敏 胡甲刚	刘亚敏、胡甲刚	专业学位研究生培养模式改革	科学出版社
包水梅	包水梅	中国学术型博士研究生课程建设研究	科学出版社
张淑林 古继宝	黄颖、张淑林、古继宝	创业教育对专业学位研究生创业意愿影响研究	研究生教育研究
梁传杰	梁传杰、王卫华、刘勇波	工程硕士培养模式综合改革与实践——以武汉理工大学为例	学位与研究生教育
李　勇 王海燕	李圣、李勇、王海燕	国防行业专业学位研究生培养模式改革的探索与实践——以西北工业大学“双向扩展型”人才培养模式为例	研究生教育研究
刘　静	刘军伟、刘静、吕勇、胡霞敏	以“三双一三融”模式培养工程硕士研究生——武汉科技大学的实践	学位与研究生教育
陈　洁	陈洁	研究生学术力提升的活性要素与机制建构	江苏高教

三、研究特点与研究方法

从研究主题来看，2017 年研究生培养研究基本涵盖了研究生培养过程的全部环节，主要集中在研究生培养模式的综合改革与实践探索，研究生学术科研能力与实践创新能力、专业学位研究生的课程与教学、研究生学位论文质量调查研究等领域（表3－3、表3－4）。

从研究热点来看，2017年研究生培养研究在研究生培养模式方面，更加聚焦学校的综合改革实践，通过介绍、提炼本学校、本学科、本专业在培养模式改革方面的实践探索，为研究生培养模式的理论创新提供基础，为研究生培养模式综合改革提供现实指导；在研究生能力与素质培养方面，更加聚焦学术学位研究生的科研创新能力培养，更加聚焦专业学位研究生的实践创新能力培养；在研究生课程与教学方面，课程与教学的基础理论研究逐渐增加，为研究生课程与教学这一研究生教育改革薄弱环节提供了方法论基础，其中，专业学位研究生的课程与教学与公共英语课程与教学成为主要研究对象；在研究生学位论文与质量管理方面，更加侧重于学位论文评价指标体系设计与质量调查研究，反映出学者与社会公众对研究生培养质量的持续关注（表3－3）。

表3－3　2017年研究生培养研究的研究主题与研究热点

研究主题	研究热点
一、研究生培养模式	1. 研究生培养模式改革的理论探索与实践研究 2. 以联合培养为代表的研究生培养机制创新研究 3. 基于不同学科、不同专业的研究生培养模式的改革与实践
二、研究生能力与综合素质培养	1. 研究生能力的影响因素研究 2. 研究生创新创业教育研究 3. 研究生学术科研能力、实践创新能力培养研究
三、研究生课程与教学	1. 研究生课程与教学模式改革 2. 不同学科、不同专业的研究生课程与教学研究 3. 基于信息化的研究生课程与教学改革
四、研究生学位论文与质量管理	1. 学位论文的规范性研究 2. 论文质量评价与管理

表3－4　2011—2017年研究生培养研究的研究主题对比

研究主题	年份						
	2011	2012	2013	2014	2015	2016	2017
研究生培养模式	√	√	√	√	√	√	√
研究生培养机制改革	√						
研究生能力与素质（培养）	√	√	√	√	√	√	√
研究生课程与教学	√	√	√	√	√	√	

表 3-4 2011—2017 年研究生培养研究的研究主题对比

续表

研究主题	年份						
	2011	2012	2013	2014	2015	2016	2017
专业学位研究生培养问题	✓						
学位论文的要素分析及其质量	✓						
研究生学位论文及培养质量管理			✓	✓			
学位论文与质量管理（控制）		✓			✓	✓	✓

从研究方法来看，2017 年研究生培养研究涉及了经验总结、理论思辨、调查实证等多种研究方法，但仍以定性研究方法为主。在具体的研究领域上，研究方法则各有侧重。如，培养模式研究侧重于使用经验总结、理论思辨等研究方法，调查实证的研究方法在研究生能力与素质、课程与教学、论文与管理等方面逐渐占据重要比例。

整体上，我国研究生培养研究呈现以“实践问题”为导向，以“解决问题”为核心任务的研究趋势。仅仅单纯地关注变量之间的因果关系，通过模型假设得出相应结论的文章数量在 2017 年明显下降，而在调查、问卷、访谈、测量等基础上，综合使用数理分析工具，借鉴相关理论框架，分析问题、解决问题的研究范式逐渐兴盛，“大行调查研究之风”愈演愈烈。值得注意的是，在重大理论、实践问题的研究上，单纯依靠调查分析是远远不够的，要侧重于使用多种学科视角提升对某一实践问题的认知水平、厘清其运作机理。

四、未来研究展望

当前，我国研究生教育进入以质量提升为核心的内涵式发展阶段，研究生培养质量愈发受到社会各界关注。研究生培养模式改革、创新能力培养、课程与教学优化、学位论文质量保障将持续成为学界关注的重点、热点。笔者通过梳理 2017 年研究生培养研究的进展，结合国家重大战略需求、社会各界普遍关切，就未来研究方向提出几点展望。

1. 研究生培养模式改革研究要结合国家战略需求、更加聚焦改革实践

深化研究生培养模式改革，全面提升研究生培养质量，是培养拔尖创新人才和提升科学研究水平的重要举措。从 2017 年研究生培养模式研究的研究特点来看，总结提炼本校、本学科、本专业的研究生培养经验的研究占据重要地位，说明未来研究生培养模式改革研究要越来越突出对改革举措的凝练，越来越突

出现实指导意义。此外，本年度培养模式研究与国家重大战略需求结合还不够紧密，下一步，要紧密结合“双一流”建设、“学位与研究生教育‘十三五’规划”、“产教融合”等国家重大政策要求，探讨研究生培养模式改革，促进建成研究生教育强国。

2. 研究生科研能力、实践能力培养研究持续关注，国际化能力研究待加强

2017 年，研究生能力与素质研究在创业能力培养方面的文献较 2016 所有下降，研究生科研能力、实践创新培养研究则越来越突出，这与国家注重“原始创新能力提升，服务社会能力增强”的战略需求不无关系。未来，研究生的科研能力、实践能力培养将得到持续关注。此外，结合“双一流”建设要求，“培养拔尖创新人才”，不仅要有科学精神、创造能力，还需具备国际视野、创业意识。目前，对研究生的国际化能力的关注还比较少，下一步要对研究生的国际化能力给予相当关注。

3. 研究生课程与教学须聚焦基础理论研究，关注更多种类学科与专业

研究生课程与教学的基础理论研究一直是研究生教育研究领域的薄弱环节。可喜的是，2017 年涌现了大量关于研究生课程与教学的理论研究成果，如兰州大学包水梅的著作《中国学术型博士研究生课程建设研究》对我国学术型博士研究生的课程教学展开了系统研究。研究生课程与教学的理论研究将得到持续关注。此外，2017 年涌现了大批聚焦学科、聚焦专业的研究生课程与教学改革研究，但主要还是关注于专业学位、教育学学科等研究对象，对于学术学位和其他众多学科领域的课程与教学改革则关注不够。下一步，研究生课程与教学研究要辐射到更多学位类型和更多学科领域上，突出研究生教育研究对各学科成长的服务能力。

4. 研究生学位论文质量评价持续成为研究热点，质量保障体系研究也需强化

研究生培养质量问题将持续成为国家与社会的重大关切，研究生学位论文质量是反映研究生培养质量的重要方面。2017 年，北京大学陈洪捷团队完成的系列研究生学位论文质量调查研究引发较大社会关注，研究生学位论文质量评价将持续成为研究热点。未来，学位论文质量调查对象可能将辐射到校域、省域、区域等更大范围，关注到更多学科、专业。此外，伴随着我国专业学位研究生教育在硕士层面逐步占据主导地位，工程博士、硕士专业学位研究生培养模式改革的持续推进，我国研究生教育在层次结构、类型结构皆已发生重大转变，如何评价不同层次、不同类型的研究生学位论文质量，如何构建良好的质量保障体系等问题将得到进一步关注。

专题四

研究生导师队伍建设研究

2017 年，本专题共由四部分构成：导师指导与师生关系、导师素养与能力、导师评价与管理、导师责任与权力。从数量来看，本年度研究文献共有 46 篇，收录 31 篇，相较 2016 年（70 篇），文献量大幅减少。从研究主题来看，本年度研究聚焦于导师指导与师生关系、导师评价与管理，两者文献达 36 篇，成为本专题的重头戏。从研究范畴来看，本年度不仅延续关注了导师指导、师生关系、导师评价等主题，还对导师制、导师专业素养和能力进行了探索性研究，丰富了本专题的内涵。

第一节　导师指导与师生关系

2017 年，“导师指导与师生关系”是研究生导师队伍建设研究中最受关注的议题，研究文献达 22 篇。从本年度学者对导师指导与师生关系的研究情况来看，本议题研究焦点主要为：导师制、导师指导、师生关系。本议题文献类型为：期刊论文（15 篇）、学位论文（6 篇）、新闻报道（1 篇）。

一、导师制

导师制研究主要体现在两个方面，一是对导师制的纯理论探索；二是通过问卷调查，从实践层面探索导师制的满意度情况和健全机制。

在导师制理论研究方面，河南大学刘辉主要围绕导师制的理论图景、域外经验和中国实践展开研究，认为导师制呈现出作为“教育制度”的导师制、作为“教学模式”的导师制和作为“师生关系”的导师制等三种图景；导师制其域外经验呈现出美国、英国和其他国家三种镜像；导师制中国实践呈现出面向研究生的导师制、面向本科生的导师制和面向高职院校学生的导师制等三种层次。① 南京大学汤晓茜剖析了外界对导师制的误解，从内外两方面探讨了改善指导效果、提高培养质量的途径和办法，认为导师应从内部更加关注因材施教、激发动力、重视过程等方面，外部应从健全制度、探索新的培养模式以及完善评价体系等方面配套导师制改革。②

在导师制实践研究方面，广西师范大学亓瑶通过对 X 大学法律硕士“双导师制”实施的现状、存在的问题进行分析，提出要完善校内导师与校外导师的合作机制、建立和完善校内导师与校外导师沟通的平台、激发校外导师合作的积极性、明晰校内外导师的职责、加强对导师的培训、健全双导师考核评价机制。③ 华中师范大学易杨馨以全日制英语教育硕士的“双导师”模式为研究对象，发现“双导师”模式在华中师范大学外国语学院英语教硕培养中的实施状况良好；校内任课和校外实习对于全日制教硕教学能力的提高和教师信念的增强影响较为明显；学生对于校内导师的指导、校外导师的指导以及双导师的合作表示基本满意。但是，存在双导师之间沟通合作太少、缺乏科学合理的合作机制、校外导师作用发挥不够等问题。④ 北京大学沈文钦、高耀等人比较了单一导师制和联合指导制博士生对学术指导满意度的学科差异，指出大多数博士生尤其是理工科博士生普遍倾向于选择联合指导制度，但医学博士生除外，两种指导方式满意度并无显著差异。提出我国应进一步推行联合指导制度，同时坚持主导师的责任。⑤

二、导师指导

导师指导对研究生的培养至关重要。导师指导主要对研究生的学术能力、学术道德、思想道德等方面产生影响，导师指导方式对指导效果也产生一定影响。学者们主要通过经验总结和调查实证手段，对“导师指导”进行了大量研究。

导师指导对学生学术能力影响方面，江西师范大学池丽泉通过实证调查，

① 刘辉，张蕴甜．导师制的三种面向：理论图景、域外经验和中国实践［J］．黑龙江高教研究，2017（5）：123—126.

② 汤晓茜．研究生“导师制”改良的内外途径［J］．江苏高教，2017（2）：64—66.

③ 亓瑶．专业学位研究生教育“双导师制”研究［D］．桂林：广西师范大学，2017.

④ 易杨馨．“双导师”模式在全日制英语教育硕士培养中的应用研究［D］．武汉：华中师范大学，2017.

⑤ 沈文钦，高耀，赵世奎．单一导师制抑或联合指导制——博士生对不同指导方式的偏好及其满意度［J］．学位与研究生教育，2017（7）：54—59.

探讨导师指导与学术型硕士生学术能力的相关程度、导师指导对硕士生学术能力影响。其研究结果显示：导师指导与学术型硕士生学术能力呈正相关关系；导师的指导方式、指导内容、指导频率与指导风格分别与硕士生的学术能力呈正相关关系；不同性别、不同学科、不同年级硕士生的学术能力之间存在显著差异；导师指导规模与导师指导频率之间差异显著；不同学科的硕士生与导师的师生关系之间存在显著差异；导师与硕士生交流的方式不断拓展，但面谈的次数也随之减少；在导师指导内容上，导师与硕士生交流较多的是学习问题，不同学科硕士生在指导内容上存在显著差异；在导师指导频率上，现实接受的与理想中想要的指导频率存在差异，导师专职与否与导师指导频率之间差异显著，不同学科的硕士生与导师见面频率的差异也非常显著。①

导师指导对学生学术道德和思想道德影响方面，河南大学于瑞丽从实证的角度去系统探讨导师指导对研究生学术不端行为的影响机制，认为导师指导负向影响研究生学术不端行为；科研自我效能感和学术理想在导师指导与研究生学术不端行为之间具有部分中介作用；主动性人格与科研自我效能感和学术理想正相关，与研究生学术不端行为负相关。② 中国石油大学（北京）董贵成、吴小林通过对该校全国优秀博士学位论文和提名论文的作者及其导师进行深度访谈，总结出导师在奉献精神、求精精神、仁爱精神方面对研究生良好思想道德形成具有重要的影响。③

导师对研究生政治教育指导方面，华中农业大学胡守强、涂俊才等人结合调查统计数据，分析当前导师在研究生思想政治教育中作用发挥方面存在的问题及原因，提出应从健全遴选机制、培训机制、激励机制、协同机制、平衡机制五个方面入手，构建发挥导师在研究生思想政治教育中作用的长效机制。④ 中国地质大学（北京）段红梅认为，博士生导师先接受思想政治教育是做好博士生思想政治教育工作的前提与基础，导师要引导博士生既做人文教育的倡导者，也做科学教育的先锋者。⑤

导师指导方式方面，西南大学胡燕娟对20位中国和荷兰研究型大学教师进行了访谈，研究发现：双方导师都综合运用以教师为中心到以学生为中心的多

---

① 池丽泉．导师指导与全日制学术型硕士研究生学术能力的关系研究——以J大学为例［D］．南昌：江西师范大学，2017.

② 于瑞丽．导师指导对研究生学术不端行为的影响机制研究［D］．开封：河南大学，2017.

③ 董贵成，吴小林．论导师在研究生良好思想道德形成中的作用［J］．学位与研究生教育，2017（6）：1—5.

④ 胡守强，涂俊才，范金凤，刘凡．发挥导师在研究生思想政治教育中作用的长效机制探索［J］．研究生教育研究，2017（2）：24—27+51.

⑤ 段红梅．博士生导师如何做思想政治工作［J］．中国高等教育，2017（21）：29—31.

种指导策略，注重因材施教和营造相应学习氛围。其中，中国导师更倚重示范作用，对学习过程和质量严格把控，导师角色更偏向权威专家，多以引领学生为主；荷兰导师则更擅长使用连环提问和主动关照学生情绪的策略，刻意缩减师生间权力距离，导师角色偏向合作研究者。① 该研究为两国教师提供了更加多元的指导策略选择。

导师指导效果方面，中国地质大学（武汉）侯志军等人通过对 1183 份有效问卷的分析指出，导师的主体特征、过程特征和行为特征对导师指导效果产生了重要影响，即：导师学术水平和指导能力是有效指导的前提，导师年度指导规模以 2 人为宜；导师的时间和精力投入是导师有效指导的关键，导师指导频率与指导效果呈线性增强关系，而指导强度与指导效果的关系则呈现为横向反“S”型曲线，师生双方都主动时指导效果最优；科研技能支持与心理支持是导师有效指导的核心。②

三、师生关系

本年度，学者对师生关系的研究主要集中于查找师生纠纷的原因及解决途径。华东师范大学王伟以个案研究为基础，通过对导师制中师生关系的起点、师生互动、导师制的评价及导师制保障因素进行分析，发现师生匹配上的责权不一、师生互动中教育性和学术性的淡化、导师评价的缺失、学生评价的失声等因素是造成师生纠纷的主要原因。③ 北京航空航天大学吴文君、张彦通认为导师与研究生的交往具有学术性和精神性两个特点，运用主体间性理论阐述了导师与研究生交往的实现机制，即研究生的学术产出要求导师与研究生之间是一种主体与主体之间的关系，研究生的精神成长要求导师与研究生之间是一种主体与主体之间的关系。④ 武汉工程大学孙文桢认为导师和研究生之间并不存在直接的法律关系，导师只代表培养单位对研究生进行指导。为促进导师和研究生之间关系的良好发展，应大力提倡导生契约制度。导生契约制度决定了处理导师和研究生之间关系问题的基本思维方向，导师是否应当给研究生发放生活补贴、研究生“为导师打工”，以及导师和研究生之间的“生活交往”等问

---

① 胡燕娟．硕士生关键素养培养策略研究——基于中荷导师访谈的比较分析［J］．比较教育研究，2017，39（10）：52—60.

② 侯志军，曾相莲，朱誉雅，王正元．基于知识共享的导师有效指导研究［J］．复旦教育论坛，2017，15（1）：47—53.

③ 王伟．她为什么换了导师［D］．上海：华东师范大学，2017.

④ 吴文君，张彦通．主体间性视域下导师与研究生交往的德育效应探析［J］．学位与研究生教育，2017（1）：19—22.

题也可据此而得到恰当解决。①

第二节　导师素养与能力

2017 年，导师素养与能力研究的相关文献共 5 篇，均为学术期刊。本议题研究焦点是导师专业素养和专业能力的内涵、提升路径。

本年度，导师专业素养研究的主要关注点是导师跨专业素养和导师师德素养。

北京师范大学阚维提出借鉴新加坡模式中的“阶梯式”路径，通过教研组织集中力量，以层递式培训方式加强教师核心素养的发展，促使教师将核心素养培育融入日常的教学中。② 浙江大学郑爱平、张栋梁通过对 12 所高校 1496 名师生的问卷调查和对 100 多名师生的一对一访谈发现，研究生导师师德建设在组织领导、制度建设、导师主体、文化建设、激励机制等方面存在一定的问题。指出高校加强和改进研究生导师师德建设必须做到“五个强化”：强化组织领导，全力打造纵横联动协同格局；强化制度建设，构建导师师德建设长效机制；强化导师主体，立足源头推进师德师风建设；强化文化建设，精心营造立德树人校园环境；强化激励机制，健全师德师风建设保障体系。③

导师专业发展是研究生导师队伍质量提升的重要方面，学者从导师专业发展的内涵和提升路径方面对其进行阐述。江苏大学陆道坤认为专业发展是研究生导师发展的重要趋势，研究生导师的专业发展既是依托研究生教学、学术指导、发展管理等方面的工作实践，也是围绕专业知识、专业能力、专业情意、专业道德、学术等方面的持续提升过程。研究生导师的专业发展需要组织从机制建设、资源体系和制度建设等方面给予支持，也需要借助伙伴式交流与协作实现提升，更有赖于自身的自主、自觉发展。④ 河南师范大学白鑫刚提出运用学科教学法知识（TPACK）提升教师教学实践能力，根据 TPACK 教学实践能力结构模型，针对教师在入职、职前和职后等不同阶段教学实践能力的需要，构建立体的、多层次的教师教学实践能力培养模式，推动教学实践内容体系、

---

① 孙文桢．法律视角下导师与研究生关系初探［J］．学位与研究生教育，2017（11）：8—13.

② 阚维．教师跨学科素养的发展路径和方法——以 IB 课程 MYP 项目中的教师发展为例［J］．人民教育，2017（Z3）：24—28.

③ 郑爱平，张栋梁．立德树人根本任务指引下研究生导师师德建设研究——基于 12 所高校 1496 名师生的调查分析［J］．研究生教育研究，2017（4）：30—35.

④ 陆道坤．论研究生导师专业发展：内涵、维度与路径［J］．研究生教育研究，2017（2）：62—68.

教学实践方式方法和多元化的评价机制等方面的全方位改革。在实践中，教育工作者应结合实践课程特点和不同类型的培训对象对 TPACK 教师教学实践能力培养模式进行修订完善，使其能够为提升教师教学实践能力、促进教师专业化发展、加快教育信息化进程做出积极贡献。①

第三节　导师评价与管理

2017 年，导师评价与管理研究的相关文献共 14 篇，其中期刊论文 12 篇，新闻报道 2 篇。从本年度学者对导师评价与管理的研究情况来看，本议题研究焦点主要为教师学术能力评价、教师岗位胜任力评价、基于学生视角的导师评价、基于人才培养质量的博士生导师评价、博士生导师的制度管理研究与校外实践导师制改革研究。

一、导师评价

导师评价研究，学者们主要通过实证调查的方法，基于学生评价视角或人才培养质量视角，对导师的学术能力和岗位胜任力进行定量分析，并提出针对性的改善措施。

在导师学术能力评价方面，辽宁教育研究院侯月明通过导师学术成果产出情况评价该省导师队伍建设现状，发现该省导师队伍建设呈现以下特征：省属院校学科发展不均衡，医药类、工科类研究生导师学术成果产出多，文科类、艺术类研究生导师学术成果产出相对较少；高学历、高职称的中老年研究生导师是学术产出的优势群体；女性导师学术产出偏低，女性研究生导师职业发展困难重重。基于分析提出了以下对策和建议：重视保护中老年研究生导师，着力培养年轻的研究生导师，积极扶持 41—45 岁研究生导师；双管齐下，关注女性研究生导师发展；引进人才，加快重点学科建设，提升省属大学学术综合影响力。②

在导师岗位胜任力评价方面，江西师范大学何齐宗、戴志刚通过对江西省

① 白鑫刚．教师 TPACK 教学实践能力培养模式构建与路径选择［J］．黑龙江高教研究，2017（10）：108—112.

② 侯月明．省属院校研究生导师学术成果产出调查研究——基于 L 省 15 所院校的实证分析［J］．中国高校科技，2017（S1）：42—43.

6 所高校 246 位硕士生导师的调查发现：高校硕士生导师岗位胜任力整体水平较好但专业能力相对较弱，不同性别、不同教龄、任导师不同年限、不同职称、不同学历、不同专业的硕士生导师岗位胜任力表现有所差异，岗前培训、开展业务活动和考核评价是影响硕士生导师岗位胜任力的重要因素。为了有效地提升高校硕士生导师的岗位胜任力，高校应加强硕士生导师的团队建设，完善硕士生导师胜任力的提升机制，提高硕士生导师的专业能力。①

基于学生视角的导师评价方面，江苏大学陈海波、胡智愚等通过设定研究生导师的属性和属性水平，采用正交设计获得 18 种导师类型；制作调查问卷对 18 种导师类型进行排序，对排序数据进行导师选择关键因素的测度。该方法从研究生选择导师的视角，表明导师指导的认真负责程度、导师的人格魅力、与研究生的沟通交流次数成为研究生选择导师最关注的属性，最后提出建立完善开放的动态导师评价体系、营造导师与研究生之间宽松和谐的人文环境等提升导师综合素质的对策建议。②

基于人才培养质量评价方面，电子科技大学李雪梅等人认为博士生导师作为博士生培养的第一责任人，其指导精力的投入多寡和指导水平的高低，直接影响博士生的学术水平和培养质量，进而影响研究生教育整体质量。基于博士生学术成果质量的视角，结合高校博士生培养现状，通过文献检索、问卷调查、调研访谈、数据统计分析等方法，建立了一套博士生导师人才培养质量评价体系。该培养质量评价体系的实施，有利于各职能部门加强人才培养质量管理与监督，建立健全内部质量保障体系；有利于完善博士生导师岗位绩效管理体制，激发博士生导师工作积极性，探索试行博士生导师“淘汰制”，促进导师队伍整体指导水平的提高。③

二、导师管理

导师岗位管理制度是提高研究生导师队伍整体素质和研究生培养质量的重要举措。本年度对导师管理的研究主要分为两大类，一是针对博士生导师的制度管理研究，二是针对校外实践导师的工作机制改革研究。

在博士生导师的制度管理研究方面，华东交通大学王卫霞通过对华东地区

---

① 何齐宗，戴志刚．高校硕士生导师岗位胜任力的调查与思考［J］．高等教育研究，2017，38（8）：51—59.

② 陈海波，胡智愚，陈丽珍．研究生导师选择偏好关键因素的实证研究［J］．黑龙江高教研究，2017（6）：140—143.

③ 李雪梅，王秉中，甘国龙．博士生导师人才培养质量评价体系研究——基于理工科博士生学术成果质量的视角［J］．学位与研究生教育，2017（5）：28—33.

10 所高校理工科博士生的调研，实证分析博士生导师资助制对导师责任心提高、博士生学习科研积极性激发、学生学业成就提升的实际效果。该研究发现理工科博士生导师资助制并没有显著提升导师指导博士生的责任心；理工科博士生导师资助制显著提高了博士生的科研课题参与度和学业科研投入时间；理工科博士生导师资助制没有有效促进博士生学业成就和创新能力的提升。① 华中师范大学刘成竹、党永杰介绍了该校“标准、监管、评估、服务”四位一体的研究生导师队伍建设模式。指出该模式实现了对研究生导师队伍建设过程中的全员管理和全过程管理，提高了研究生导师队伍整体素质和研究生培养质量。② 国防科技大学吴丹等人针对博导资格终身制这一现实问题，开展以“岗位”为核心的博士生导师资格认定体系研究与实践，实现了博导队伍高水平选拔与科学化管理。③

针对校外实践导师工作机制改革研究方面，北京工商大学徐丹丹等人指出专业学位研究生校外实践导师工作机制建设方面存在的问题。结合该校实践，提出建立校外导师政策保障机制、动态调整的选聘机制、全过程培养的参与机制、多层面考核的评价机制、全方位合作的沟通交流机制，以发挥校外导师在专业学位硕士研究生培养过程中的作用。④ 浙江工商大学徐祥民建议设置专门的法律实践课导师职务序列、建立专司法律实践课教学的导师队伍，改变单一的以高端论文为核心的教师水平评价指标体系。⑤

第四节　导师责任与权利

2017 年，导师责任与权利研究的相关文献共 5 篇，几乎与 2016 年的 4 篇文献持平。其中期刊论文 4 篇，学位论文 1 篇。本议题研究焦点主要为导师职责范围、青年导师职业性权利的保护和实现。

---

① 王卫霞．博士生导师资助制度执行效果的实证研究［J］．学位与研究生教育，2017（6）：61—67.

② 刘成竹，党永杰．基于“标准、监管、评估、服务”的研究生导师队伍建设研究——以华中师范大学为例［J］．学位与研究生教育，2017（4）：22—25.

③ 吴丹，刘利，方毅．以岗位为核心的博士生导师资格认定体系研究与实践［J］．学位与研究生教育，2017（12）：60—64.

④ 徐丹丹，杨德勇，李雅梦，李世笑．社科类专业学位研究生校外导师工作机制的探索与实践——以北京工商大学资产评估专业为例［J］．学位与研究生教育，2017（4）：31—34.

⑤ 徐祥民．建立专门导师队伍　提高法律实践课教学质量［J］．中国大学教学，2017（6）：83—88.

一、导师责任

导师是研究生培养的第一责任人，学者们从导师责任的内涵、导师责任的实现机制和实施举措等方面进行了研究。

国防科技大学杨柳群、刘利认为博导职责包括学业学术指导、职业发展指导和构建和谐导学关系三大方面。针对军队研究生教育的新形势，提出军队院校博士生导师的应然职责。面对军队研究生教育的新形势、新问题，在学习国内外高水平院校经验基础上，认为我军院校现有的博士生导师职责还需进一步调整优化，提出博导要强化学业学术指导、注重军政素质培养、更多参与管理工作的思路和举措。①

浙江大学单珏慧等人认为导师在研究生思想政治教育工作中的地位被界定为“首要责任”人，导师“首要责任”的内涵主要体现在全面性、全程性、全要素性三方面。所谓全面性就是要求导师不仅要关心研究生的业务学习，还要关心他们的思想和成长；所谓全程性就是要求导师不仅要关心研究生当下的受教育情况，还要对他们的就业甚至今后的职业生涯产生深远的影响；所谓全要素性就是要求导师不仅要对研究生从事科学研究与为人处事等诸方面严格要求，还要帮助他们解决思想、学业、生活、心理等各方面遇到的困难和问题。导师对研究生思想政治教育首要责任的实现是一个渐进的过程，因此从育人理念、互动模式、协同机制、制度体系四个层次探讨了导师在研究生思想政治教育中首要责任制的实现机制。②

二、导师权利

黑龙江大学陆云虹从研究生青年导师的生存样态出发，调查青年导师对于职业性权利实现情况的满意度及其影响因素，掌握职业性权利遭到侵害的程度和具体表现，厘清其职业性权利救济缺位的原因，提出再塑高校研究生青年导师职业性权利救济法源体系、建构高校研究生青年导师职业性权利救济制度和加强对高校研究生青年导师人文关怀的对策。指出解决青年导师所需，建立科学、公平、合理的职业性权利救济制度，尊重、保护和实现研究

---

① 杨柳群，刘利．新形势下军队院校博士研究生指导教师职责研究——以国防科技大学为例［J］．学位与研究生教育，2017（9）：53—57.

② 单珏慧，马君雅，杨倩，吕淼华．导师在研究生思想政治教育中“首要责任”的演进与实现［J］．学位与研究生教育，2017（6）：6—10.

生青年导师的职业性权利，提高其职业性权利满意度，充分发挥研究生青年导师的工作积极性，既有助于研究生青年导师发展成长，更有助于保障中国高等教育的质量。①

第五节　文献分布及其特点分析

2017 年，“研究生导师队伍建设研究”专题共由四部分组成：导师指导与师生关系、导师素养与能力、导师评价与管理、导师责任与权力。在文献分布、研究方法与研究热点等方面呈现以下特点。

一、文献分布

2017 年，被中国知网收录的研究生导师队伍建设研究文献共有 46 篇，其中期刊论文 36 篇，学位论文 7 篇（硕士），新闻报道 3 篇。

从文献总量来看，本年度研究文献较 2016 年 70 篇大幅减少，与 2015 年 40 篇、2014 年 41 篇基本持平。2011—2017 年，导师队伍建设研究文献总量在 2012 年和 2016 年出现两个峰值（图 4－1）。

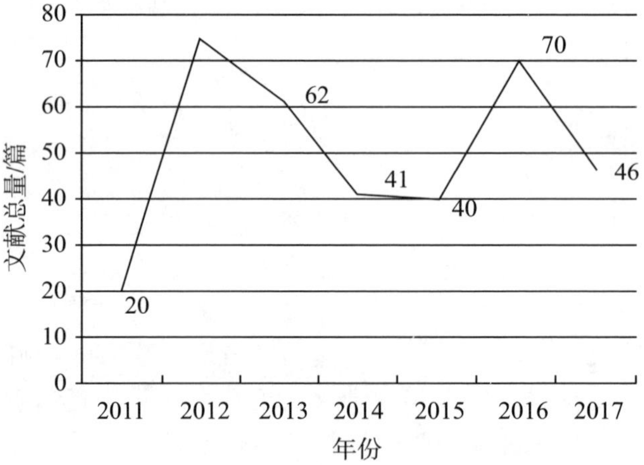

图 4－1　导师队伍建设研究文献总量增减趋势

① 陆云虹．研究生青年导师职业性权利救济研究［D］．哈尔滨：黑龙江大学，2017.

从文献分布结构来看，2017 年度研究生导师队伍建设的研究文献仍然以学术期刊论文为主，共 36 篇，占比为 78%；学位论文共 7 篇，7 篇均为硕士论文，占比为 15%；该专题的博士论文选题仍然空缺；报纸 3 篇，占比为 7%。

从文献来源期刊来看，本年度入选的 36 种期刊中，《学位与研究生教育》发文最多，共 13 篇，占比为 36%。之后分别为《黑龙江高教研究》《研究生教育研究》。文献来源期刊如图 4－2 所示。

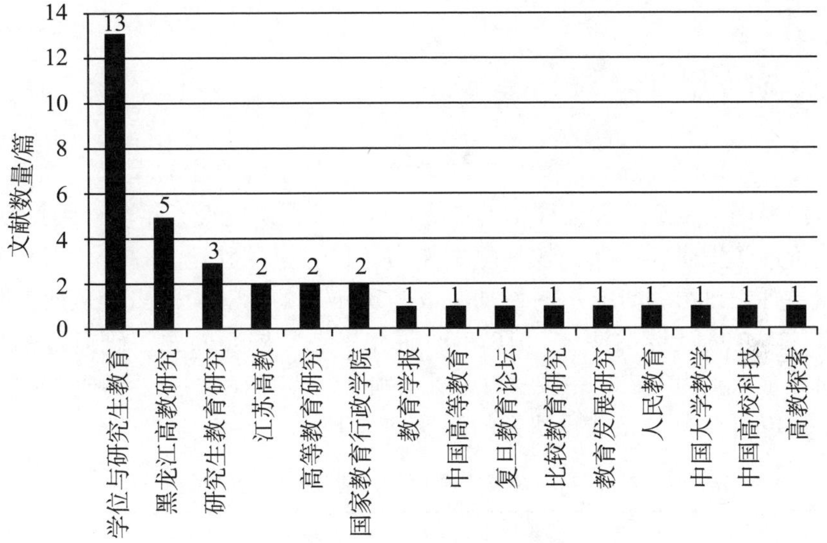

图 4－2 文献来源期刊

从文献分布的内容来看，本年度本专题主要集中于四个议题：导师指导与师生关系、导师素养与能力、导师评价与管理、导师责任与权力。导师队伍建设研究各议题文献数量及文献结构情况见表 4－1。

表 4－1 导师队伍建设研究文献各议题文献情况

（单位：篇）

主题	期刊论文	学位论文	报纸	文献总量
导师指导与师生关系	15	6	1	22
导师素养与能力	5	0	0	5
导师评价与管理	12	0	2	14
导师责任与权力	4	1	0	5

二、研究方法

2017 年度本专题在研究方法上与往年差别不大，定性与定量研究并行。由于导师队伍建设研究涉及师生关系、导师素养、导师评价等内容，学者往往通过实证调查等方法开展研究。该研究方法能直观反映我国研究生导师队伍建设的现实情况。

三、研究热点

从近七年的研究热点来看，导师指导一直是学者关注的重点；近年来师生关系负面新闻一度成为社会评论的热点，师生关系研究近五年来得到持续关注；导师评价与管理研究方面，教师学术能力评价、岗位胜任力评价、博导制管理与实践导师制改革的研究不断增加，成为历年来的第三大热点。从研究的侧重点来看，本年度延续关注了 2016 年的研究焦点与核心问题，研究范围更为集中，研究重点更为突出，主要关注点是导师指导与师生关系、导师评价与管理。2011—2017 年导师队伍建设研究的侧重点对比见表 4 – 2。

表 4 – 2　2011—2017 年导师队伍建设研究的侧重点对比

研究主题	研究热点						
	2011 年	2012 年	2013 年	2014 年	2015 年	2016 年	2017 年
导师遴选	✓			✓	✓		
导师指导	✓	✓	✓	✓	✓	✓	✓
导师团队建设			✓	✓	✓		
导师责任与权力	✓		✓	✓			
师生关系研究			✓	✓	✓	✓	✓
导师管理与评价机制	✓		✓			✓	✓
导师素养与结构						✓	✓
导师角色与身份						✓	
导师责任与权力						✓	✓

2017 年研究热点包括：导师制、导师指导对学生的影响、导师指导方式和

指导效果、师生关系纠纷、导师专业素养和能力、导师能力评价、博导制度评价、实践导师机制改革、导师职责、青年导师职业性权利。2017 年导师队伍建设研究主题下的研究热点见表 4－3。

表 4－3　2017 年导师队伍建设的研究热点

研究主题	研究热点
导师指导与师生关系	①导师制 ②导师指导对学生的学术能力、学术道德等方面的影响 ③导师对研究生思想政治教育工作的指导 ④导师的指导方式和指导效果 ⑤师生关系纠纷原因及解决途径
导师素养与能力	导师专业素养与能力
导师评价与管理	①导师学术能力评价 ②导师岗位胜任力评价 ③基于学生视角的导师评价 ④博士生导师的管理制度研究 ⑤校外实践导师的工作机制改革研究
导师责任与权利	①导师职责范围 ②青年导师职业性权利的保护和实现

四、研究展望

1. 在全面落实研究生导师立德树人职责大背景下，导师立德树人职责研究将成为热点主题

2018 年，教育部印发《关于全面落实研究生导师立德树人职责的意见》，指出研究生导师是我国研究生培养的关键力量，肩负着培养国家高层次创新人才的使命与重任，要把立德树人作为研究生导师的首要职责。因此，构建一支有理想信念、道德情操、扎实学识、仁爱之心的研究生导师队伍是全面落实研究生导师立德树人职责的重中之重。在立德树人的时代要求下，我国学者下年度将会加强研究生导师队伍基本素质要求、研究生导师立德树人的具体职责、立德树人考评体系等的研究。

2. 在“一流大学”和“一流学科”建设背景下，导师的成长规律和成长环境将成为研究焦点

建设世界一流大学和一流学科，是党中央、国务院做出的重大战略决策。

一流大学和一流学科的建设需要一流的科学家、学科领军人物和创新团队。然而，一流的科学家、学科领军人物和创新团队，需要遵循教师成长发展规律，需要有利于教师成长发展、脱颖而出的制度环境，需要优秀的团队支撑。那么，教师成长有哪些规律可依、该如何遵循教师成长规律、如何营造教师成长的制度环境和团队环境等议题将是下一年度学者关注的焦点。

3. 在师生纠纷成为社会热点的情况下，构建和谐师生关系研究将会持续得到关注

师生关系是教育活动中最重要的一种关系，是导师与研究生以学科专业学习为依托，以科学研究活动为基础，以实现师生知识、能力、素质的共同提高为价值追求，在双方交往过程中所形成的一种心灵默契、良性互动的人际关系。但是近年来，导师与研究生的师生关系遭遇危机的案例屡见不鲜，有的甚至造成了不可挽回的悲剧。和谐的师生关系该如何构建？下一年度，学者将会就师生纠纷的根本原因、导师制的弊端及改进、师生权责是否对等、和谐师生关系的建设路径等问题开展研究。

专题五　研究生招生与就业研究

2017 年度以研究生招生与就业为主题的研究文献包括学术专著 3 部、CSSCI（含扩展版）与中文核心期刊论文 28 篇、学位论文 11 篇、报纸文章 5 篇，共计 47 篇（部）。文献聚焦的主题主要包括研究生招生考试制度与改革、研究生就业状况、研究生就业影响因素、研究生就业能力等方面。

第一节　研究生招生

研究生招生研究的相关文献共 20 篇（部），采纳文献 16 篇。研究者主要是研究生培养单位学者和教育管理部门工作人员。研究内容主要聚焦于硕士研究生招生考试制度与改革、博士生“申请 - 考核”制改革两个方面。研究者主要关注研究生招生考试过程中存在的问题、研究生招生考试制度的改革理念和举措。

一、硕士研究生招生

研究人员对硕士研究生招生考试制度建设和运行机制保持着较高程度的关注。一些文献通过硕士研究生招生制度运行机理，分析硕士研究生招生的现存问题，从而提出相应的制度改革路径和实践策略。中国人民大学段斌斌关注研究生招生公平性问题，认为教师评价权是教育法律赋予教师评价学生的一项身份权利，是一项学术自由活动。在研究生招生过程中，这一学术自由须是置于招生正义约束下的相对自由，是由法律予以正当性维护的法定自由，唯有寻求学术自由与行政约束的动态平衡方能实现招生正义。招生正义的实现过程首先应是教师评价权的主导作用得到保障和捍卫的过程，其次才是评价权利的行使受到合理约束和限制的过程。① 此外，中国人民大学段斌斌等人还撰文分析了研究生招生公平的两个维度：程序公平与实体公平，认为研究生招生应在实体优先的基础上兼顾程序公平。程序公平是行政权力支配的招生过程公平，也是基于考生身份而同等对待的形式公平；而实体公平则是学术权力主导的招生结果公平，也是基于学术能力而区别对待的实质公平。现行的研究生招生制度在增进程序公平的同时却饱受实体公平拷问；而作为一种不完善的程序公平，招生程序在限制学术恣意的同时却压抑了选才，导致程序与实体之间出现了过程与结果的反差、工具与价值的背反。②

近年来，随着国家对研究生学位类型结构的调整，专业学位招生研究受到学者们的重视。华南师范大学谢金丽通过用实证研究的方法对广东省 2010—2014 年全日制硕士研究生招生数据进行统计分析发现：广东省硕士研究生教育在这一阶段总体规模增长趋缓，学术型和专业学位结构调整明显；“文理”差距加大；专业学位科类发展差异显著；学科结构与产业结构需求存在一定差距，类型结构不够合理。提出应围绕区域经济产业结构转型升级的需求来优化学科结构，同时在高等教育分类体系建设的框架内加大专业学位研究生比重来调整类型结构。③

一些学者的研究致力于从过程和内容两方面的革新推动研究生招生考试综合改革。南京大学江莹等人认为在研究生招生领域实行依法治招，是依法治国的具体体现。针对研究生招生中存在的保密规定落地不实、复试环节监管不力、招生对象审查不严等问题，立足于创新、协调、绿色、开放、共享的发展理念，从依法治招的视角进行顶层设计，提出进一步推进招考分离、理顺报考条件的综合改革设想。④ 武汉大学王传毅等人认为重视对非认知能力的考察是进一步优化研究生招生考试制度的方向。影响研究生学业成就的非认知能力包括沟通能力、规划能力、领导力以及责任心等。现有的测量方法，包括量表测验、结构化面试以及标准化推荐信，均存在着明显的缺陷。在量表中增加情景式测验、提高面试的结构性、改良标准化推荐信以及引入传记数据等方法可加强对非认

① 段斌斌．在自由与约束之间：研究生招生视域下的教师评价权［J］．学位与研究生教育，2017（3）：26—30.

② 段斌斌，胡劲松．研究生招生的公平困惑：程序对实体的背离［J］．研究生教育研究，2017（2）：9—13.

③ 谢金丽．广东省硕士研究生教育科类结构变化研究——基于 2010—2014 年招生数据的分析［J］．高教探索，2017（5）：66—70.

④ 江莹，白丽新，王天乙．依法治招视角下的研究生招生问题探析［J］．学位与研究生教育，2017（8）：38—42.

知能力的测量。①

作为研究生招生的重要参与者，研究生培养单位管理部门如何推进研究生招生工作变革也是学者们感兴趣的研究话题。天津大学张立迁等人认为研究生招生组织运行模式关系研究生招生功能的发挥，直接影响国家和高校高层次人才的选拔。国家提出推进现代大学制度建设，涉及大学内部治理结构和治理体系的完善与革新。有鉴于此，在分析强调“管理”这一研招组织运行模式局限性的基础上，探讨了研招组织模式创新变革的强烈诉求，期望达到注重“治理”的研招组织运行模式之新境界，以完成研招工作从基于事务管理向基于学术服务的蜕变，促进研究生教育效益最大化和质量最优化。②

针对新时期研究生招生宣传提出更多亟待改进的要求，南京大学陈谦认为应当进行研究生招生宣传模式变革。研究生招生宣传可借助互联网技术实现再度飞跃，进一步改进研究生招生网络宣传的亲民形象；优化招生宣传的网络媒体元素；借助“微信”自媒体平台有的放矢，实现研究生招生信息的高效精准宣传；融合创新与传统两种招生宣传途径，构建中国高校特色的“互联网＋交流体验”式的现代研究生招生复合宣传体系。③

二、博士研究生招生

近年来，一批高校相继试点探索博士研究生招生改革，“申请－考核”制成为我国博士研究生招生的重要制度形式，获得了研究者们的普遍关注，成为博士研究生招生改革研究方面的年度热点问题。

部分文献通过与传统招考制度的对比研究，全面梳理了博士生“申请－考核”制的优势与特色。清华大学王任模等人从多样化的学科选拔和高层次创新人才选拔需要出发，阐述了博士生招生改革缘由，分析了“申请－考核”制的优势，并在实践基础上提出应从人才选拔标准、材料审查、综合考核和制度保障等方面进行制度设计，以探索更加科学有效的博士生选拔途径。④ 天津大学潘峰等人通过实践研究证明博士生招生“申请－考核”制与自治两者间存在一

---

① 王传毅，程哲．研究生招生考试中“非认知能力”的测量：概念、实践与展望［J］．研究生教育研究，2017（5）：67—72.

② 张立迁，梁候明，陈冠云．从“管理”到“治理”：高校研究生招生组织运行模式嬗变［J］．黑龙江高教研究，2017（5）：45—48.

③ 陈谦．互联网技术支持下的研究生招生宣传模式革新［J］．学位与研究生教育，2017（9）：31—34.

④ 王任模，屠中华，刘惠琴，姚强，杨斌．博士生招生“申请－考核”制探索［J］．学位与研究生教育，2017（3）：6—9.

定逻辑自洽，自治有助于落实招生自主权，孕育良好的博士生教育生态，契合博士生教育特点。“申请－考核”制需围绕“培养拔尖创新人才”这一共性目标，构建符合国情校情的规范化制度体系，并充分融入非智力因素的考察，以达到“自治”。认为自治是博士生招生“申请－考核”制必然选择的实施路径。① 厦门大学郑若玲等人聚焦博士生招生“申请－考核”制的改革实效，对博士生招生直接利益主体——博士生导师群体展开深入访谈调查。指出博士生人才培养是一流大学和一流学科建设的重要内容，在当前“双一流”战略背景下，“申请－考核”制成为深化研究生教育改革、全面提升研究生培养质量的有益尝试。实证表明“申请－考核”制选拔方式显著优于考试入学制，长学制入学方式整体优于普通招考，“申请－考核”制改革需进一步加大力度。② 武汉大学宋朝阳结合武汉大学 2010 年以来博士生招生“申请－考核”制试点工作的实际，对相关问题进行了讨论。认为与传统博士研究生招生模式相比，“申请－考核”制有利于明确选拔标准、优化选拔方式，实现向“以学生为主体、以导师为主导”的转变，发挥特色和优势，提高效率和质量。但切忌注重形式而忽视内涵，应加深思考和认识，通过完善制度建设、优化运行机制发挥其制度优势。③

一些学者同时指出，“申请－考核”制是博士生招生制度改革的重要举措，但并非解决问题的万能良药，应当从更加全面的角度看待该制度的实行。中国人民大学段斌斌认为我国博士教育自创立之时便走上了普通招考的选才之路，它对公平选才的重视超越了对有效选才的关注。“申请－考核”制虽然增进了博士选才的有效性，但在实践中也出现了侵犯平等入学机会、权力缺乏有效约束等现实问题。为此，应取消毕业院校与学科排名的报考限制，完善招生组织与考核评分的实施细则，实现内部监督与外部审查的有机衔接。④ 中国人民大学段斌斌还对 24 所拥有教育学博士学位授予权的“211 工程”高校进行了文本分析，发现当前仅有 12 所院系试行“申请－考核”制招生，而且存在诸多困境：一是将毕业院校作为申请条件涉嫌剥夺考生的平等升学机会；二是完全舍弃笔试考核不利于全面鉴别考生的学术水平；三是申请审核的流程不详留给招生行

① 潘峰，张立迁．博士生招生“申请－考核”制的自治路径探析［J］．学位与研究生教育，2017（3）：15—20.

② 郑若玲，刘梦青．博士生招生“申请－考核”制改革探析——基于 X 大学的调查［J］．复旦教育论坛，2017（2）：94—100.

③ 宋朝阳．博士生招生实施“申请－考核”制的几点思考——以武汉大学为例［J］．学位与研究生教育，2017（3）：10—14.

④ 段斌斌．从“公平选才”走向“有效选才”：我国博士招生改革的路径选择［J］．高等教育研究，2017（10）：55—63.

为巨大的恣意空间；四是缺乏监督的招生权力势必损及博士选才的公平公正。为此，应取消毕业院校的申请限制，细化申请审核的考核流程，强化招生行为的制度监督。① 北京师范大学周伟等针对实施博士生招生“申请－考核”制过程中导师自主权增大带来的风险，提出了一种基于层次分析法的双向匿名评价模型。用 PaaS 平台和数据驱动思想开发了双向匿名评价信息系统。研究表明使用双向匿名评价系统在扩大学术共同体自主权的同时合理制约了个体导师的权力，更有利于选拔科研能力强、综合素质高的考生，保障了招生的公平公正。②

部分学者着眼于“申请－考核”制的应用研究，侧重于提出改进路径和实践策略。北京师范大学时广军认为随着国内高等教育需求的多样化，以及传统教育供给的竞争弱势，申请制以其在考核对象、考核主体、考核内容和考核时间上的特色引起关注。同时，申请制可以提高人才供给质量、调整人才供给结构、优化人才供给体制以形成有效的人才供给。然而，申请制也存在种种不足，可以从供给侧的角度做出相应改进：加强改革，破除制度障碍；引领转型，转变招考方式；激励创新，提高要素活力；健全保障，防范底线危机。③ 电子科技大学周涛等人以电子科技大学博士招生和培养现状为例，根据博士生招生实际情况，提出一种有效的博士招生名额分配模型。该模型根据培养质量评价指标计算博士招生名额，具有一定的科学性、合理性，可为兄弟院校提供借鉴和参考。认为博士生源质量是博士生培养质量的前提和基础，博士生培养质量是高校乃至教育界关注的重点，也是评价博士生招生效果的最好指标。④

第二节　研究生就业

研究生就业研究相关文献数量为 19 篇（部），采纳文献 8 篇。研究人员主要由高校学者和研究生构成。研究内容主要聚焦在研究生就业状况、研究生就业影响因素和研究生就业能力三个方面。

---

① 段斌斌．教育学博士招生申请审核制的困境与出路——基于“211 工程”高校的文本分析［J］．中国高教研究，2017（10）：57—66.

② 周伟，张弛，徐昶．博士生招生“申请－考核”制的双向匿名评价系统研究［J］．学位与研究生教育，2017（3）：21—25.

③ 时广军．博士招生“申请”制：动因、价值及改进——供给侧改革视角［J］．研究生教育研究，2017（5）：18—23.

④ 周涛，彭涛．基于博士生培养质量的招生名额分配模型研究——以电子科技大学为例［J］．研究生教育研究，2017（6）：52—56.

一、研究生就业状况

部分学者采用实证研究的方法对我国专业硕士就业状况进行了量化分析。北京大学李敏等人对 2016 年全国 12 个省份 17 所高校的专业硕士毕业生就业状况进行了调查，研究发现近八成的毕业生落实了就业，七成毕业生对就业结果表示满意；商务类、工程类和公共服务类专业的毕业生成功就业概率更高；在高校或科研院所、政府机关、国有企业等单位工作，从事管理与服务岗，学用相关度和期望吻合度高的毕业生就业满意度较高；高校提供的就业指导服务质量、在实践教学过程中的管理和服务水平、实践导师参与指导的程度等会对毕业生的就业满意度产生重要影响。①

北京航空航天大学于苗苗等人基于对全国 2015 年专业硕士毕业生的调研，发现近八成学生实现直接就业，专业的社会需求度、人职匹配度、忠诚度、就业满意度、期望职业匹配度、工作对未来职业发展的重要性等指标值较高，说明定位于实践型、职业型和应用型人才的专业硕士应有的就业优势得到了一定体现，同时呈现出去向多元化、自主创业率不高、就业地选择受地方消费水平和工资待遇影响等特点。基于此，提出应提高专业学位学生的可雇用性、优化创业环境、增强高校与就业市场的互动。②

博士毕业生的就业状况较往年也在发生变化。南京农业大学陈小满等人通过对 2014—2016 年 27 所部属高校博士生毕业质量报告分析，发现现阶段我国博士毕业生进入高等院校和科研院所的比例在降低，进入企业、其他事业单位、中初等学校的比例在增长，就业呈现出多元化态势。为此，运用劳动力信号发送理论对博士毕业生就业趋势的转变进行分析，进而探寻博士毕业生就业多元化的原因，最后提出三点建议：一是注重博士生职业能力的培养；二是培养中引入行业标准与准则；三是学校与社会组织联合培养博士生。③

二、研究生就业影响因素

一些文献采用定量研究方法探究与研究生就业相关联的因素，并据此进一

① 李敏，陈洪捷，沈文钦，高耀．专业硕士就业状况及其影响因素研究——基于 2016 年全国毕业生的抽样调查数据［J］．研究生教育研究，2017（10）：9—17.

② 于苗苗，马永红，包艳华．多重视角下的专业硕士就业质量状况［J］．中国高教研究，2017（2）：69—74.

③ 陈小满，罗英姿．我国博士毕业生就业多元化研究［J］．中国高教研究，2017（9）：51—56.

步改善研究生培养过程，以期影响研究生就业。清华大学李锋亮等人利用一项全国范围的工程硕士毕业生调查数据，从教学内容、教学方法、教学实践、导学关系等维度分析了培养模式与工程硕士就业之间的关系。研究结果显示，在培养过程中若能够做到“与业界的联系、促进协同培养”将显著提高工程硕士的就业概率与就业满意度。因此，我国工程硕士生培养应该在多个环节注重与业界的联系，实现高校与业界的协同培养。①

华东师范大学张东海通过问卷调查分析人力资本和社会资本对研究生就业机会和就业起薪的影响。发现在控制性别和本科毕业院校基础上，家庭社会资本存量对就业机会和就业起薪没有显著影响，人力资本和就业过程中个人与家庭社会资本动员是就业机会的主要影响因素，但个人与家庭社会资本动员对就业起薪没有显著影响，人力资本是就业起薪的核心影响因素。总体而言，研究生就业过程中人力资本起着决定性作用，个人社会资本动员的作用强于家庭社会资本动员。②

三、研究生就业能力

一些文献认为研究生就业能力对其就业结果有着直接而显著的影响，研究生培养单位应当进一步注重研究生就业能力的提升。南京信息工程大学谢治菊等人认为科研水平是衡量硕士研究生综合素质和培养质量的关键要素，但调查发现硕士研究生的科研水平极其低下，高水平的科研成果几乎为零；硕士研究生科研活动的依附性较强，独立性不够。回归分析表明参与学术交流与社会调查等科研活动对硕士研究生就业的促进作用十分明显，参与越多就业越好；硕士研究生发表论文和独立主持课题对其就业的帮助不大，但参与导师课题对其就业的影响比较大。据此，谢治菊等人提出导师应通过强化学生独立完成课题和论文的责任意识来提升硕士研究生的科研水平，硕士研究生应适度参与导师高水平的科研课题来提高科研能力，学校应通过提供学术交流平台与强化社会调查来提高硕士研究生的就业效果。③

上海交通大学侯士兵等人针对我国高校研究生教育普遍存在就业引导教育缺失等问题，认为将就业引导教育融入研究生培养过程中，需要坚持理想信念

---

① 李锋亮，马永红，付新宇．培养模式对工程硕士就业的影响［J］．学位与研究生教育，2017（1）：56—60.

② 张东海．“关系”还是“能力”——研究生就业中人力资本和社会资本的作用研究［J］．教育发展研究，2017（9）：53—58.

③ 谢治菊，李小勇．硕士研究生科研水平及其对就业的影响［J］．复旦教育论坛，2017（1）：62—69.

导向，推进全员育人，创新科学的就业引导理念；需要坚持全程育人导向，覆盖课堂内外，构建新型的就业引导体系；需要坚持实践育人导向，强化责任培养，打造丰富的职业实践体系；需要坚持协同育人导向，加强校企合作，构筑优质的就业服务体系。①

华东师范大学卿石松利用15所高校的博士生抽样调查数据，分析了博士生就业偏好、薪酬预期以及就业压力和就业能力状况。研究发现大部分博士生定位于成为科学研究人才，倾向于从事学术科研工作。博士生看重职业成就，首份工作的期望薪酬不高，但就业压力已成为博士生日常生活最苦恼的事情之一。在就业多元化背景下，博士生就业能力有待进一步拓展提升。提升博士生就业能力，拓宽就业渠道，成为博士生培养机制改革的重要出发点。②

第三节　文献分布及其特点分析

2017年度以研究生招生与就业为主题的研究文献包括学术专著3部、CSSCI（含扩展版）与中文核心期刊论文28篇、学位论文11篇、报纸文章5篇，共计47篇（部）。

从文献类型分析，2017年CSSCI（含扩展版）与中文核心期刊论文在全年以“研究生招生”或“研究生就业”为关键词检索的研究文献中占比约60%，高于2016年的50%、2014年的33.8%、2013年的35.2%和2012年的24.7%，但低于2015年的67.5%。说明近年来“研究生招生与就业”专题的研究质量总体上相较于之前有明显提升。不同类型研究文献分布比例见图5-1。

与前一年相比，2017年以“研究生招生与就业”为主题的期刊论文和学位论文数量均锐减。近年来，该专题关注度起伏波动较大，说明研究者对“研究生招生与就业”这一研究领域缺乏持续的关注。CSSCI（含扩展版）与中文核心期刊论文占全部文献的比例提升，提高了该专题研究文献的质量，但主要原因是因为学位论文的数量下降，一定程度上反映了研究者身份结构的变化。2012—2017年文献数量与类型比较详见表5-1。

---

① 侯士兵，沈延兵，沈燕明．就业引导教育融入研究生培养过程的机制研究［J］．学位与研究生教育，2017（4）：43—47.

② 卿石松．博士生就业问题调查及对策分析［J］．学位与研究生教育，2017（1）：43—49.

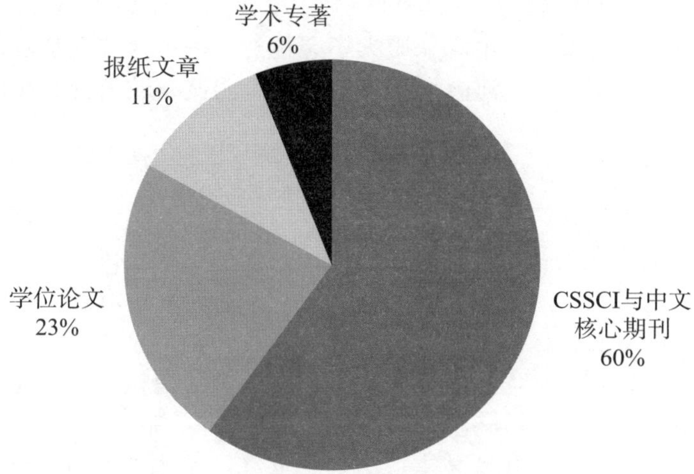

图 5－1 不同类型研究文献分布比例

表 5－1 2012—2017 年文献数量与类型比较

（单位：篇/部）

年份	著作	CSSCI（含扩展版）与中文核心期刊论文	学位论文	报纸文章	合计
2012	2	24	64	7	97
2013	7	38	25	38	108
2014	3	24	23	21	71
2015	3	50	18	3	74
2016	3	43	29	11	86
2017	3	28	11	5	47

从文献作者分析，2017 年度中国人民大学段斌斌以第一作者的身份发表了 4 篇论文：《在自由与约束之间：研究生招生视域下的教师评价权》《研究生招生的公平困惑：程序对实体的背离》《从“公平选才”走向“有效选才”：我国博士招生改革的路径选择》和《教育学博士招生申请审核制的困境与出路——基于“211 工程”高校的文本分析》；武汉大学宋朝阳以第一作者的身份发表了 2 篇论文：《博士生招生实施“申请－考核”制的几点思考——以武汉大学为例》《浅析影响研究生招生专家组测试结果的结构性因素——基于博弈论视角》。

纵观 2011—2017 年，累计在 CSSCI（含扩展版）和中文核心期刊上发表两篇文章以上的作者有中国人民大学段斌斌、武汉大学宋朝阳、北京大学高耀、中国科学技术大学古继宝、中国地质大学余桂红、华中科技大学罗敏、北京大学蒋承、清华大学李锋亮、河南大学李申申，说明该领域亟待专业研究人员持续性研究。

从文献内容分析，2017 年度研究生招生和就业的研究内容分布高度集中。研究生招生研究主要聚焦于研究生招生制度的运行与改革，其中有关博士生招生“申请 - 考核”制的研究占据了相当比例，集中反映了研究生教育的改革进程；研究生就业研究主要聚焦于研究生就业状况、研究生就业影响因素、研究生就业能力三个方面，与往年研究热点相比变化不明显。

党的十九大报告提出“加快一流大学和一流学科建设，实现高等教育内涵式发展”，为我国新时代的研究生教育提出了新问题、新任务、新要求，承担着为国家“双一流”战略提供科技支撑、创新支撑、人才支撑的重要使命。当前深化研究生教育综合改革的号角已经吹响，如何推动研究生教育内涵发展再上新台阶成为热点命题。招生是研究生培养的“起点”，是研究生教育质量的基础；就业是研究生培养的“终点”，是研究生教育质量的体现。研究生招生与就业这一专题在当前的发展阶段中，突显出更为迫切的学术研究需要和教育实践意义。硕士研究生招生方面，全日制与非全日制研究生招生并轨实现了硕士研究生教育的新跨越，专业学位发展方兴未艾；博士研究生招生方面，推行并完善“申请 - 考核”制已成普遍共识，博士生教育综合改革业已紧锣密鼓地展开。研究生就业方面，研究生所面临的就业形势依然严峻，创新创业教育蓄力已久，尚有较大提升的空间。大力开展研究生教育招生就业的相关研究、努力付诸研究生教育内涵发展的生动实践，都亟须研究者们给予深入、持续的关注。

专题六

研究生德育研究

2017 年度研究生德育研究主要包括研究生学术道德、立德树人、研究生心理、研究生日常行为及生活四大主题。通过检索关键词，并根据研究内容进行再次筛选，2017 年度有关研究生德育研究的研究成果包括著作 2 部、期刊论文 31 篇、学位论文 69 篇、新闻报道 3 篇，共计 105 篇（部）。共有 57 篇（部）入选本专题。

第一节　研究生学术道德

相较 2016 年度，2017 年度研究生学术道德研究数量减少。但在研究内容上经历了一个由对学术不端表现的简单描述到深入探索学术失范原因、学术不端治理路径，向纵深层推进的过程。

一、研究生学术诚信

学者围绕研究生学术失范的原因、学术失范治理、学术环境优化、学术规范的制定展开了研究。

北京航空航天大学邓丽芳等人采用实证方法探索研究生学术道德风险认知的现状及影响因素。以来自全国 8 所院校的 533 名学术型研究生为样本进行了调研，采用差异比较、多元回归、结构方程模型等方法进行分析，结果显示：研究生学术道德风险认知存在性别、专业、学校类型差异；导师指导对研究生学术道德风险认知有显著的正向影响；研究生个体的道德推脱对其学术道德风险认知有显著的负向影响。根据研究结果，就如何引导和培养研究生的学术道德风险认知提供系列建议。①

中国农业大学马紫威等人剖析新媒体视阈下高校研究生学术诚信教育工作存在问题的主要原因。提出采用新媒体手段拓宽教育途径，加强研究生诚信素养教育的过程化管理；发挥研究生教育管理者的作用，完善教育和评价制度；将线上教育与传统的线下实践教育相结合，探索符合中国高校特点、契合研究生发展需求的学术诚信教育评价机制；创新研究生学术诚信教育工作方法，提高实效性。②

北京大学黄思佳通过考察有关制度与案例发现，国家、各省市以及各高校的学术规范制度和治理机制仍待完善，学术不端行为难以取得有效的治理与规制，学生个人权益也处在危机之中。以学术不端引起的学位撤销案件中“大学自治”与“司法审查”的关系及有关行政法原则等理论问题为基础，探讨和分析有关案件所适用的法律法规及“985”高校自治性规范。研究主张，其一，法院可以对高校学位撤销行为进行审查，但是应对“大学自治”予以充分尊重，积极审查程序性问题，消极审查事实认定问题。其二，学位撤销作为严重影响学生个人利益的行政行为，应当遵循正当程序原则、信赖利益保护原则、依法行政原则、比例原则等基本行政法原则。进而从完善学术评价机制、学术不端防治教育、学术不端行为日常监督等方面提出学术不端治理机制。③

学者在对学术不端原因进行分析后，基于学校、社会、研究生个人等主体视角提出学术不端治理的策略（表6-1）④⑤⑥⑦⑧。

研究生学术规范文本是研究生撰写合格学术论文及学位论文的依据。华南师范大学于小艳等人介绍了哈佛大学制定的相应研究生学术规范，将其与北京大学制定的研究生学术规范文本进行比较发现，前者在语言表述上更多体现倡导性；研究生学术规范的具体要求较为详细、操作性强；调查机构及程序更加体现民主参与性与审理的公正性；处理措施以教育为主，更显人性化。但哈佛

① 邓丽芳，龙扬扬，傅星雅．研究生学术道德风险认知现状及影响因素的实证研究［J］．复旦教育论坛，2017，15（6）：88—94.

② 马紫威，孙德昊．新媒体背景下高校研究生学术诚信教育的载体研究［J］．高教探索，2017（S1）：129—130.

③ 黄思佳．试论学术不端行为引起的学位撤销［D］．北京：北京大学，2017.

④ 陈亮．场域理论视阈下的研究生学术不端行为深度透视［J］．现代大学教育，2017（5）：70—78.

⑤ 戎华刚．环境因素对研究生学术不端行为影响的调查分析［J］．学位与研究生教育，2017（11）：43—48.

⑥ 向玉凡．制度路径下研究生学术失范治理初探［J］．高教探索，2017（8）：67—72.

⑦ 郭跃，濮燕屏．论研究生学术不端行为治理规范体系的构建［J］．学位与研究生教育，2017（1）：23—28.

⑧ 刘琪．学术生态视域下硕士研究生学术道德建设研究［D］．徐州：中国矿业大学，2017.

大学研究生学术规范文本尚需要通过多元呈现，促进学术规范普及性；明确责任，增强教育主体多样性；拓宽渠道，确保调查程序公正性；完善规范，加强学术评价针对性。①

表 6－1　学术不端治理策略

作者	论文题目	策略
陈　亮	场域理论视阈下的研究生学术不端行为深度透视	①明晰学术场域与其他社会关系的界限，确保学术的独立话语权 ②优化学术场域内结构要素，彰显学术制度的公正合理性 ③凝结想象的学术共同体意识，引导研究生群体养成良好的学术惯习
戎华刚	环境因素对研究生学术不端行为影响的调查分析	①改变研究生对于学术不端行为普遍程度和严重程度的认知 ②学校对学术不端行为的惩罚不能停留在政策和讲话中，需要体现在规范执行中 ③加强管理监督，增加学术不端行为被发现的可能性
向玉凡	制度路径下研究生学术失范治理初探	①充分发挥正式制度的惩罚功能 ②出台统一、可操作性强的学术规范指南 ③加强学术道德规范课程建设 ④注重非正式制度培育，通过校园文化建设提高研究生学术认同度和学术信仰的建立
郭　跃 濮燕屏	论研究生学术不端行为治理规范体系的构建	①制定专门法或统一的软法规范 ②发挥道德规范的规范与教化作用 ③制订科学的高校研究生培养方案 ④探索法律道德化与道德软法化的转化协同路径
刘　琪	学术生态视域下硕士研究生学术道德建设研究	①优化学术道德生态 ②净化学术文化生态 ③完善学术政治生态

① 于小艳，徐胜阳．基于文本分析的哈佛大学研究生学术规范述评——与北京大学比较的视角［J］．高教探索，2017（3）：50—55.

二、研究生学风建设

学风建设是一个长期、系统的工程，反映和体现着高校思想政治工作水平和成效。本年度研究者聚集于如何以制度路径加强和改进研究生学风建设。

山东大学程翠玉认为在教育改革背景下，应以制度做保障，确保研究生学风建设有章可循。以导师为引领，强化导师责任意识，完善博导培训和岗位考核机制，实行导师责任追究制度。健全学位论文审核监督机制，严肃处理学位论文造假行为。营造良好氛围，开展研究生学术规范主题教育，发挥校园文化的育人功能，加强研究生学风建设。①

西南交通大学赖雪梅介绍了美国研究生学术诚信品质与学术责任的四类课程，包括负责任研究行为（RCR）课程、机构协同培训计划（CITI）课程、知识产权课程和在线伦理中心（OEC）课程。这些课程分布在美国各高校学生的主修课、核心课程和选修课程当中，有专门的内容，配备专门的教师，针对不同年级、不同专业研究生，采取不拘一格的教学形式。美国高校研究生学术诚信课程强弱相济的保障措施，虚实结合的培训方式，灵活多样的修课方式，德法融合的教学内容，以学生自我教育为主的课堂教学为我国学术诚信教育提供了启示。②

第二节　立德树人

高校立身之本在于立德树人。为落实立德树人根本任务，进一步实现全员全过程全方位育人，本年度学者从导师队伍建设、思想政治理论课程建设、党支部建设等方面提供了方法、路径。

一、导师育人

研究生导师是研究生培养的第一责任人，在研究生培养中负有不可推卸的

① 程翠玉．教育改革背景下加强研究生学风建设的探索与思考［J］．学位与研究生教育，2017（10）：29—31.

② 赖雪梅．美国研究生学术诚信课程设置及其特色探析［J］．学位与研究生教育，2017（4）：64—69.

责任。浙江大学单珏慧在总结历史演进的基础上，分析了导师在研究生思想政治教育中的“首要责任”概念内涵，梳理了现状和举措，从育人理念、互动模式、协同机制、制度体系四个层次探讨了导师在研究生思想政治教育中首要责任制的实现机制。①

华中农业大学胡守强等人结合调查数据，分析当前导师在研究生思想政治教育作用发挥方面存在的问题及原因，提出应从健全遴选机制、培训机制、激励机制、协同机制、平衡机制五个方面入手，构建发挥导师在研究生思想政治教育中作用的长效机制。②

有学者专门研究了博士生导师育人。中国石油大学董贵成通过对中国石油大学（北京）全国优秀博士学位论文和提名论文的作者及其导师进行深度访谈，发现导师在奉献精神、求精精神、仁爱精神方面对研究生良好思想道德形成有显著影响。③ 中国地质大学段红梅认为博士生思想政治教育具有引导性、情感性、自发性的特殊性。为此博士生导师需要坚持教育者先受教育的原则，坚持言传与身教相统一的原则，坚持科学精神和人文精神相统一的原则。④

浙江大学郑爱平等人通过对 12 所高校 1496 名师生的问卷调查和对 100 多名师生的一对一访谈发现，研究生导师师德建设在组织领导、制度建设、导师主体、文化建设、激励机制等方面存在一定的问题。在新时期立德树人根本任务下，高校加强和改进研究生导师师德建设必须做到“五个强化”：强化组织领导，全力打造纵横联动协同格局；强化制度建设，构建导师师德建设长效机制；强化导师主体，立足源头推进师德师风建设；强化文化建设，精心营造立德树人校园环境；强化激励机制，健全师德师风建设保障体系。⑤

西南石油大学张敏认为研究生辅导员与导师的不同职能，研究生的学习生活和思想观念的表现特点以及辅导员与导师双方工作交流机制的缺失，要求建立两支队伍的思想政治工作交流机制，达到协同育人的目标。建立研究生辅导员与导师的思想政治工作交流机制必须坚持整体原则、互补原则和互动原则。研究生辅导员与导师的思想政治工作交流机制可通过建立联席会议、开展科研

---

① 单珏慧，马君雅，杨倩．导师在研究生思想政治教育中“首要责任”的演进与实现［J］．学位与研究生教育，2017（6）：6—10.

② 胡守强，涂俊才，范金凤，等．发挥导师在研究生思想政治教育中作用的长效机制探索［J］．研究生教育研究，2017（2）：24—27.

③ 董贵成，吴小林．论导师在研究生良好思想道德形成中的作用［J］．学位与研究生教育，2017（8）：1—5.

④ 段红梅．博士生导师如何做思想政治工作［J］．中国高等教育，2017：29—31

⑤ 郑爱平，张栋梁．立德树人根本任务指引下研究生导师师德建设研究——基于 12 所高校 1496 名师生的调查分析［J］．研究生教育研究，2017（4）：30—35.

合作和加强制度保障等路径构建。①

哈尔滨工程大学门志国等人分析了辅导员在研究生思想政治教育中的功能定位，认为辅导员是推动研究生思想政治教育工作的主导者，统筹研究生思想政治教育工作的协调者，促进研究生自主管理、自我教育的落实者，营造研究生全面发展环境的服务者。为此必须提高研究生思想政治教育政策理论素养和工作的专注度，切实增强协同工作能力，提升党团组织工作实效性，搭建高端学术交流平台，占领新媒介舆论阵地，多角度、多维度增强辅导员工作有效性。②

二、思想政治教育

研究生思想政治教育主题研究聚焦于两方面，一是如何加强研究生思想政治理论课这一主阵地、主要渠道作用的研究。二是如何通过方式、方法创新形成研究生思政合力。

苏州大学涂玉娥对研究生思想政治理论课教学新模式的内涵进行了界定，分析了当前高校研究生思想政治理论课教学中存在的问题：对研究生思想政治理论课教学的重要性认识不足，教学效果不甚显著，考核方式不够合理，与科研创新联系不紧，综合评价不高。提出从以“学生为本”的教学理念创建师生互动式动态教学模式，构建研究生主体性教学模式，建立完善考核方式，营造浓郁科研氛围，创新“知行统一”实践渠道等方面构建了研究生思想政治理论课教学“五位一体”新模式。③

西南科技大学阚言婷结合目前思想政治教育实践育人体存在的问题，探讨了构建高校研究生思想政治教育实践育人共同体的路径。认为需秉承遵循人才的成长规律、促进人的全面发展、彰显实践育人共同体应有本质的基本原则。从网络、文化、人际关系载体创新研究生思想政治教育实践育人共同体运行载体，从而完善研究生思想政治教育实践育人共同体的合力机制。④

内蒙古大学白如雪针对研究生思想政治教育工作实际，指出内蒙古高校研究生思想问题产生的原因：高校层面理念陈旧、体制僵化、内容陈旧、手段和方法缺乏创新。研究生自身原因包括群体结构复杂、视野不够宽泛。环境因素

① 张敏，肖虎．研究生辅导员与导师的思想政治工作交流机制构建［J］．思想理论教育导刊，2017（7）：150—153.

② 门志国，王兴梅，赵乾．辅导员在研究生思想政治教育中的功能定位与实施途径［J］．黑龙江高教研究，2017（5）：149—152.

③ 涂玉娥．高校研究生思想政治理论课教学新模式的构建［D］．苏州：苏州大学，2017.

④ 阚言婷．高校研究生思想政治教育实践育人共同体［D］．四川：西南科技大学，2017.

包括国际形势的影响、市场经济消极因素的影响、网络环境的严峻挑战。进而在治理理论视域下提出加强和改进内蒙古高校研究生思想政治教育工作的措施：一是要更新高校研究生思想政治教育理念；二是要完善高校思想政治教育机制；三是要丰富研究生思想政治教育的内容；四是要创新思想政治教育方式；五是要优化思想政治教育的社会、校园、网络环境。①

新疆师范大学李晨涌提出培育新疆高校研究生社会主义核心价值观有利于维护新疆社会稳定，有利于增强高校主流意识形态的影响力，有利于推动新疆高校思想政治教育创新，有利于提升研究生自身素养。为此需优化社会培育环境，发挥思想政治理论课主渠道作用，加强思想政治教育队伍建设，加强校园文化建设，加强研究生自身的知行统一。②

东南大学李朝静等人分析了全媒体时代研究生思想政治教育在主导地位、工作方法、工作内容方面面临的挑战。以东南大学为例，阐述了应对新形势下研究生思想政治教育的思路对策，提出构建协同育人平台—网络虚拟社区—课外时间场域的工作模式。③

协同治理理论中所蕴含的平等、多元、协商、合作等基本精神和理念要素，为实现研究生思想政治教育模式创新提供了有益的启示和借鉴。南京大学吴翠丽分析了传统研究生思想政治教育模式滞后的教育理念、层级性的组织结构、分散性的教育资源三方面现实困境。认为要促进传统研究生思想政治教育模式的转变，应树立协同理念，提升研究生的主体地位；打造协同结构，实现管理组织扁平发展；整合协同资源，实现多元开放合作互动。④

辽宁师范大学马瑞瑞鉴于当前研究生思想政治教育诸多亟须改进和优化之处，提出可将人文关怀理念渗透其中。认为研究生内心渴求人文关怀，时代发展期盼人文关怀，但多元文化价值观的影响导致人文关怀弱化，人文关怀理念欠缺造成研究生需求得不到满足，人文关怀方法落后影响研究生全面素质的提升，教育者人文素养缺失使人文教育效果不理想。⑤

中国地质大学吴俣以微文化视域审阅研究生社会主义核心价值观培育的科

---

① 白如雪．治理理论视域下的内蒙古高校研究生思想政治教育问题［D］．内蒙古：内蒙古大学，2017.

② 李晨涌．新疆高校研究生社会主义核心价值观培育研究［D］．乌鲁木齐：新疆师范大学，2017.

③ 李朝静，奚社新，叶菁．论全媒体背景下研究生思想政治教育“三位一体”模式［J］．学位与研究生教育，2017（8）：5—8.

④ 吴翠丽．协同治理理论视阈下研究生思想政治教育新模式的构建［J］．学位与研究生教育，2017（10）：33—37.

⑤ 马瑞瑞．研究生思想政治教育的人文关怀研究［D］．大连：辽宁师范大学，2017.

学内涵，发现其具有去中心化、个性化、全员育势、信息化、导向性趋势五大特征。对10所高校进行调查，总结了培育过程中存在的主要问题：①优势利用不充分，资源整合被忽略。②推送与需求相脱节，培育效果被弱化。③线下线上不同步，协同影响在减弱。④方式方法需改进，实效不佳成问题。⑤差异短板未关注，供需结构待调整。进而提出微文化视域下研究生社会主义核心价值观培育的建议：一要掌控话语权。二要搭建平台，通过开设“微课堂”，发起“微讲座”，组织“微沙龙”，设立“微支部”，组建“微社团，开办“微社群”，引入“微职场”。三要掌握主导权。四要注重方法创新。①

在大数据时代，研究生思想政治教育评价面临新的挑战和机遇。长安大学胡锦玉指出研究生思想政治教育评价需要建构并强化价值逻辑、实践逻辑和现实逻辑，以保障研究生思想政治教育评价认知的实践智慧转化，展现研究生思想政治教育评价机制的价值引领功能、理性保障功能和现实调节功能。而顺应大数据时代要求，创新深层评价机制，是提升研究生思想政治教育效果实效性、时效性的基本途径。②

三、研究生党建

研究生党支部是高校党委联系和团结广大研究生、开展思想政治工作的重要依托。研究思路既包括通过调查研究寻找在研究生党建中存在的问题，也包括介绍一些院校的成功经验。

北京航空航天大学宋晓东结合调查数据，梳理了目前高校研究生党支部建设中存在的主要问题：研究生党支部设置合理性不够，党支部书记作用发挥不明显，对党员的监督管理不到位，考核评价机制不健全。明确了创新研究生党支部建设的基本原则，进而从发挥党支部作用实现方式、选优配强党支部书记、加强党员教育管理、健全党支部考核评价四个方面提出加强研究生党支部建设的措施。③

河海大学唐洪武介绍了在国家“双一流”建设背景下，河海大学党委充分发挥二级学院党委政治核心作用和基层党建工作力量的经验。二级学院党委切实找准基层党建工作的落脚点和着力点，树立法治思维，建立和完善与学科建

① 吴俣．微文化视域下研究生社会主义核心价值观培育研究［D］．北京：中国地质大学，2017.

② 胡锦玉，彪晓红，贺炳彦．大数据时代研究生思想政治教育评价机制的逻辑探讨［J］．黑龙江高教研究，2017（8）：139—141.

③ 宋晓东．新形势下加强发挥研究生党支部建设的对策研究［J］．学位与研究生教育，2017（11）：39—42.

设相关的规章制度，保障好师生参与和监督的权利。建立学科督导制，充分发挥好教授在学科发展中的主体作用，调动师生参与学院民主管理的积极性，保护好师生追求公平公正的合理诉求，从实处助推一流学科建设。①

第三节　研究生心理

良好的心理健康状态对研究生的学习发展和科研产出有着重要影响，对我国高等教育人才培养质量提升意义重大。本年度研究生心理研究主题更加细化。研究多以调查研究为主，在发现研究生心理存在的问题后，提出研究生心理健康教育的意见建议。

一、研究生心理健康

研究生心理健康研究主要聚焦于两个方面，一是研究生心理健康状况与各类心理健康问题；二是对研究生心理健康教育现状的反思，进而提出理想化心理健康教育模式。

北京航空航天大学冯蓉等指出焦虑心理是当前高校博士生群体常见的负性情绪状态。运用扎根理论研究方法，通过便利抽样与标准抽样相结合选取28名在校博士进行深度访谈。通过编码分析发现毕业因素、就业因素、婚恋因素和认知因素是博士生焦虑心理的主要影响因素，并在此基础上构建了在校博士生焦虑心理影响因素模型（图6－1）。②

上海大学郭慧梅统计分析了博士生心理健康状况各指标在不同性别、不同培养方式、不同学科等方面存在的差异性和博士生心理健康水平与压力、社会支持各因素存在的相关性。发现博士生心理健康状况不容乐观，总体压力较大，压力源排序前三位分别是学业压力、经济压力和就业压力。提出高校应重视博士生心理健康教育，探索适合博士生群体的朋辈辅导模式，建立心理异常的精准筛查和干预体系，帮助博士生构建健康成长的社会支持系统。③

南京大学周美婷采用问卷调查表和焦虑量表对江苏省内高校社会工作研究

① 唐洪武．加强基层党建工作助推一流学科建设［J］．中国高等教育，2017（18）：19—21.

② 冯蓉，张彦通．基于扎根理论的在校博士生焦虑心理影响因素研究［J］．研究生教育研究，2017（3）：41—46.

③ 郭慧梅．博士研究生心理健康状况及干预建议［J］．黑龙江高教研究，2017（8）：111—115.

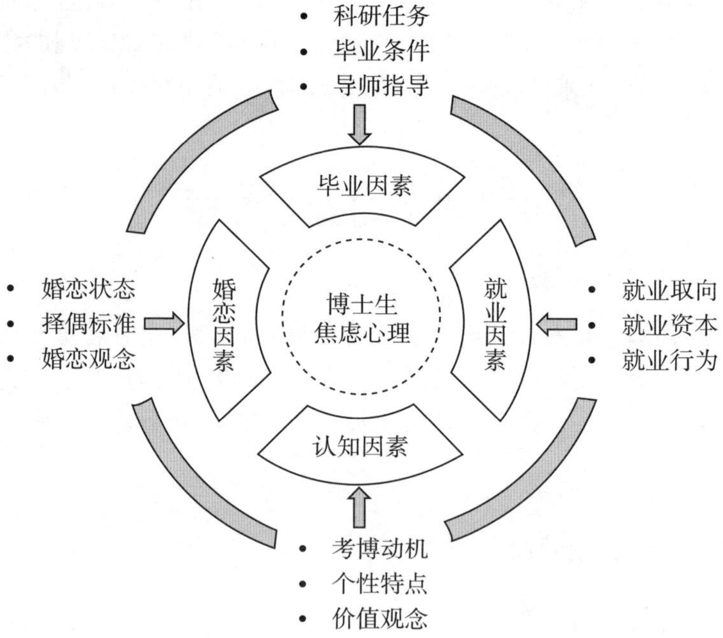

图 6－1 在校博士生焦虑心理影响因素模型

生进行调查。发现社会工作研究生整体焦虑水平较高，存在焦虑的人数占总调查人数的 21.8%。通过回归分析得出性别、对专业教学中师资力量的评价、对今后工作与专业对口程度的期望、是否具有社会工作专业外的实习经历与焦虑水平呈正相关。而家庭月均收入、主要生活来源以及是否跨专业读研与焦虑水平呈负相关。并从考研的选择，个人和家庭物质和精神的支持，专业教学中师资力量和专业实习，就业选择和就业准备方面提出对策建议。①

南昌大学樊俊杰采用自我宽恕问卷和焦虑自评量表调查了 N 大学 427 名研究生，发现研究生总体自我宽恕水平较高，博士研究生自我宽恕水平显著高于硕士研究生。硕士研究生焦虑检出率为 19.5%，博士研究生焦虑检出率为 20.5%，研究生焦虑水平与自我宽恕水平总体呈显著负相关，高焦虑个体更难以实现自我宽恕，而高自我宽恕水平个体被试有更低的焦虑情绪。认知策略、行为策略、反思、社会支持是影响研究生呈现高自我宽恕水平的重要因素。②

玄奘大学黄培婷对 205 名在读谘商与临床心理学研究生进行调查研究发现，谘商与临床心理学研究生自我悲观程度中等，生命意义与自我效能感中上。自

① 周美婷．社会工作研究生焦虑现状及其影响因素［D］．南京：南京大学，2017.

② 樊俊杰．研究生自我宽恕与焦虑的相关研究［D］．南昌：南昌大学，2017.

我悲观、生命意义与自我效能会受到性别角色与自我察觉能力的影响。指出自我悲观、自我效能属于个人内在认知范畴，故会影响生命意义的认知。①

扬州大学栾海清反思高校研究生心理健康教育现状，认为研究生心理健康教育目标模糊、育人队伍专业化不强、育人渠道尚不通畅。根据个体心理发展的内在规律，可以确定高校研究生心理健康教育的“理论指导、体验培养、实践反馈”基本维度，并以此建构高校心理健康教育的实践逻辑，即以促进适应为主的教育目标，旨在促进自我教育的教育原则，以服务支持为主的教育模式，全员参与的育人队伍，过程性导向的教育评价。②

浙江大学朱美燕运用问卷调查法对浙江省20所研究生培养院校的心理健康教育工作者进行实证调查。结果发现：①研究生心理健康状况尚可。②科研压力是影响研究生心理健康的最关键因素。③研究生心理健康教育滞后于本科生。④专业人员匮乏是制约研究生心理健康教育的第一因素。⑤研究生心理健康教育已基本形成“一体两翼”型格局。对此，高校应采取切实措施，不断提高研究生心理健康教育水平。③

二、研究生自我认知

本年度对研究生自我认知的研究主要是对专业认知的研究。专业认同是社会认同的特殊形式，也是衡量个体接受和认可所学专业程度的指标，学生对所学专业的认同程度决定着学生基本的学习态度。具有高专业认同度有助于研究生积极主动地投入到学习中，达成培养目标。

华东师范大学徐丽从认知、情感、行为三个维度考查学术型硕士研究生的身份认同现状。研究结果表明当前学术型硕士研究生身份认同已产生困境：对自我身份的认知不清晰，学术身份的内心认同度不足与学术科研的行动方法不得当。学术导向与就业导向在学业与生活多个方面发生冲突，是学术型硕士研究生身份认同的主要困境。困境的产生与学术型硕士研究生自身、学校和导师、社会等诸多主体相关。破解困境则需个人形成正确认识。学校对学术型硕士的培养方案保证真正落地。政府也要制定和落实相关的政策法规为学术型硕士研究生身份认同提供良好的外部环境。④

---

① 黄培婷．谘商与临床心理研究生的自我悲观、生命意义与自我效能感之研究［D］．新竹：玄奘大学，2017.

② 栾海清．高校研究生心理健康教育：反思与建构［J］．黑龙江高教研究，2017（12）：93—95.

③ 朱美燕．研究生心理健康教育现状调查分析与对策思考［J］．黑龙江高教研究，2017（3）：117—121.

④ 徐丽．学术型硕士研究生身份认同的当代困境［D］．上海：华东师范大学，2017.

2017 年有不少硕士研究生选择研究生专业认同问题作为学位论文主题进行研究。研究多以调查研究为主，展示研究生专业认同现状，提出意见建议（表 6－2）。①②③

表 6－2　2017 年以研究生专业认同为选题的硕士学位论文列表

题　　目	作者	作者单位	调查对象
马克思主义理论学科硕士研究生专业认同问题研究——以河南高校为研究范本	沙鑫	河南师范大学	郑州大学、河南师范大学、河南理工大学、信阳师范学院 4 所河南地区高校研究生 130 人
社会工作研究生专业认同的因子分析与对策研究——以 G 省四所高校为例	史传真	兰州大学	G 省 4 所高校的社会工作研究生
专业价值观对专业认同的影响研究——以社会工作专业硕士为例	张秋萍	上海师范大学	上海、广州、深圳以及其他地区社会工作专业硕士 112 人

与本专业的研究生相比，跨专业的研究生在专业适应和专业认同方面有其特殊性。实际上，他们在入学前对专业的认知和评价不够客观和全面，在适应和认同专业的道路上面临着诸多挑战。中国青年政治学院朱晓选取 9 位跨专业思想政治教育研究生进行访谈，探索其专业认同的变化过程。发现跨专业研究生建立专业认同的过程分为三个阶段：第一，思考抉择阶段。表现为选择专业目的的多元化和专业认知的局限性。第二，感知与探索阶段。在初步高涨期，跨专业研究生对新专业具有“新鲜感”，能保持较高的学习兴趣和行为投入。在深度探索期，他们开始重新审视专业并积极寻求改变。第三，升华认同阶段。表现为学生因所学专业而产生自豪感，并能积极地投入到相关学术研究和工作中。针对“入学”和“深入学习”两个时期，从学生和学校两个角度分别提出提升专业认同的几点思考。④

① 沙鑫．马克思主义理论学科硕士研究生专业认同问题研究——以河南高校为研究范本［D］．新乡：河南师范大学，2017.

② 史传真．社会工作研究生专业认同的因子分析与对策研究——以 G 省四所高校为例［D］．兰州：兰州大学，2017.

③ 张秋萍．专业价值观对专业认同的影响研究——以社会工作专业硕士为例［D］．上海：上海师范大学，2017.

④ 朱晓．跨专业思想政治教育研究生专业认同过程研究［D］．北京：中国青年政治学院，2017.

第四节　研究生日常行为及生活

2017 年度研究生日常行为及生活主题成果形式以硕士学位论文为主。按照研究内容的不同，分为研究生运动休闲行为、研究生婚恋行为、研究生自我管理、研究生交往行为四类。

一、研究生运动休闲行为

曲阜师范大学姜哲从出游态度、旅游动机、旅游偏好、旅游时空特征、旅游决策行为、旅游消费行为、旅游满意度等方面对山东省研究生旅游行为特征进行了分析研究。建议开发具有针对性的特色旅游产品、运用新型网络营销模式、创新旅游组织形式，提高研究生旅游满意度。①

吉林大学孙占元选取北京市 7 所高校 580 名在校博士生对体育锻炼行为各结构要素进行分析。发现：①北京市高校博士生每周参加体育锻炼的频度不高。②北京市高校博士生参与体育锻炼活动项目具鲜明特征，项目简单易行，强度适中，球类项目较受欢迎。男博士生锻炼运动量显著性高于女博士生。③北京市高校博士生参与体育锻炼的组织形式以独自一人进行体育锻炼为主，男博士生与同学朋友一起锻炼的比例显著高于女博士生。④北京市高校博士生群体的体育消费意愿比较低。⑤影响北京市高校博士生群体参与体育锻炼的因素有心理因子、环境因子、生活因子、健康因子、经济因子。②

西南大学汪新认为研究生网络闲散行为是指研究生个体在本该使用计算机网络来完成学习任务的时间却使用网络进行与学习任务无关的活动的行为。研究生网络闲散行为动机是驱使研究生个体进行网络闲散行为的心理动力。在此基础上编制量表，对重庆、安徽等地研究生进行调查研究，发现男性和女性研究生在网络闲散行为的时间上并没有表现出明显的差异。此外，研究生网络闲散行为动机中的任务回避、身心调节和网络诱惑动机，在外控性特质与网络成瘾倾向之间起到了部分中介作用。③

长安大学武永江认为休闲心态对博士研究生创新学术成果、提升生活品质、

① 姜哲．山东省研究生旅游行为特征研究［D］．曲阜：曲阜师范大学，2017.

② 孙占元．北京市高校博士研究生体育锻炼行为调查研究［D］．长春：吉林大学，2017.

③ 汪新．研究生网络闲散行为动机量表的编制及相关研究［D］．重庆：西南大学，2017.

沟通人际关系、滋养精神、培养正确的价值观、促进身心和谐、实行知行合一起到提升、丰富、改善和支撑的作用，为博士研究生的探索、创新、反思和成长提供了心理保障。为此可在学术沙龙、阅读经典、兴趣发掘、同门共享、团队实践等领域中培育博士生休闲心态。①

二、研究生婚恋行为

在读研究生已处于适婚年龄，恋爱、结婚属于其生理和心理的最深层次的需求。婚恋观健康与否不仅影响研究生能否顺利完成学业，更对其身心健康有重要影响。培养研究生健康的婚恋观显得尤为重要。

宁夏大学邓森运用问卷调查、对比和访谈法，发现宁夏高校女研究生择偶价值观主要问题有：择偶动机和目的过于直接和明确，择偶态度过于被动和矜持，择偶方式单一，择偶标准较高，自我认知不清晰。分析得出宁夏高校女研究生择偶价值观出现问题的客观原因包括经济社会发展带来的负面影响、民族风俗与宗教信仰的影响、本土文化的消极影响、就业形势严峻带来的压力、媒体舆论导向的偏差。主观原因包括择偶标准过高、民族观念牢固、择偶主体意识不强、时间和交友范围局限、不善于打扮和性格强势。文章从社会、学校、家庭和女研究生自身四个方面提出引导宁夏高校女研究生树立正确择偶价值观的对策和建议。②

重庆师范大学黄胡勇从父母教养方式入手，结合婚恋观经典理论分析了父母教养方式对研究生婚恋观的影响。发现大部分研究生婚恋观较健康，父母教养方式对研究生婚恋观的恋爱动机、婚恋倾向、婚恋价值观、婚恋自主观、婚恋角色观、婚恋忠诚观、性爱抉择观、失恋观有显著影响。因此提出在研究生婚恋观教育过程中，应将家庭教育纳入范畴，同时考虑社会舆论的重要作用。③

沈阳师范大学雷萌采用研究生婚恋观问卷、艾森克人格问卷简式量表中国版、成人依恋量表对沈阳市沈阳师范大学、沈阳自动化研究所、中国医科大学三所高校 312 名研究生进行调查。探讨了婚恋观与人格特质以及婚恋观与成人依恋的关系，探究了人格特质与成人依恋在婚恋观中的预测作用。发现：①研究生婚恋观呈中等偏上水平，具有成熟的恋爱观、非功利性的择偶观、偏于传

---

① 武永江．物化时代博士研究生休闲心态的培育［J］．研究生教育研究，2017（10）：43—48.

② 邓森．宁夏高校女研究生择偶价值观调查［D］．宁夏：宁夏大学，2017.

③ 黄胡勇．父母教养方式对研究生婚恋观的影响研究［D］．重庆：重庆师范大学，2017.

统的婚姻观以及复杂的性爱观；②研究生婚恋观在人口学变量上具有显著差异。①

三、研究生自我管理

不同于2016年度集中于对研究生时间管理的研究，本年度集中于对研究生学习管理的研究。通过对研究生学习活动现状的展示，发现问题，以期改进和提高研究生学习质量。

山西财经大学李婧发现在硕士生日常学业活动中，撰写学期论文/完成作业、发表论文/撰写研究报告和阅读学术文献资料这三项主要依靠学生自我管理完成的学业任务，拖延程度明显高于完成导师布置任务、参与任务、与导师约见、参与小组学术活动与学术讲座等这些有外界监督管理的任务。硕士研究生学业拖延原因分为自我管理、任务强化、自我期望和他人影响四类。从自我管理能力培养视角，对学业拖延问题解决提出了五方面对策。②

西南大学王森将目光聚焦于大数据时代背景下研究生学习方式的转变问题，认为大数据时代研究生学习正面临着来自学习思维方式、大数据技术工具盲目崇拜、信息迷航、学习浅层化、学习碎片化、学习适应能力方面的挑战。从学习基本情况与学习方式自主性、合作性、探究性、创新性、技能性六个方面编制了调查问卷和访谈提纲。调查发现，当前研究生学习方式中存在的问题主要有：被动的学习研究倾向，合作学习质量相对较低，缺少问题意识，探究意识和能力较弱，过度依赖网络探究方式，维持性学习占主导，知识的管理技能欠缺和工具方法的运用技能较差。提出研究生学习方式由标准走向个性、由维持走向创新、由封闭走向开放、由孤立走向融合的转变趋向。应从思维方式、个体元认知能力、教育内容与方法、评价方式四个方面进行策略思考。③

上海师范大学魏盈川在新媒体背景下按照对学习需求维度的划分，从物质、心理、知识技能以及支持条件四个层面对研究生展开问卷调研。发现研究生基于新媒体手段的学习需求具有学习资源需求现实化、学习设备需求智能化、学习资源载体形式需求直观化特点。研究生基于新媒体手段进行学习活动自制力弱，并且用于学习的时间较短。学校方面校园网覆盖范围有限以及宣传和指导

---

① 雷萌．研究生人格特质、成人依恋与婚恋观的关系研究［D］．沈阳：沈阳师范大学，2017.

② 李婧．硕士研究生学业拖延问题及解决途径研究——基于自我管理能力培养视角［J］．太原：山西财经大学，2017.

③ 王森．大数据时代研究生学习方式转变研究［D］．重庆：西南大学，2017.

力度不够。新媒体学习设备携带越来越不方便，学习平台无关干扰信息比较多、高质量的学习资源比较少以及学习软件间兼容性弱阻碍了研究生基于新媒体手段学习需求的实现。①

山西财经大学常晨联系个人学习投入的实际状况，探讨家庭背景对学习投入的影响。通过对山西省 360 名研究生的调查研究，发现家庭文化资本对研究生学习投入有不同的影响，家庭文化资本中家庭文化习惯与家庭文化期待获取更多的学生，在认知投入、情感投入和行为投入中表现出中等偏上水平。家庭社会资本中双方互动内容的多少对认知投入、情感投入和行为投入的影响最为显著，而家庭社会资本中的外部社会资本对研究生的学习投入行为表现出相对较弱的影响。②

上海师范大学荣彬从学生的角度出发，以质性研究的方式，选取了 K 校的 29 名在读全日制学术型硕士研究生作为研究对象，并以克努兹·伊列雷斯的学习空间理论为框架分别从学校学习和教育学习、工作生活中的学习、基于网络的学习、日常学习，以及休闲兴趣与草根活动五个空间来解读学生的学习体验。发现研究生在学习过程中课堂满意度不高、导学关系多元化、师门凝聚力高、同学关系弱化、讲座量多质少、工作实习积极性高、网络利用率偏低、第二课堂严重缺失、寝室缺乏学习氛围、整体互动程度偏低，并在此基础上提出改进建议。③

山东大学宋朝阳通过对 S 大学 2016 年在读的三个年级的社会工作硕士生及其辅导员的深度访谈，从学习投入的“活力”“奉献”“专注”三个方面对社会工作硕士生的学习投入状况进行了了解。研究发现 S 大学社会工作硕士生的学习投入状况在一年级时较好，二年级时较差，三年级又变得较好。个体因素、家庭因素和社会因素影响着社会工作硕士生的学习投入状况。其中，个体因素主要涉及学生的学习态度、自我要求、应对方式和自我规划等。家庭因素主要关乎学生家庭经济情况和家庭文化资本。社会因素主要包括学校管理、学习环境、人际互动和职业发展。并从调整教学内容、完善学校管理制度、改善师生互动状况、建立学生同辈群体间的“对话伙伴”关系、重塑学生学业学习意义等方面对完善社会工作硕士生学习投入问题提出建议。④

中国科学技术大学刘成科等人通过对 155 名博士生进行问卷调查发现博士生科研自我效能感的总体水平较高，但在文献追踪及科研伦理等方面仍有

---

① 魏盈川．基于新媒体手段的研究生学习需求研究［D］．上海：上海师范大学，2017.

② 常晨．家庭背景对研究生学习投入的影响研究［D］．太原：山西财经大学，2017.

③ 荣彬．学术型硕士研究生学习体验研究［D］．上海：上海师范大学，2017.

④ 宋朝阳．社会工作硕士生学习投入状况及其影响因素研究［D］．济南：山东大学，2017.

待提高。博士生科研自我效能感并无显著的性别差异。理工类博士生科研自我效能感显著高于人文类博士生。科研经历对博士生科研自我效能感有显著正向预测作用。由此提出博士生科研自我效能感的提升策略：①加强研究方法与知识管理类课程的开发；②鼓励博士生参加科研实践与学术交流活动；③完善分类管理与进程控制的培养模式；④推进科研伦理与学术规范的教育与监督。①

四、研究生交往行为

南京师范大学钱梦婷以南京师范大学和河海大学的295名研究生为被试，结合问卷法与实验法，采用2（人际交往高水平、人际交往低水平）*3（积极情绪启动、消极情绪启动、对照组）的被试间设计。研究发现研究生群体的人际交往状况总体良好，人际交往得分仅仅在交谈维度上显示出性别差异与学科差异。不同人际交往水平的研究生在微表情识别能力上有显著差异。②

华中师范大学董花蕾以华中师范大学英语教育硕士为调查对象，从跨文化交际知识、跨文化行为与跨文化敏感度三个维度探索英语教育硕士跨文化交际能力的水平。研究发现华中师范大学英语教育硕士跨文化交际能力整体处于中等水平，但在跨文化知识、行为和敏感度三个维度上呈现不平衡的状态。英语教育硕士的跨文化敏感度极高，但跨文化知识和跨文化行为的整体得分却没有达到中等水平。为此，提出教育者应该对英语教育硕士的跨文化交际能力的状态有所了解，应该自觉推动和实践与跨文化交际能力有关的课程改革；学习者应充分发挥本身的能动作用。③

---

① 刘成科，孔燕．博士生科研自我效能感的现状调查及提升策略［J］．研究生教育研究，2017（6）：41—46.

② 钱梦婷．不同人际交往水平的研究生在情绪启动下微表情识别的差异研究［D］．南京：南京师范大学，2017.

③ 董花蕾．英语教育硕士跨文化交际能力的调查研究［D］．武汉：华中师范大学，2017.

第五节　文献分布及其特点分析

一、文献分布

通过检索关键词，并根据研究内容进行再次筛选，2017 年度以研究生德育为研究主题的研究文献为：著作 2 部、期刊论文 31 篇、学位论文 69 篇、新闻报道 3 篇，共计 105 篇（部）。共有 57 篇（部）纳入本专题文献综述（图 6－2）。

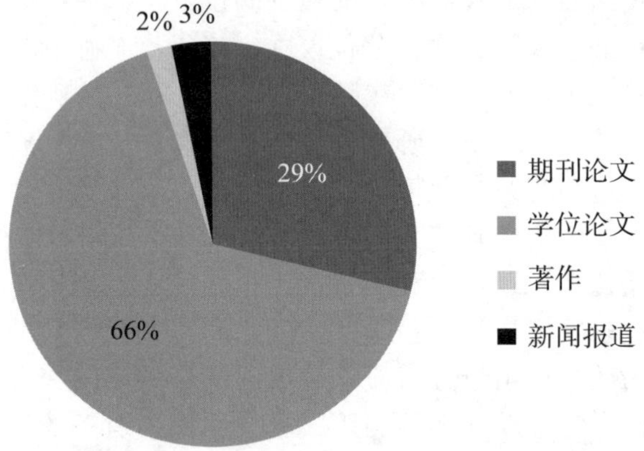

图 6－2　2017 年度研究生德育文献类型与比例

与往年比较，研究生德育研究文献总体数量持平，期刊论文持平，学位论文略有上升，著作、新闻报道有所下降。2012—2017 年研究生德育文献情况见表 6－3。

表 6－3　2012—2017 年研究生德育文献情况

文献类型	2012 年	2013 年	2014 年	2015 年	2016 年	2017 年
期刊论文/篇	17	12	28	36	31	31
学位论文/篇	62	45	53	57	65	69
著作/部	0	3	6	4	5	2
新闻报道/篇	0	1	5	1	5	3
总计	79	61	92	98	106	105

在期刊来源方面，31 篇期刊论文中有 9 篇来源于《学位与研究生教育》，5 篇来源于《研究生教育研究》，5 篇来源于《黑龙江高教研究》。在学位论文方面，本年度增加了中国人民大学、台湾大学、玄奘大学、云林科技大学硕士论文来源。69 篇学位论文中仅有 1 篇为博士论文，来源高校多为师范类和综合性大学。

二、专题结构

2017 年研究生德育四个主题文献数量分布不均。研究生心理主题文献数量最多，近年来第一次超越研究生学术道德，成为文献数量最多的主题。如图 6－3所示，各个主题内部情况也存在差异。

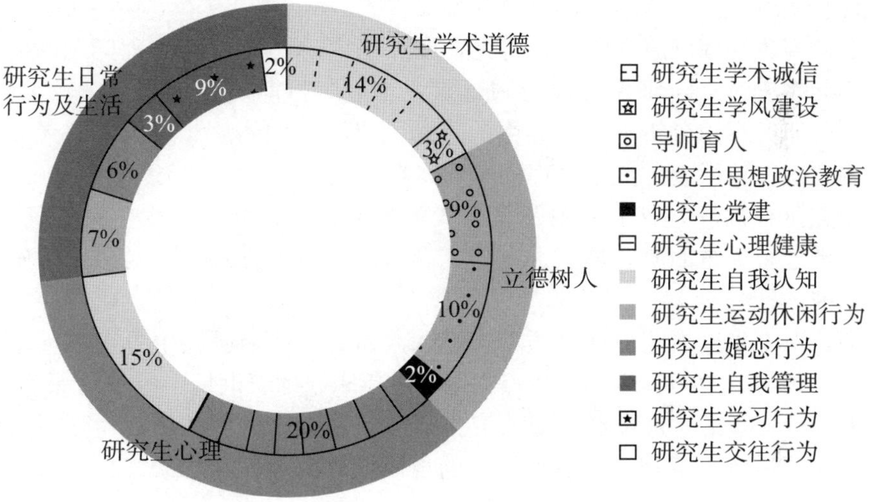

图 6－3　2017 年研究生德育研究主题分布

三、研究方法

从研究方法上看，研究者往往运用问卷调查、访谈等方法来反映研究生德育的现状及问题，运用统计产品与解决方案（SPSS）等统计软件分析影响因素及相关性。值得注意的是，本年度采用质性研究方法的研究增多。

四、研究热点及未来研究展望

在研究生学术道德主题中，文献数量减少，尤其是以学术道德为主题的学位论文数量减少。本年度研究者着眼于某一视角如环境因素、场域理论等对研究生学术失范原因的深度探索和对学术不端治理体系的构建。

立德树人是今年新增的研究主题，与国家最新政策文件精神息息相关。立德树人队伍建设中的导师育人是热点所在，研究者认为不仅要发挥导师对研究生的引领作用，还要对导师进行相关责任追究。值得注意的是，有研究对导师在研究生思想政治教育中“首要责任人”的演进与实现进行了梳理。此外，研究者关注如何在新媒体、大数据、“双一流”建设背景下提升研究生思想政治理论课程实效性、构建思想政治教育模式。

在研究生心理健康主题中，研究者聚焦于“焦虑”这一心理问题。研究者运用不同量表对不同研究对象的调查研究均显示目前研究生的焦虑水平较高。但不同的研究视角分析出的研究生的焦虑因素不尽相同。北京航空航天大学冯蓉等构建了在校博士生焦虑心理的影响因素模型。

研究生日常行为及生活主题具有较强的时代性，与研究生生活密切相关。研究生婚恋行为重回研究热点，有研究者从父母教养方式入手对研究生婚恋观进行研究。

通过对本年度研究生德育领域文献深入研究，认为研究生思想政治教育和研究生心理将成为学者研究的热点主题。近年来，随着世情、国情的深刻变化，网络新媒体应用的愈加广泛，对研究生思政工作带来的严峻挑战，学界必将围绕如何构建适应“双一流”建设要求的思政模式有所发声，研究也将进一步扩容提质。

专题七

学科建设研究

学科建设一般在整个科学体系中学术相对独立，既是学术分类的名称，又是教学科目设置的基础。本专题主要围绕学科评估、学科文化建设、学科建设的价值趋向、地方特色学科建设、跨学科建设、一流学科建设的作用与现状、学科建设中存在的问题及相应对策等展开研究。2017 学科建设研究文献共有 46 篇，本专题全部收录。其中包括 43 篇期刊论文，3 篇硕士学位论文。与 2016 年 62 篇文献相比，有所下降。从研究内容看，本年度除了延续学科评估、具体学科建设发展、学科建设存在问题及政策举措等主题外，增加了地方高校学科建设、学科文化建设的研究内容，紧随国家战略需要，丰富了本专题的内容。根据本年度文献呈现出来的特点，本专题主要分为六个议题：学科评估、具体学科建设发展、地方高校学科建设、学科文化建设、学科建设存在问题及政策举措、一流学科建设相关问题。

第一节　学科评估

2017 年学科评估研究相关文献共有 6 篇，其中包括 1 篇硕士毕业论文。本议题研究的焦点主要集中于学科评估方法及评估指标和一流学科评估等方面。本议题采用定量评估研究方法。

一、学科评估方法及评估指标

2017 年对于学科评估方法和评估指标的研究有 3 篇，主要是通过参照世界一流学科建设的标准或评价体系、参照前人有关学科建设绩效评价理论或是对照国际现有评估体系指导国内“双一流”大学的建设。

厦门大学教育研究院刘海涛研究发现，建设世界一流学科需要科学的参照标准或评价体系，学科排名是目前国际上运用较为普遍的学科评价标准之一。通过以夸夸雷利·西蒙兹公司（QS）世界大学学科排名为分析框架，在学科对象选择和评价指标体系等方面对 2016 年 QS 世界大学学科排名进行个案剖析，并以我国高校学科入选 QS 的最新数据为基础，分析我国建设一流学科的基础与现状。基于建设世界一流学科的目标，就理性看待学科排名，发展顶尖学科，提高学科国际影响力等方面进行了相关思考和分析。认为我国一流学科建设应当注意理性看待学科排名，科学建设一流学科；发展学科高原，勇攀学科高峰；加强国际交流与合作，提升学科国际影响力。①

西南政法大学饶毅参考了前人的有关高校绩效审计和学科建设绩效评价的理论探究，从审计的视角对学科建设绩效评价的相关内容进行了初步的探索。并根据某一高校的某一学科的自身特点提出对经济资源、人力资源、科研效果、教学效果的相关绩效评价指标，通过指标分析学科建设绩效的经济性、效率性和效果性，以绩效评价目标带绩效评价指标的方式达到对学科建设评价的目的。审计视角下认为高校学科建设绩效评价存在评价指标体系、评价主体、评价信息基础等问题，并提出高校学科建设绩效评价的政策建议：加大学科建设经费的投入力度；选择合理的学科建设绩效评价指标；加强高校学科建设绩效评价信息基础建设。②

中国地质大学陈彪等人提出，高校科研平台可以培养和提高教师队伍的学术水平，促进学科的交叉、融合和发展，从而促进高校科研水平的提高，其建设水平决定了高校学科建设成效。我国现有的五种主要学科评估体系各有侧重，包括政府评价、国内第三方机构评价、国外中介机构评价、基本科学指标数据库（ESI）学科排名、全国一级学科评估。在“双一流”建设背景下，以某高校两个全国排名第一的一级学科为例，对比两次评估数据，揭示科研平台在高校学科建设中的作用，以期更好地指导高校“双一流”建设。③

二、一流学科评估

2017 年关于一流学科评估的文献有 3 篇，其主要内容分别是：通过分析现

① 刘海涛．世界大学学科排名与我国一流学科建设——基于 2016 年 QS 世界大学学科排名的分析［J］．研究生教育研究，2017（3）：65—71.

② 饶毅．审计视角下高校学科建设绩效评价研究——以重庆某高校为例［D］．重庆：西南政法大学，2017.

③ 陈彪，严嘉，胡波．科研平台在学科建设中的作用［J］．中国高校科技，2017（12）：4—7.

有的学科基础，为地方高校特色建设一流学科提供参考；建设世界一流学科的重要任务是建立科学有效的质量监督机制；通过案例研究，分析高校优势学科建设的未来突破点。

大连海洋大学学科与研究生管理处副处长高雪梅等人通过分析现有良好的学科基础、完善的动态机制和科学的学科绩效评价体系为地方行业特色型高校建设一流学科提供的发展机遇。围绕一流学科建设实施路径，以海洋水产类地方高校为例，提出了地方行业特色型高校一流学科建设的“3522”发展战略和具体建设措施，为地方行业特色型高校一流学科建设提供参考：①以人才强校为战略，注重师资队伍建设。②以立德树人为根本，提高人才培养能力。③以服务国家为使命，提升科技创新水平。④以创新驱动为引领，推动平台条件建设。⑤以绩效评价为基础，完善制度体系构建。①

天津大学教育学院朱金明等人认为建立科学有效的质量监督机制，促进学科内涵发展、质量持续提升，成为世界一流学科建设的重要任务。并且提出“使命驱动”有利于解决我国一流学科建设中战略趋同的问题；“持续改进”有利于建立动态的、开放的学科建设反馈修正机制；“注重特色”符合一流学科建设的“中国特色”要求；“国际共识”符合一流学科建设的国际化目标。②

南京农业大学公共管理学院宋华明等人从学科水平、学科资源、人才培养与科学研究四个层面，统计分析了江苏高校优势学科建设工程一期项目的整体成效。选取江苏6所高校的15个优势学科作为研究案例，从高校属性、学科领域、学科范围以及学科建设成效的比较研究，分析了高校优势学科建设呈现出的特征点与未来可能的突破点。③

第二节　具体学科建设发展

2017年具体学科建设发展研究相关文献共有8篇，其中包括1篇硕士毕业论文，仍然是学科建设领域中比较受关注的专题。本议题研究焦点集中于高等教育学科建设、其他学科建设及跨学科建设等方面的问题。本议题多采用质性

---

① 高雪梅，于旭蓉，胡玉才．地方行业特色型高校一流学科建设路径的思考［J］．学位与研究生教育，2017（6）：29—34.

② 朱金明，林梦泉，李澄锋，等．基于教育认证理念的一流学科建设路径［J］．中国高等教育，2017（15）：52—55.

③ 宋华明，严心彤．高校优势学科建设成效的探析与思考——以江苏为例［J］．学位与研究生教育，2017（1）：37—42.

研究方法。

一、高等教育学科建设

在高等教育学科建设的研究中，学者们集中于为完善我国现行的学科制度而提出实行高等教育学的“再学科化”、学科建设是研究生教育改革中的当务之急，以及大学中的学科是高等教育系统的学术组织、学科发展是学科自身连续不断进步发展的过程等方面的思考。

绍兴文理学院付八军提出，建设高等教育学一级学科，实现高等教育学的“再学科化”，关键在于完善我国现行的学科制度。将体育学、心理学两个一级学科从教育学学科门类中分离出来，再按照不同的教育活动领域设置相应的行业性学科，就可以实现高等教育学从二级学科发展到一级学科。从我国学科制度的变革趋势、矛盾冲突以及国（境）外学科设置制度的现状来看，以这种思路来实现“高等教育学”再学科化具有合理性与可行性。①

天津大学教育学院院长闫广芬等人阐述了研究生教育学的学科建设背景，认为学科建设是研究生教育改革中的当务之急。同时提出研究生教育学学科建设应遵循的原则，如需要与引导相结合、借鉴与创新相结合、经验总结与理论思辨相结合。指出开展研究生教育学学科建设的基本条件，即注重培育高水平的学科团队和学科带头人，构建稳定的前沿研究平台，提供丰富的经费与有效的资源。②

教育部民族教育发展中心民族教育政策与法规重点研究基地秘书长胡炳仙提出大学中的学科是高等教育系统的学术组织，学科发展是学科自身连续不断进步发展的过程，学科建设是不同主体，特别是政府，采取一定手段措施推动学科发展的社会实践活动。地方高等教育系统中的重点学科建设经历了初始期、发展期和转型期三个阶段，形成了国家重点学科、省级重点学科和校级重点学科三个层次。重点学科建设一方面加剧了地方高等教育系统的非均衡性，另一方面也推动了地方高等教育系统内部学科发展的趋同性。③

---

① 付八军．学科制度改革与高等教育学学科建设——对建设高等教育学一级学科的再思考［J］．高等教育研究，2017（1）：25—28.

② 闫广芬，王红雨．研究生教育学学科建设：背景、意义与行动［J］．学位与研究生教育，2017（5）：7—12.

③ 胡炳仙．重点学科建设对地方高等教育系统的影响：以 H 省为例［J］．大学教育科学，2017（5）：21—29.

二、其他学科建设

在其他学科建设的研究中，学者们运用文献梳理、国际比较等不同的研究方法对十年间新闻传播学科建设、中医药学科建设，以及我国法语本科专业建设进行了深入研究。

安徽大学张婷通过梳理万方数据库中安徽大学新闻传播学院十年（2005—2014）学术型硕士毕业论文，运用内容分析法，从研究方向、研究方法、研究的媒介类型及学科交叉四个方面，对536篇硕士毕业论文进行统计分析，来探究安徽大学新闻传播学研究发展的现况及不足。研究发现，安徽大学新闻传播学院学术型硕士毕业论文研究思路、研究方法化及研究对象正向着多元化发展，研究方法朝着规范化进步，理论研究正努力突破传统，其他学科的引入已经十分普遍。对于新闻传播学硕士毕业论文的研究，有利于发现问题，引导新闻传播学学科建设与发展。①

南京中医药大学研究生院殷忠勇提出学科建设作为一项基础性工作，更应当主动适应并引领这些新形势的变化，其中最为关键的就是使中医药学科建设工作遵循自身规律。就中医药学科建设规律的内涵而言，一是中医药文化的传承规律，二是中医药人才的培养规律，三是中医药学术的发展规律。文化自信是中医药学科建设的思想基础；人才培养是中医药学科建设的重中之重；融汇新知是中医药学科建设的自然路径。②

中国人民大学外国语学院德法语言文学系讲师田园通过对巴黎东方语言文化学院汉语专业教学大纲的考察，得出法语学科是同时具有多学科性、跨学科性和超学科性的学术型学科，其人才培养的核心是具有深厚的人文素养。我国综合性研究型大学的法语本科专业应当首先明确自己的学科定位，选择好自己的学科本体，通过构建多样的学科主导课程和人文通识课程体系，不仅为学生奠定扎实的法语功底和深厚的人文素养，更重要的是为培养具有超学科思维能力、科研能力的创新型人才打下基础。③

---

① 张婷．从单一化走向多样化安徽大学新闻传播学院十年学术型硕士毕业论文内容分析［D］．合肥：安徽大学，2017.

② 殷忠勇．中医药学科建设应当遵循自身规律［J］．中国高等教育，2017（7）：48—50.

③ 田园．综合性研究型大学法语本科专业超学科建设研究——以巴黎东方语言文化学院汉语专业教学大纲为参考［J］．教育理论与实践，2017（15）：50—52.

三、跨学科建设

在跨学科建设的研究中，一些学者基于大学跨学科合作网络的界面波动的视角，揭示大学跨学科合作风险的系统传导机理，还有学者利用案例总结出成长型高校建设领域性学科需要具备的关键要素。

哈尔滨工业大学高等教育研究所副研究员黄超基于大学跨学科合作网络的界面波动的视角，综合分析了知识性风险、组织性风险和网络性风险及三者之间的相互作用机制，揭示了大学跨学科合作风险的系统传导机理，进而针对大学跨学科建设实际情况，提出在研究计划与启动对策、跨学科合作发展与推广对策、合作完善与转型对策、合作调整与转向对策等方面的建议。①

浙江财经大学发展规划处副处长颜建勇等人提出，领域性学科不同于知识性学科、交叉性学科。成长型高校的学科发展禀赋远不如成熟型高校、领先型高校，在一流特色学科建设上应另辟蹊径，有案例表明领域性学科是成长型高校建设一流特色学科的优选载体。成长型高校建设领域性学科需要具备学科构建能力突出的领军人才、关切现实问题的强烈意识、深度融合的研究范式、开放协同的科研组织模式以及扬弃创新的学科理念等关键要素。②

第三节　地方高校学科建设

2017 年，地方高校学科建设研究相关文献共有 8 篇，包括 1 篇硕士学位论文，主要是研究各地方高校在学科建设领域中的优势及特色。本议题研究焦点集中于各地政策影响与地方高校特色学科等方面的问题。本议题多采用质性研究方法。

一、各地区一流学科建设的政策影响

相关机构负责人和学者对各地一流学科建设的政策影响进行了思考，并指

---

① 黄超，杨英杰．大学跨学科建设的主要风险与治理对策——基于界面波动的视角［J］．中国高教研究，2017（5）：55—61.

② 颜建勇，陈星，平黄珊．论成长型高校建设一流特色学科的优选路径——基于某大学领域性学科建设的案例分析［J］．高教探索，2017（6）：47—50.

出一流学科应该结合当地具体实际情况出台相应的一流学科建设政策。

甘肃省教育厅厅长王嘉毅在较为全面地展现甘肃省高校学科建设成效的基础上，介绍了甘肃省建设高水平大学和一流学科的主要原则、目标和内容，重点阐述了甘肃省人民政府相关部门通过深化关键体制机制改革，加大政策和资金扶持力度，强化绩效管理导向等措施，为建设高水平大学和一流学科构筑良好的政府服务环境以及政策体制保障。①

同济大学党委常务副书记方守恩等人认为开展部市共建的部属高校计划与高水平地方高校建设计划，双管齐下推进“双一流”建设，并对上海市政府出台相关对策提出如下建议。第一，应该保持国家政策的统一性、连续性和前置性。第二，以一流为目标，支持不同类型高校开展“双一流”建设。第三，国家层面应该考虑制定相关政策，进一步鼓励和引导各地方政府、大型企业和社会资本参与“双一流”建设。第四，建议国家层面扩大高校“双一流”建设的自主权。第五，建议国家层面进一步保障和促进高校深化综合改革。地方层面应进一步加快工作启动、配套落实与政策引导。高校层面应进一步加大统筹规划、扎实推进与深化改革。②

兰州大学高等教育研究所包水梅等人提出香港 1996 年启动的“卓越学科领域计划”试图打造卓越学科领域以带动世界一流大学建设。在此计划指引下，各高校纷纷制定一流学科发展战略，以实现建设卓越学科领域的世界一流大学总目标。香港一流学科建设具有以下特征：特色与创新并存的学科建设理念；特区政府引导下高校自主发展的学科建设模式；系统规划与灵活调整相结合的学科建设方案；严格的审核监督和自由竞争相结合的保障机制。③

二、地方高校特色学科建设

我国关于地方高校特色学科建设的研究比较丰富，学者们大都是在国家“双一流”建设的大背景下结合当地特色，提出特色学科建设的主要内容与实行特色学科建设的意见建议。

广西大学冯琰从介绍学科建设、专业建设的基本概念和特征出发，首先对二者的异同加以比较，并提出特色学科的概念；其次，介绍竞争优势理论及其

---

① 王嘉毅．发挥优势 服务需求 统筹推进高水平大学和一流学科建设［J］．学位与研究生教育，2017（3）：1—6.

② 方守恩，曹文泽，谢辉．推进世界一流大学和一流学科建设的思考与实践［J］．中国高等教育，2017（3）：18—23.

③ 包水梅，常乔丽．从政府战略到院校行动：香港世界一流学科建设的经验及启示［J］．高等工程教育研究，2017（3）：95—99.

适用性，归纳出特色学科竞争力的影响因素；再次，对国内外地方综合大学特色学科建设经验进行介绍，结合广西大学建设现状分析现存问题；最后，提出在“双一流”背景下广西大学特色学科建设的对策研究，包括特色学科建设的目标、思路、关键环节及主要内容，并提出广西大学特色学科建设的主要机制。①

山西省教育科学研究院教育发展战略研究中心李萍提出山西省地方高等院校学科建设方面还存在以下问题：山西省地方高等院校高层次学科带头人和领军人才缺乏，教育资源相对短缺，重点学科管理结构不完善。山西省地方高等院校应按照“双一流”建设对地方高等院校学科建设的基本要求，突出自身科研特色，优化学科科研人才结构，创新学科管理体系，促进学科建设的发展。②

江西财经大学财税与公共管理学院谭光兴等人提出人才竞争更加激烈、资源获取更加艰难和建设环境更加窘迫是地方高校学科建设面临的主要挑战；竞争性的动态发展机制、学科建设的分类策略和人才合理有序流动的政策保障为地方高校学科建设提供了难得机遇。③

武汉科技大学研究生院办公室主任刘军伟等人提出地方行业高校特色一流学科建设六大举措：优化学科布局，夯实“特色一流学科”建设的基础；探索协作机制，搭建“特色一流学科”的支撑平台；创设人才计划，打造“特色一流学科”的师资队伍；面向行业需求，提升“特色一流学科”的人才培养质量；坚持问题导向，提高“特色一流学科”科学研究水平；推进融合应用，增强“特色一流学科”社会服务的贡献度。④

南京邮电大学张雪蓉提出，大批归国留美学生集聚的东南大学以学科为功能单位，确立教学、科研、服务为宗旨的学科组织活动范式和学科发展使命；以“学术并重”和“人文与科学平衡”为方向形成综合性大学的学科布局；建立以提高本科生培养质量为重心的制度化教学规训体系；通过明确教师的科研任务，推动大学科研活动的制度化。东南大学正是通过制度化的学科发展体系的建构，形成职业化的现代学者共同体，开展人才培养、科学研究和

---

① 冯琰．地方综合大学特色学科建设研究——以广西大学为例［D］．南宁：广西大学，2017.

② 李萍．“双一流”背景下山西省地方高等院校学科建设研究［J］．教育理论与实践，2017（33）：13—15.

③ 谭光兴，王祖霖．处境与策略：“双一流”战略背景下地方高校的学科建设［J］．国家教育行政学院学报（教育经济与管理版），2017（8）：53—58.

④ 刘军伟，冯征．地方行业高校特色一流学科建设路径探析［J］．研究生教育研究，2017（4）：72—76.

服务社会工作。①

第四节　学科文化建设

2017 年学科文化建设研究相关文献共有 5 篇，本议题研究焦点集中于一流学科建设学科文化研究与学科建设价值取向研究。本议题多采用质性研究方法。

一、学科建设学科文化建设

学科建设研究中，一些学者提出学科文化建设研究中人们关于外在的组织框架构成等的研究较丰富，关于学科文化氛围研究比较欠缺。学科文化是由学科精神、学科范式、学科行为等要素共同构成的系统结构，提倡着力营造特色鲜明的学科文化氛围。

西安交通大学西部高等教育评估中心陆根书等人提出，一流学科建设研究中人们较多考虑外在的组织框架构成、要素投入和评价体系建构，而对学科发展的精神内核关注不足，对学科文化建设研究不够，在一流学科建设实践中也存在一定程度的偏差。建设一流学科，需重视学科传统、内在品质的积累，培育底蕴深厚的学科文化，着力营造特色鲜明的学科文化氛围。这不仅有利于促进学科凝聚精神内核，亦有利于推动学科的创新与发展。②

西南大学教育学部吴叶林等人提出学科文化是由学科精神、学科范式、学科行为等要素共同构成的系统结构，内蕴规训、凝聚、濡化等功能。论文对理想型的学科文化特质进行了分析，并以此为参照透视了当前高校学科文化困境，指出学科精神遮蔽、学科范式异化以及异质学科文化隔阂冲突等三大文化“症结”。与此同时，提出包括建立包容性学科文化生态、形塑社会需求导向学科价值文化、创新学科组织与评价范式、推进学科文化开放和国际化等在内的策略体系。③

---

① 张雪蓉．试析民国初期国立东南大学的学科建设——基于学科规训的视角［J］．现代大学教育，2017（3）：49—54.

② 陆根书，胡文静．一流学科建设应重视培育学科文化［J］．江苏高教，2017（3）：5—9.

③ 吴叶林，崔延强．基于学科文化创新的一流学科建设路径探论［J］．清华大学教育研究，2017（5）：89—97.

二、学科建设价值取向

学科建设的价值取向存在多样化。我国学者提出在世界一流学科建设过程中存在学术逻辑和社会逻辑两种价值取向，推进一流学科建设，理应莫忘初心，坚守“学生学习中心”理念等。

河海大学党委书记唐洪武提出，加强二级学院基层党建工作，将高校党建工作重心和资源沉下去。学院党委在抓具体工作过程中，将主体责任“扛稳抓牢做实”。学院内部结构改革重点在于如何通过制度建设，激发内部活力。①

中国刑事警察学院副院长袁广林提出在世界一流学科建设过程中存在学术逻辑和社会逻辑两种价值取向。学术逻辑要求遵循学术内在的发展规律，坚持学术标准，以取得原创性成果为目标；社会逻辑要求把握社会需求，满足社会需要，以解决社会发展的重大问题为目的。理想状态是最大限度地维持一定张力，在互动中互促互进，既要立足世界学科前沿，重视“闲逸好奇式”知识探求，进行基础性原始创新，又要瞄准国家和区域重大战略需求，注重重大尖端技术的研发与转化，为国家创新驱动战略实施做出重要贡献。②

济南大学高等教育研究院郭峰等人认为推进一流学科建设，理应莫忘初心，坚守“学生学习中心”理念：确立“学生学习中心”的价值取向，提升教师“学生学习中心”的教学能力，构建师生学术共同体，凸显“学生学习中心”的教学评价，规范教师职业道德。他指出学科建设“见物不见人”的现实问题及其表征在于：①学科建设与教学的疏离；②学科建设中学生主体地位的式微；③学科建设中人文精神的弱化。提出一流学科建设贯彻“学生学习中心”理念的策略：①确立“学生学习中心”的价值取向；②提升教师“学生学习中心”的教学能力；③构建师生学术共同体；④凸显“学生学习中心”的教师评价；⑤规范教师职业道德。③

---

① 唐洪武．加强基层党建工作　助推一流学科建设［J］．中国高等教育，2017（18）：19—21.

② 袁广林．学术逻辑与社会逻辑——世界一流学科建设价值取向探析［J］．学位与研究生教育，2017（9）：1—7.

③ 郭峰，郝广龙，冯春杏．“学生学习中心”理念：一流学科建设题中应有之义［J］．教育发展研究，2017（7）：16—22.

第五节 学科建设存在问题及政策举措

2017 年一流学科建设存在问题及政策举措研究文献共有 11 篇，依然是学科建设领域中比较受关注的议题。本议题研究焦点集中于学科建设中面临的问题、区域性学科建设的策略、学科建设政策措施。本议题多采用定性研究方法。

一、学科建设存在的问题

关于学科建设中存在问题的研究，我国学者主要针对学科建设目的、保障机制、模式、困境、现状等问题进行了思考。

浙江工业大学资产公司党委书记洪晓军回溯校办企业的发展历程，经历了与高校学科从“蜜月期”到“若即若离”状态的转变，其协同发展陷入了困境。指出在校企分治、规范发展的基础上，通过构建共生体系、完善组织保障、创新运行机制、提升转化能力等措施，可探索出一条校办企业与高校学科新的融合之路。①

苏州大学教育学院朱苏等人提出从大学的层面来看，一流学科建设必须遵循知识生产逻辑与经济逻辑辩证统一的原则，以知识生产逻辑为主线，经济逻辑为补充。具体表现为：坚守知识生产逻辑的主线；凸显知识的本土性与应用性；提倡“学科群”的理念；坚持全面的“学科”概念，彰显学科中教学的元素；加强一流学科团队的建设；尽量减少行政权力的粗暴干涉，使学科成为一个能够自主发展的自组织系统。②

二、区域性学科建设策略

我国学者关于区域性建设策略的研究主要在于提出地方高校学科治理科学化的实现路径和针对学科建设中存在的问题建设一流学科需要创新建设机制。

广西财经学院谢凌凌等人指出地方高校学科建设中学科治理的失范表征：①学科决策的非组织化；②学科团队的“虚置化”；③学科资源配置的行政化；

---

① 洪晓军．校办企业与学科建设的协同对接——以浙江工业大学为例［J］．中国高校科技，2017（1）：105—107.

② 朱苏，赵蒙成．论一流学科建设的经济逻辑和知识生产逻辑［J］．江苏高教，2017（1）：18—23.

④学科文化生态的庸俗化。在此基础上提出地方高校学科治理科学化的实现路径：①建立行会式的学科治理方式与学科治理结构；②确立教授委员会的学科决策主体地位，强化学术共同体的学科治理过程；③加强和凸显学术权威在学科治理中的核心地位与引领作用；④通过学院决策机制的优化来实现学科治理与学院治理的有机耦合；⑤倡导和构建基于学术共同体的学科文化，发挥学术共同体文化在学科治理中的“压舱石”作用。①

江西师范大学研究生院常务副院长刘小强等人提出，地方高校学科建设普遍存在的突出问题就是缺乏亮点、定力、合力和动力，建设一流学科需要创新建设机制。针对学科建设中存在的问题，江西师范大学积极探索学科建设新机制，推动学科定特色、定方向、定团队、定目标、定责任、定奖惩（简称学科“六定”），产生了明显的效果。认为建设一流学科需要加大投入，但更需要机制创新；一流学科建设不仅是学术事务，也需要行政有力的组织管理；一流学科建设不应只靠外部推动，更需要激发学科成员的内在动力。②

三、学科建设政策措施

关于学科建设政策措施的相关研究较为丰富，不同学者针对学科建设中存在的不同问题提出相关的政策措施。

清华大学教育研究院袁本涛等人从我国一流学科建设的任务出发，对照博士生培养的条件和要求，构建了基于卓越目标的一流学科建设和博士生培养关系分析框架。通过对博士生科研体验感受进行实证调查，就我国在校博士生的培养质量和培养状况进行分析。这一分析突出了以“学”为中心的增值性评价理念，从博士生切实感知到的学习环境与科研经历出发，全面了解博士生对于导师指导、资源平台、研究文化、能力发展、培养模式等的认知和体验，检视当前我国博士生培养过程中亟待解决的问题，从而为提高人才培养质量、推进一流学科建设提供参考建议。③

贵州师范大学宋俊成等人提出，一流学科是一流大学建设的核心与灵魂，但由于历史传统和体制机制原因，一流学科建设在制度逻辑层面还有诸多误区，这些病症与建设一流学科的目标背道而驰。为此，学科建设的制度逻辑亟须做

---

① 谢凌凌，陈金圣．学科治理：地方高校学科建设的核心议题［J］．教育发展研究，2017（7）：38—45.

② 刘小强，孙桂珍．“双一流”建设背景下地方高校学科建设的机制创新［J］．学位与研究生教育，2017（11）：30—33.

③ 袁本涛，李莞荷．博士生培养与世界一流学科建设［J］．江苏高教，2017（2）：1—6.

整体转型：要尊重和保护高校的自主权；学术评价上应该重视质量导向和内涵建设；统筹安排科研与育人、科研与服务等多种关系；关注教师专业发展，完善本土人才培养与激励制度。只有真正改革，才能实现学科制度逻辑转型升级的目标，才能实现“双一流”建设的伟大使命。①

华中科技大学欧阳琰提出，20 世纪 90 年代以来，主要发达国家纷纷启动“研究卓越计划”，以推动世界一流科学研究发展和学科建设。然而，由于各国国情不同，“研究卓越计划”实施中目标定位、学科规制、遴选制度、组织模式等方面都存在较大差异。尽管这些“研究卓越计划”取得了显著成效，但仍存在一系列疑点亟待深入探讨。②

教育部教育发展研究中心高教室主任马陆亭在梳理一流学科建设现实逻辑的基础上分析了其理性逻辑，认为科学技术、社会需求和主观认识共同影响着学科、专业发展，而学科与专业既有共同点也有差异点。同时，他对学科的绩效评价、依据评价如何选择一流学科等进行了回顾与分析，聚焦了一流学科建设的责任点。提出学科建设的重心在二级学院，大学层面要关注学科群构建，政府关注的重点是制度保障和生态体系等政策思路。对科研与课程的关系进行了探讨，搭建了由学科建设走向专业安排，进而形成一流本科教育的路径。③

武汉理工大学韩习祥等人提出坚持服务需求导向，使省域“双一流”建设与区域经济社会发展同步共向并行。充分考虑各地区高等教育的现实情况，鼓励高校在不同层次上争创一流。中央政府、地方政府和高校三个层面共同构建各有侧重、相互衔接、分层实施的建设体系，并提出科学谋划省域“双一流”建设整体方案。④

厦门大学高教发展研究中心教授武毅英等人提出一流学科是一流大学的核心与基础，一流大学的多寡又是一国“软实力”的重要标志，其重要性不言而喻。探讨一流学科建设中的“供给侧”改革问题和对策，可为一流学科建设提供新动能和新视野，还能为供需失衡寻求新的平衡点，具有重要的理论价值和现实意义。着力从政府政策链、高校服务链、社会支持链、主体关系链等方面进行深层次改革，将有助于促进我国高校一流学科的建设与发展。⑤

---

① 宋俊成，宋向楠，任增元．整体转型：一流学科建设的制度逻辑审视［J］．现代教育管理，2017（8）：30—35.

② 欧阳琰．一流学科建设之道——“研究卓越计划”国际比较及探疑［J］．高教探索，2017（2）：20—26.

③ 马陆亭．一流学科建设的逻辑思考［J］．高等工程教育研究，2017（1）：62—68.

④ 韩习祥，梁传杰，张文斌．省级层面统筹推进一流大学和一流学科建设［J］．中国高等教育，2017（3）：43—46.

⑤ 武毅英，童顺平．供给侧改革视域下的一流学科建设［J］．教育前沿，2017（4）：10—16.

天津市教育科学研究院副研究员于博提出高校在建设世界一流大学和一流学科的过程中，应把握好以下四点：一是坚持创新发展，着力提升解决重大问题的能力和原始创新的能力，抢占知识生产和科技创新的战略制高点。二是坚持实施人才工程，加快培养和引进若干一流的学科领军人物和一批优秀青年教师，组建创新团队。三是坚持抓住学科建设这个根本，结合自身基础与优势，重点建设若干一流学科，扩大学科的国际影响力与竞争力，以学科建设带动高等教育的整体发展和跨越。四是坚持走国际化道路，努力拓宽国际视野，开展联合培养，不仅要使自然科学走出国门，还要使人文社会科学方面的研究与世界接轨，努力实现高等教育的全面和均衡发展。①

第六节　一流学科建设相关问题

2017 年一流学科建设相关问题研究文献共有 8 篇，该议题在本年度学科建设领域中比较受关注。研究焦点集中于一流学科建设中面临的问题、一流学科建设模式及措施、一流学科建设作用及现状。本议题多采用定性研究方法，同时多位行政负责人进行本议题的研究。

一、一流学科建设中面临的问题

2017 年关于一流学科建设中面临的问题，有学者对其进行了深入研究，并有学者根据一流学科建设中面临的问题提出相应的对策建议。

河南大学教育科学学院孟艳等人提出，“双一流”建设是为实现我国高等教育强国做出的重大战略决策。“双一流”建设的基础是一流学科建设。一流学科建设需要综合考量历史传统逻辑、学术逻辑、社会需要逻辑。而不同类型高校和不同学科的学科建设均以历史传统为基点，学术逻辑和社会需要逻辑形成张力。基于三重逻辑，河南大学结合自身实际制定学科发展战略，重点发展优势特色学科，开放学科建设，推进协同创新，向着一流学科、高水平大学迈进。②

---

① 于博，杨旭．世界一流大学和一流学科建设中的高校定位问题［J］．黑龙江高教研究，2017（2）：11—13.

② 孟艳，刘志军．“双一流”背景下一流学科建设的三重逻辑［J］．研究生教育研究，2017（4）：67—71.

中国教育学会第八届理事会会长钟秉林提出，建设世界一流大学和一流学科是建设高等教育强国和实现人力资源强国战略的必然选择和重要举措。拥有优秀学生、学术精英、高端成果、国际声誉和一流服务等，已成为国际社会公认的一流大学的评价标准。纵观国外一流大学，不论是学科专业特色突出的学院，还是综合实力突出的大学；不论是世界知名的私立大学，还是国际有影响的公立大学；不论是研究型大学，还是教学型大学，无一不将本科人才培养和本科教育教学质量放在学校发展的重要战略地位，甚至校友会和基金会的工作重点也放在本科毕业生这个群体上。这有其内在的规律性和必然性。①

南京航空航天大学教育研究院副教授倪亚红等人提出，人才培养是现代大学的重要职能，是建设一流学科的要义之一。学科建设和人才培养贯穿大学治理始终，新的知识生产模式的演进和世界高等教育国际化浪潮的涌现进一步规约了学科建设和人才培养的实践统一，知识的整合创新和人才培养已成为学科建设的双重内核。秉持价值理性教育观，实现对行政权力和学术权力的自觉遵从，坚持学科建设和人才培养在教育实践中的统一，既是大学"双一流"建设的精要所在，也是大学治理的逻辑起点。学科建设和人才培养具有共同的核心素养，是大学场域下同一大学治理过程的两个不同方面，并以教学与科研的统一为主要实践路径交融统一于国家主义教育理念之下。②

南京森林警察学院（暨国家林业局职业教育研究中心）助理研究员李运庆总结了大学一流学科建设高层论坛中，以"大学一流学科建设"为主题，着重就一流学科的内涵、标准，一流学科建设的主体、影响因素、发展路径与思路，一流学科建设与人才培养、"双一流"建设的关系以及国内外相关经验介绍与比较等议题进行了深入交流与研讨。会议总结一流大学学科建设的总体措施如下。①明晰职责，特色发展：一流学科建设的外在保障与策略选择。②培育文化，同生共长：一流学科建设的生态机制与内在保障。③人才培养与专业建设相融合，教学与科研相统一：一流学科建设的内核与精要。④遵循学术逻辑，更新学科建设理念：一流学科建设的内在机理与范式转换。⑤他山之石，可以攻玉：中外一流学科建设的剖析与启示。③

---

① 钟秉林．一流本科教育是"双一流"建设的核心任务和重要基础［J］．中国高等教育，2017（19）．

② 倪亚红，王运来．"双一流"战略背景下学科建设与人才培养的实践统一［J］．江苏高教，2017（2）：7—10 + 15．

③ 李运庆．和而不同同生共长——"大学一流学科建设高层论坛"会议综述［J］．江苏高教，2017（1）：103—107．

二、一流学科建设模式及措施

一流学科建设模式及措施的研究主要针对一流学科目标、文化建设、学科组织、知识生产能力等方面进行研究。

南京信息工程大学高等教育研究与评估中心主任吴立保提出，学科制度是知识生产积累到一定阶段的产物，知识生产方式的转换与学科范式的变迁存在着相互依存的共轭关系。知识生产模式的现代转型，知识生产的复杂性、情景性和多样性等特征突破了传统学科知识生产框架，拓展了传统的学科内涵，跨越学科边界的知识生产与异质组织边界的学科组织成为主要形式。在此背景下，一流学科建设应围绕学科知识生产能力和学科组织体系两个维度，强化学科文化建设，通过需求引领和创新驱动，才能使学科建设达到世界一流水平。①

宁夏大学谢延龙提出，我国一流学科建设经过国内一流、世界一流到世界一流前列的发展路向，对我国一流学科和大学建设起到巨大推动作用。但在一流学科建设过程中，也出现了经济逻辑主宰、控制主义明显、功利主义突出和拿来主义偏颇等问题。面对困境，我国一流学科建设要做到回归一流学科建设的知识生产逻辑，回还大学一流学科建设的自主权，坚守一流学科建设的理想情怀，彰显一流学科建设的中国特色。②

三、一流学科建设作用及现状

关于一流学科的建设作用，有学者提出以学科建设为基础，是改革开放以来特别是进入 21 世纪以来中国高等教育改革和发展的经验总结，是“双一流”建设启程的重要规划。也有学者基于波士顿矩阵和两因素聚类分析法对一流大学学科整体实力进行竞争力的综合评价来推动一流大学建设。

教育部社会科学委员会副主任顾海良提出以学科建设为基础，是改革开放以来特别是进入 21 世纪以来中国高等教育改革和发展的经验总结，是“双一流”建设启程的重要规划。通过实施“211 工程”“985 工程”以及“优势学科创新平台”和“特色重点学科项目”等重点建设，中国高等教育高层次人才培养的能力明显提高，为经济社会持续健康发展服务的能力显著提升，对国家综

---

① 吴立保，吴政，邱章强．知识生产模式现代转型视角下的一流学科建设研究［J］．江苏高教，2017（4）：15—20.

② 谢延龙．我国世界一流学科建设：历程、困境与突破［J］．黑龙江高教研究，2017（10）：26—29.

合国力提高的贡献不断增强。学科建设水平和能力的提高成为中国高等教育历史性变化的最重要的标识。突出学科建设的基础作用，高度契合“双一流”建设目标和旨向。①

吉林大学发展规划处马利凯基于波士顿矩阵和两因素聚类分析法对一流大学学科整体实力进行竞争力的综合评价。提出合理划分学科“实力与结构”的分层，系统规划学科“战略布局”，选择和实施学科“扶优战略、提振战略、优化战略、淘汰战略”，建立一流大学良好学科生态，推动一流大学建设世界一流学科。②

第七节　文献分布及其特点分析

一、2017 年学科建设文献总体分布

2017 年学科建设研究文献共有 46 篇。其中，期刊论文有 43 篇，硕士学位论文 3 篇。研究内容主要集中在一流学科建设、学科评估、具体学科建设发展、地方高校学科建设、学科文化建设、学科建设存在问题及政策举措、一流学科建设相关问题等方面。文献内容分布情况见图 7－1。

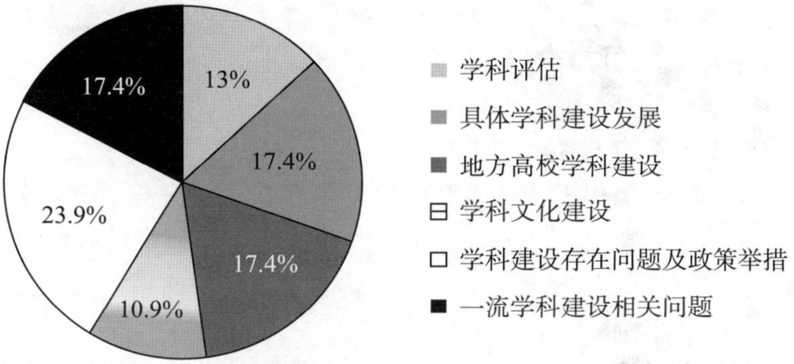

图 7－1　文献内容分布情况

① 顾海良．“双一流”建设要坚持以学科建设为基础［J］．中国高等教育，2017（19）．

② 马利凯．“双一流”视域下一流学科建设综合竞争力评价实证研究［J］．黑龙江高教研究，2017（7）：63—65．

二、2012—2017 年学科建设文献来源情况

与往年比较，从学科建设文献总体数量看，2013 年达到较高数量，2014 年、2015 年逐年减少，2016 年增加到 62 篇。学位论文数量 2014 年有 2 篇，2017 年增加到 3 篇（表 7－1）。

表 7－1　2012—2017 年学科建设文献来源情况

类型	2012 年	2013 年	2014 年	2015 年	2016 年	2017 年
期刊论文/篇	45	92	47	42	56	43
学位论文/篇	15	19	2	5	6	3
著作/部	1	1	0	1	0	0
总计	61	112	49	48	62	46

三、学科建设研究特点分析

研究生学科建设已有了一批具有较高学术价值的研究成果。我国学界对我国研究生学科建设的研究领域主要分布在一流学科建设、学科评估、具体学科发展、地方高校学科建设、交叉学科建设、学科文化建设、学科建设存在问题与政策举措等方面。2017 年学科建设研究特点如下。

1. 具体学科建设类文章减少

2017 年具体学科建设文章数量大幅减少，约 8 篇，占整体文献的 1/6。具体学科建设文章内容聚焦于高等教育、研究生教育、中医药学、社会学、新闻传播学等，关于教育学类、思想教育类、教育技术学等文章没有涉及。2017 年将跨（交叉）学科建设研究类文章合并到具体学科建设文章。此类文章主要运用影响因素分析和案例分析方法进行研究探索。跨（交叉）学科建设类文章一直是近几年研究学科建设的重点方向，其中案例比较分析法属于一种较新的分析方法，此前很少运用案例分析探究学科建设研究。

2. 地方高校学科建设研究文章增加

2017 年地方高校学科建设研究类文章增加，此类文章主要包括对各地政策影响的研究和地方高校特色学科的研究。这些文章约 8 篇，占整体文献的 1/6。各地政策影响研究文章将地方高校学科建设与地方政策相关联，研究发现，地方政策注重对地方高校改革发展，对地方高校学科建设具有导向作用，深刻影

响地方高校特色学科和重点学科的深度发展。

3. 学科文化建设研究文章五年后再次出现

2012 年后，时隔 5 年再一次增加学科文化建设研究类文章，2017 年学科文化建设研究类文章数量达到 5 篇。研究焦点集中于一流学科建设学科文化研究及学科建设价值取向研究。通过对学科发展文化逻辑的把握，可以深层审视和推进学科建设，构建学科进步的长效机制。

4. 学科建设政策举措从制度建设到学科整合不断跃进

2012—2016 年，学科建设研究领域中学科建设改革与发展一直是热点问题。2012—2016 年，学科建设改革集中在制度层面，从管理学、组织行为学、公共政策、国家战略、区域发展和一流大学自身发展等多个角度系统研究。2017 年学科建设改革措施更多在地方政策、校企办学及启动“研究卓越计划”。提出地方高校学科建设普遍存在的突出问题就是缺乏亮点、定力、合力和动力，建设一流学科需要创新建设机制。充分考虑各地区高等教育的现实情况，加强高校校办企业与校内学科的协同发展迫在眉睫，鼓励高校在不同层次上争创一流。

四、研究热点与未来展望

从研究内容上看，近 5 年学科评估、跨学科建设、具体学科建设仍然是学科建设主题中的热点研究领域。从 2011 年到 2017 年学科建设研究发展趋势看，不同年度有其不同的侧重点。

2011—2012 年很多学者探讨了学科建设的内涵和基本问题，2011—2013 年重点学科和交叉学科受到关注，2014—2016 年一些学者对于新学科建设比较关注。但学科建设问题现状、学科建设改革路径、学科评估、学位授权、一流学科建设、学科发展一直都是学科建设研究领域的热点问题。2017 年增加了学科文化建设、地方高校学科建设相关内容。

学科评估、学科现状及存在问题、学科建设应采取举措等相关问题将是未来研究的热点。学科评估应更加注重实效性和可操作性，同时应采用更多类型的评估方案和测量方法。学科现状及存在问题，以及应采用的具体措施应从不同方面进行探讨，如区域或地方特色层面、高校决策层面、一流学科发展层面。这些角度是当前关注的焦点，也是未来研究应该解决的问题。

专题八 研究生教育管理研究

2017年，研究生教育管理研究除了持续关注研究生教育发展和改革、学位制度、智库建设、“互联网+”时代下的研究生教育、研究生收费与奖学金制度等主题外，还增添了教育治理，减少了区域研究生教育发展和改革，主要原因是本年度区域研究生管理方面研究大多集中在“双一流”建设上。通过检索关键词，并根据内容进行筛选，2017年度有关研究生教育管理的研究成果包括期刊论文32篇，学位论文18篇，报纸12篇，共计62篇。2017年，研究生教育管理研究主要包括国家管理层面的研究生教育发展策略、研究生教育改革，研究生培养单位层面的研究生学位授予制度研究、智库建设、“互联网+”时代下的研究生教育、高校教育治理、研究生教育收费与奖学金制度等主题。

第一节 国家管理体制

2017年度，国家管理体制研究文献共33篇，其中期刊论文17篇，学位论文4篇，报纸12篇。从本年度学者对国家管理体制的研究情况来看，本议题论文研究内容主要聚焦在研究生教育发展策略和研究生教育改革；本议题论文多采用文献研究、政策文本分析、比较研究、模型构建、实证研究和数量研究等研究方法。

一、研究生教育管理策略

研究生教育是最顶端的教育，与社会经济发展关系密切，对国家创新驱动发展起着十分重要的作用。当前，我国研究生教育规模和质量稳中有升，我们要坚持“服务需求、提高质量”走内涵发展道路，不断提升研究生教育国际化水平，建立和完善质量保障体系，培养多元化的中国特色社会主义事业高端人才。

华东师范大学博士研究生刘宁宁等人选择基尼系数和泰尔指数作为分析我国不同地区研究生教育规模差距变动的主要指标。认为2003—2014年我国研究生教育发展可以分为两个阶段：积极发展，扩大规模阶段和稳步发展，提高质量阶段。积极发展阶段，我国研究生教育规模变动幅度较大，不同地区研究生教育规模的差距逐渐缩小。进入稳步发展阶段，研究生教育规模变动幅度非常小，但不同地区博士生教育规模的差距在逐渐扩大。利用泰尔系数的可分解性分析，发现东部地区内部研究生教育规模差距的变动是引起我国研究生教育规模差距变动的主要因素。①

随着高等教育向大众化教育发展，我国也正由研究生教育大国向研究生教育强国转变，研究生教育在国家创新驱动发展中发挥着重要作用。清华大学王任模等人通过选择研究生教育发展相关指标，尤其是对研究生教育资源数据和各地区经济发展指标进行面板数据分析，认为研究生教育对促进经济增长有较大贡献，可适当扩大研究生教育规模，针对区域间研究生教育与经济发展水平不平衡，可加大中西部地区研究生教育资源投入。②

华南理工大学刘源等人从绩效的视角出发，对我国31个省市、自治区、直辖市进行评价和比较，指出亟待通过制度改革创新来提高研究生教育资源利用的效率和效益，并从研究生教育战略调整机制、经费投入保障机制和跨区域合作共享机制等方面，提出若干促进研究生教育健康发展的对策建议。③

在“一带一路”国家战略的指引之下，伴随创新驱动发展、战略新兴产业发展以及高校建设世界一流大学自身发展的需要，研究生教育发展仍将继续呈现旺盛的发展态势。南京理工大学朱萍等人阐述了“一带一路”国家战略的提出与对人才的需求，认为在此背景下，研究生教育应着力于开拓文化教育交流平台；树立全球意识，培养国际化人才；推进协同创新，深化国际交流与合作；加强学科建设，提高学科竞争力，完善我国研究生教育国际化的管理体系。④

延安大学乔刚等人从理念、手段、制度和文化四个方面阐释了研究生教育内部质量保障的内涵，建议从以下几个方面探索我国研究生教育内部质量保障

① 刘宁宁，唐玉光．我国研究生教育规模的区域差异研究［J］．研究生教育研究，2017（4）：1—7.

② 王任模，屠中华．研究生教育资源配置与经济发展实证研究［J］．研究生教育研究，2017（4）：8—12.

③ 刘源，张建功．我国各地研究生教育绩效研究［J］．研究生教育研究，2017（5）：30—35.

④ 朱萍，夏欢，陈啸，缪婧萱，孙东平．“一带一路”战略引领下的研究生教育发展探析——基于南京理工大学的案例分析［J］．学位与研究生教育，2017（7）：17—20.

的现实路径：树立学生为本理念，激发多元主体活力；积极开展监测评估，构筑常态保障体系；完善内部保障制度，筑牢质量保障根基；营造和谐生态环境，打造质量保障文化等。①

研究生教育在各国高等教育战略计划中占据着日益重要的地位，受到广泛的关注。上海交通大学朱佳斌等人总结了当前全球经济一体化背景下的国际研究生教育的主要发展趋势，分析了当前国际研究生教育发展的主要特点和研究热点。对于及时掌握国际研究生教育发展趋势，对我国研究生教育发展提出以下启示：①提升研究生教育国际化程度；②探索研究生教育多元化模式；③提升教育评价的合理性；④重视研究生教育的实证研究。②

随着经济社会发展和高等教育普及程度的提高，人才培养质量下降等一系列问题的凸显，高等教育评估应运而生并逐步成熟。美、英、德、法等发达国家的高等教育评估体系较为完善，有其独特之处。清华大学博士研究生胡德鑫通过对发达国家评估的发展趋势进行梳理总结，对其评估主体、评估目标与方式、评估重点、评估机构、评估导向与周期等基本特征进行分析，提出构建我国高等教育评估质量保障体系的思考：①理顺政府、社会与高校三者在高等教育评估中的功能与定位；②内外部评估相结合，以高校自我评估为基础，发展高等教育评估中介组织；③建立多元化的评估指标体系，注重对评估过程的动态、实时追踪与反馈。③

华东师范大学唐玉光从影响质量的发展途径和关键要素出发，阐述对学位与研究生教育发展“十三五”规划的理解：提高质量要把服务需求作为发展的前提；提高质量要把转变发展方式作为重要路径；提高质量要树立以研究生发展为本的教育观；提高质量要把导师队伍的建设作为重中之重；提高质量要建立和完善研究生教育质量保障体系。④

“十三五”规划多次强调要增强培养单位的积极性，使之能够“主动适应需求，动态调整优化结构”。北京大学陈洪捷指出高校将在以下诸方面进一步发挥自主性或获得更多的自主权。首先，在学科设置方面，高校应当发挥好自主设置二级学科，以前沿问题或重大科学、重大工程问题为导向自主设置新兴、交叉学科的自主权，主动调整优化本单位学科结构。其次，教育部将探索开展

---

① 乔刚，付鸿飞，王晴．创新驱动战略下我国研究生教育内部质量保障的内涵、维度与路径［J］．学位与研究生教育，2017（2）：39—43.

② 朱佳斌，陈珏蓓，刘继安，郑天一，刘少雪．国际研究生教育动态及其对我国研究生教育发展的启示［J］．学位与研究生教育，2017（8）：72—77.

③ 胡德鑫．发达国家高等教育评估的发展趋势［J］．教育学术月刊，2017（4）：36—42.

④ 唐玉光．专家解读《学位与研究生教育发展“十三五”规划》——“十三五”研究生教育要做好提高质量这篇大文章［N］．中国教育报，2017－02－04（1）.

由少数高水平研究型大学依据国家核定的中长期办学规模、社会需求和办学条件，自主确定年度研究生招生计划。最后，在学位授权审核方面，国家将进一步完善学位授权点动态调整机制，并授权部分高水平大学自主审核增列学位授权点。这些改革的推进和落实，将在中国高等教育发展史上具有里程碑式的意义。①

二、研究生教育管理改革

要建成研究生教育强国，我们仍需要全面深化综合改革，统筹推进“双一流”建设，加快推进研究生教育治理体系和治理能力现代化，更好地发挥研究生教育对科技创新和提升国家核心竞争力的重要作用。

研究生教育治理体系建设是我国研究生教育的重要发展方向。山东大学陈一远认为建设研究生教育治理体系，须以政治治理理论为参照，回应现实需求与实际问题，发挥多中心的积极作用，实现治理主体、治理载体与治理方式多元化，推动研究生教育理念由管理向服务转变，治理方式由人治向法治转变，使研究生教育能够更好地完成高端人才供给与高端教育体系建设的历史重任，为中华民族伟大复兴做出积极贡献。②

社会组织是全面推进我国研究生教育治理体系和治理能力现代化的重要力量。在建设研究生教育强国、实现教育现代化的进程中，中国学位与研究生教育学会等社会组织，在探索研究生教育规律、加快推进研究生教育综合改革、参政议政、开展第三方评价、加强自身制度建设、建立完整的组织体系等方面，为加快推动我国研究生教育治理体系和治理能力的现代化发挥了重要作用。北京理工大学王战军等人指出面对经济社会和研究生教育发展的新形势、新任务，我国社会组织在满足社会发展更高要求、发挥智库角色、提升服务会员能力、扩大国际影响力等方面也面临诸多机遇与挑战。③

当前我国社会组织在参与研究生教育治理过程中存在活力缺乏、地位未得到凸显、活动空间有限、参与的有效性不足以及公信力较低等问题。北京理工大学王战军等认为破解我国社会组织在研究生教育治理中角色缺失的现实困境，加快推进我国研究生教育治理体系和治理能力的现代化，既需要社会组织自身

---

① 陈洪捷．专家解读《学位与研究生教育发展“十三五”规划》——增强高校自主性 优化研究生培养结构［N］．中国教育报，2017－02－04（3—4）．

② 陈一远．研究生教育治理体系建设论析——来自政治治理理论的启示［J］．研究生教育研究，2017（3）：18—22．

③ 王战军，乔刚．社会组织参与研究生教育治理的贡献与挑战——以中国学位与研究生教育学会为例［J］．研究生教育研究，2017（3）：1—7．

的不断努力，也需要政府、研究生培养单位和社会的协作。①

浙江工业大学硕士研究生刘洁在其硕士学位论文中探索我国政府在学科评估中的角色定位，提出政府的应然角色思路，即在学科评估的过程中，政府要简政放权，分散权力，为学科评估提供服务并参与其中，引导其向正确的方向发展。即政府要改变在现行学科评估中所扮演的角色，担当起服务者角色、引导者角色和参与者角色。②

中南财经政法大学硕士研究生覃曼宇在其硕士学位论文中，以服务质量管理的视角研究高等教育质量，综合质量管理学、服务管理学和教育管理学等学科的理论，将质量管理领域的模型运用于研究生教育服务领域，以“服务质量需求——服务质量特性”为思路，围绕研究生教育服务中的四类利益相关者，把利益相关者对服务质量的需求转化为研究生教育活动中参与者和管理者都能够理解和执行的具体信息，以便于研究生教育服务质量改进活动的开展。研究得出研究生教育的质量管理应当考虑多个利益相关者群体的需求，运用服务质量管理的一般理论开展评估、控制、改进活动。③

在研究生教育治理中，社会组织应该如何参与、参与哪些事务，依然是一个亟待解决的现实问题。面对我国研究生教育的现实境况，北京理工大学王战军等人指出推进社会组织参与研究生教育治理的路径是：以创新驱动为动力，完善自身内部治理机构；以深化综合改革为核心，加强社会组织的公信力建设；以管办评分离为目标，明晰社会组织与政府、培养单位之间的关系；以依法治国为根本，加快法律法规的建设进度。④

研究生教育调控机制在很大程度上决定了研究生教育的发展方向、运动轨迹和发展过程，对研究生教育具有至关重要的影响。当前，统筹推进世界一流大学与一流学科建设开启在即，我国研究生教育面临着由大国向强国转变的艰巨任务，建立主动服务各类需求的新型调控机制势在必行。中国科技大学博士研究生李璐等人在供给侧结构性改革视角下，分析了研究生教育调控机制的现状，认为以需求侧为主导的研究生教育调控机制带来了供需错配、质量危机、文化趋同等问题，应推进研究生教育调控机制的供给侧结构性改革，构建主动服务需求型的调控机制。教育主管部门应由管理向治理转变，建设公共

---

① 王战军，乔刚．社会组织在研究生教育治理中的角色缺失与回归［J］．研究生教育研究，2017（2）：1—8.

② 刘洁．治理视角下大学学科评估中的政府角色定位研究［D］．杭州：浙江工业大学，2017.

③ 覃曼宇．我国研究生教育服务质量研究——需求识别、特性分类与保障体系［D］．武汉：中南财经政法大学，2017.

④ 王战军，乔刚．社会组织参与研究生教育治理的行为模式研究［J］．学位与研究生教育，2017（10）：38—44.

服务型政府；培养单位应由他律向自律转变，走以质量为中心的内涵式发展道路；市场、社会、个人等应由被动参与向主动参与转变，激发多元主体的巨大活力。①

清华大学李锋亮认为目前中国教育的一个重要议题，即如何减少或者缓解“社会日益增长的对教育多方面多层次的需求和不平衡不充分的教育发展之间的矛盾”。研究生教育发展方面的不平衡与不充分，对地区经济社会发展产生重大的负面影响。应该采取以下办法解决这一矛盾：进行相应的研究生教育结构调整，包括类型结构和学科结构的调整，进而使得个体层面的追求和地区、国家的发展相一致；继续推进高等教育供给侧改革，对专业学位的培养模式进行改革，构建系统的、政产学研相结合的联合培养机制。②

上海市教育委员会副主任郭为禄提出贯彻实施《学位与研究生教育发展“十三五”规划》，在“建成全球有影响力的科创中心”和“一市两校”教育综合改革的背景下，结合上海实际，凸显“一条主线、两个重心、三大战略”，即以服务需求、提高质量为主线，以提升学生实践能力和完善教师评价制度为重心，以推进行业化、标准化和国际化为战略，深化专业学位研究生教育改革，提高专业学位研究生教育质量。③

30 年来，由于一直得到中央政府的强力支持，中国博士后制度在政策制定、发展速度、人才培养和站点建设等方面取得了巨大成就。但由于这一制度设计之初的市场环境与现在不一样，近些年的改革步伐也未及时跟进，在博士后资助、规模发展和管理体制等方面出现了种种问题。北京师范大学姚云等人指出未来的博士后制度改革蓝图，必须充分利用博士后国家人才制度的独特优势，从顶层设计入手重新设计，通过恰当定位博士后身份，改分散资助为全额资助，缩减站点数量与扩大招收规模并举，减少管理层下移管理重心等措施重构新的博士后制度。④

---

① 李璐，裴旭，张淑林．供给侧结构性改革视角下的研究生教育调控机制探析［J］．学位与研究生教育，2017（2）：68—72.

② 李锋亮．以研究生教育发展推进高校供给侧改革［N］．中国教育报，2017－11－06（1）.

③ 郭为禄．专家解读《学位与研究生教育发展“十三五”规划》——全面深化专业学位研究生教育综合改革［N］．中国教育报，2017－02－04（1—2）.

④ 姚云，曹昭乐，唐艺卿．中国博士后制度 30 年发展与未来改革［J］．教育研究，2017（9）：76—82.

第二节　研究生培养单位管理体制

2017 年度，研究生培养单位管理体制研究文献共有 29 篇，其中期刊论文 15 篇，学位论文 14 篇。从本年度学者对研究生培养单位管理体制的研究情况来看，本议题论文主要聚焦在学位授权制度、智库建设、“互联网 +”时代下的研究生教育、高校教育治理、研究生教育收费与奖学金方面；议题论文多采用文献研究、实证分析、统计分析、历史分析、政策分析、文本分析、模型分析、个案调查、问卷调查和访谈法等研究方法。

一、学位授权制度

研究生学位授权审核是研究生教育体系的重要组成部分，“服务需求、提高质量”是现在及今后一段时间中国研究生学位授权审核制度改革理念。但目前学位授权审核实践难以满足“服务需求、提高质量”的要求，高校存在盲目申点、学科点规模只增不减等问题，导致资源浪费和质量危机。北京师范大学博士研究生曹昭乐等人通过对 68 位国务院学位委员中的 38 位进行半结构式访谈，采用质性分析软件 NVivo 8.0 对访谈结果进行分析，提出现代学位授权审核制度应该在外在需求与内在质量之间寻求适当的平衡。研究生学位授权审核要抓好顶层设计，构建边界明确、国家、省和高校三者协作的权责管理体系，优化研究生教育结构与科学布局，健全授权点动态调整机制，缓解区域研究生教育不均衡发展矛盾，创新内外联动的质量保障体系，体现其动态性、法治性、权威性和常态化的特质，促进研究生教育高水平发展。[①]

研究生学位授权审核是对高校准入开展研究生教育的审批过程，它对研究生教育质量起到“看门人”作用。北京师范大学硕士研究生唐艺卿等人采用问卷法和因素分析法等方法对 7 个省级学位办和所属区域的 62 所高校进行调查，提出今后学位授权审核的改革，应尽快启动《中华人民共和国学位条例》修订工作，使学位授权审核有法可依，有法能依；必须对学位授权审核依法放权，充分发挥省级学位办统筹本省研究生教育发展的作用，建立从事研究生教育的学校整体准入标准和从事研究生教育的学科准入标准；由国务院学位委员会统

---

① 曹昭乐，钟秉林．研究生学位授权审核改革理念［J］．高教发展与评估，2017（6）：59—66.

一部署，进行常态化审核，建设严格的学位授权审核制度，加强学位授权审核的公平性与公开性；对少数高校开展学位授权审核放权试点工作，促使高校学科办好办强办出特色。①

在35年的学位授权审核法治化过程中，我国依法明确了学位授权审核主体，建立了系列性学位授权审核制度。淮北师范大学李福华等人根据相关法律法规，提出未来的中国学位授权审核必须在学位授权审核标准制定、授权审核主体权责规定、学位授权审核时间常态化、学位授权审核监督与问责制度建设等方面进行法治化改革。②

二、智库建设

高校智库建设是当下教育研究备受关注的热点问题，从国家制度层面的顶层设计到相关政策的出台，各类研究成果大量涌现。杭州电子科技大学乔元正通过开展高校智库建设的内外部协同，旨在对政府与智库、学科与智库之间的逻辑关系、话语体系与协同机制进行探究。研究得出：内部协同应打造专兼职结合的研究团队，形成开放式的组织结构；制定智库类成果学术评价办法，激发智库研究积极性；以顶层设计方式推进统筹规划，创新“智库－学科”互动模式。外部协同应利用大数据整合信息，凸显决策导向的问题意识，建立相互通约的修辞框架。③

三、“互联网＋”时代下的研究生教育

北京理工大学李小平等人阐述了“互联网＋”的概念，对“互联网＋研究生教育”现状进行了分析，站在生态学的角度，对如何设计“互联网＋研究生教育”资源，如何建设研究生教育资源，如何构建互联网环境下的研究生资源建设生态体系进行了探讨，提出“互联网＋研究生教育”资源生态平衡概念，将“互联网＋”背景下新一代信息技术与研究生教育资源建设相结合，将碎片化概念纳入其中，围绕“互联网＋研究生教育”资源建设当中的“研究生教育资源的生态体系”和“资源评价管理”问题展开讨论，旨在建设一个能充分体

---

① 唐艺卿，姚云．研究生学位授权审核需求与改革［J］．高教发展与评估，2017（6）：67—77.

② 李福华，姚云，钟秉林．中国研究生学位授权审核法治化35年的回顾与发展展望［J］．高等教育研究，2017（9）：50—55.

③ 乔元正．高校智库建设内外部协同的原理、问题及其对策［J］．现代教育管理，2017（7）：49—53.

现资源平等、可交换的良性循环生态系统，以达到研究生教育资源建设可持续发展的目的。①

南京邮电大学硕士研究生周静在硕士学位论文中，通过对研究生使用网络学习空间意愿的影响因素分析，构建智慧教育背景下研究生网络学习空间。提出利用智慧网络学习空间学习改变了传统的网络学习方式，极大地满足了研究生学习者的个性化需求，最终目的是培养研究生学习者的智慧。智慧空间从研究生的角度出发，让个性化学习、泛在学习、探究学习等新学习方法不再流于表面，希望能培养真正具有智慧、有创新思维的研究生，贡献出更多的科研成果，可以说构建研究生的智慧学习空间已成为时代的召唤。②

四、高校教育治理

参与是高校治理民主化和科学化的内在要求。现有研究通常认为赋予并保证教师更多参与治理的权力，是解决高校治理问题的灵丹妙药。温州大学朱家德对 A 大学的个案研究发现，教师参与高校治理的动机主要是出于维护自身的利益，且其实际参与率较低，参与方式也不够合理。这种状况是教师的学科逻辑、治理制度的设计缺陷与教师参与的能力困境共同形塑的结果。为此，应进一步增强教师对高校的认同，保障教师参与治理的有效制度供给，提高教师参与治理的能力。③

我国经济和社会发展进入新常态的背景下，研究生教育的发展同样呈现出一些新调整、新变化、新态势和新问题。从研究生教育自身层次的视角看，它已开始跨入“质量新时代”，突出表现在近期国家连续对教育质量保障建设提出诸多新的任务、目标与要求，也可以说是研究生教育发展迎来了新阶段、新常态。复旦大学廖文武在对“新常态”产生背景及相关概念进行阐释的基础上，从重数量到重质量、重审批到重监管、重管理到重服务三个视角，论述我国研究生教育发展中高校管理者服务行为的变化，并指出在全面推进依法治国的今天，广大的研究生教育工作者要以法治的思维和方式去推进高校研究生教育的现代化治理。作为高校管理者，无论是校院级领导，还是普通管理工作人员，都应进一步认清新的管理理念，明确管理者服务行为的监督主体地位、职

---

① 李小平，许梦幻，赵丰年，张琳，张国罡．“互联网 +”环境下研究生网络学习资源生态体系建设研究［J］．学位与研究生教育，2017（4）：26—30.

② 周静．智慧教育背景下研究生网络学习空间的影响因素及构建研究．［D］．南京：南京邮电大学，2017.

③ 朱家德．教师参与高校治理现状的个案研究［J］．高等教育研究，2017（8）：34—41.

责、权限及实施行为之范围、方法与程序。①

五、研究生教育收费与奖学金

2013年，财政部、国家发展改革委、教育部联合印发了《关于完善研究生教育投入机制的意见》，这标志着我国研究生教育正式进入全面收费阶段。华中农业大学硕士研究生左佩莹的硕士学位论文中围绕研究生全面收费政策认可度、研究生学习动机、学习策略和学业成就四个维度展开调查，探寻全面收费政策的实施现状，并通过对比收费政策实施前后入学的研究生的学习动机、学习策略和学业成就来探讨全面收费政策是否有效，最后在政策限度分析的视角下对其进行描述、分析和总结，并提出如下优化建议：制定差异化的收费标准；改进奖学金的评定标准；完善“三助”工作的模式；健全研究生教育成本分担机制。②

研究生全面收费政策旨在完善研究生教育资源配置模式，缓解高等教育供求矛盾，并通过健全奖助学金制度来建立和完善研究生科研激励机制，全面激发研究生创新活力。但是，政策作用发挥和达到预期的程度具有不确定性，表现为政策的内生性缺陷或缺失，即为政策的限度。华中农业大学杨秀芹从政策限度分析的视角客观合理地审视研究生全面收费政策在实施过程中出现的问题，认为研究生全面收费政策的调整与完善应从以下三方面入手：遵循理性审视政策调整视角；遵循自下而上政策变迁的路径；完善政策体系的协同保障机制。③

随着我国研究生全面收费政策的大力实施，教育公平也越来越受到人们的关注。研究生资助在促进教育公平、鼓励优秀研究生最大限度地发挥创造潜能、促进研究生教育健康蓬勃发展等方面发挥着重要的作用。落实和完善研究生资助政策是我国高等教育公平的一项重大改革。南京邮电大学硕士研究生朱嫚嫚在硕士学位论文中针对研究生资助政策存在的具体问题，从教育公平的视角提出研究生资助政策优化的平等原则、差别原则、补偿原则，并提出了优化研究生资助政策、促进教育公平的合理化建议：树立公平意识，加大政策宣传；加大财政投入，鼓励多元参与；优化资助项目，提高资助水平；完善资助运作，

---

① 廖文武，金鑫，廖炳华，程诗婷. 论新常态下我国高校研究生教育管理者服务行为之变化[J]. 研究生教育研究，2017（2）：14—18.

② 左佩莹. 研究生全面收费政策的实施现状与限度分析——基于学业成就的视角［D］. 武汉：华中农业大学，2017.

③ 杨秀芹. 研究生全面收费政策的限度与突破［J］. 国家教育行政学院学报，2017（10）：39—45.

实现资助目标；加强法制建设，把关资助程序。①

华南理工大学向兴华等人采用问卷调查法研究，分析研究生对奖助体系的满意度。结果表明：博士研究生的满意度低于硕士研究生；研究生对国家奖学金和学业奖学金的满意度高于学校自设奖学金和企业奖学金；部属高校研究生的满意度高于省属高校研究生；奖学金的激励作用还没有得到很好发挥。基于此，提出高校需要遵循更好生活保障基础上的学术激励原则对研究生奖助体系进行调整改进，使保障尽可能充分，使激励保持适度，并加大导师对研究生的资助力度，努力筹措资金增加奖助学金的投入，进一步完善奖助学金评选制度等建议。②

华南理工大学施亚玲等人通过对 13 所高校研究生奖助工作的管理者及在读研究生进行的问卷调查，发现从奖助效果来看，博士生助学金能够保障大部分学生的基本生活；硕士生助学金还难以保障学生的基本生活；奖学金具有一定的激励效果，但由于存在“两极分化”现象使奖学金对大部分学生的激励作用有待加强。作者认为构建保障与激励相协调的研究生奖助体系，应坚持保障前提下的适当激励原则、互利共赢基础上的成本分担原则、奖助项目目标定位与人才培养目标契合的原则。③

西安交通大学博士研究生冯涛等人以陕西省 20 所省属高校 2012—2014 年 2298 人次获奖研究生为对象，对获奖者科研实践经历、成果进行分析。研究表明：研究生国家奖学金激发研究生科研实践活力，绩效显著，但是不同学科专业（专业学位类别）之间成果类型存在差异；由于评价体系和导向机制有待完善，创新性高水平成果增长缓慢。据此，文章提出研究生国家奖学金应回归学术本位，遵循人才培养和科研规律，优化评价体系，强化绩效考核，提高培养质量。④

东北师范大学硕士研究生刘瑞庆采用个案调查的方法来调查研究生学业奖学金政策的实施现状，剖析该政策实施中产生问题的原因，并提出相应的策略：等级设置的研究生学业奖学金政策的建立，不是举国家或高校一方之力就能达成的，需要国家和高校共同协作，形成合力。一方面国家要完善学业奖学金政策，明确激励的政策目标，提供翔实的评审办法；另一方面，高校要严格执行

---

① 朱嫚嫚．教育公平视角下研究生资助政策研究［D］．南京：南京邮电大学，2017.

② 向兴华，肖秋霜，施亚玲，李晴虹．基于满意度调查的研究生奖助体系分析与改进建议［J］．研究生教育研究，2017（12）：63—69.

③ 施亚玲，李晴虹，向兴华，刘哲．保障与激励相协调的研究生奖助体系构建研究——基于 13 所高校的调查［J］．学位与研究生教育，2017（7）：25—30.

④ 冯涛，陆根书，柳一斌．硕士研究生国家奖学金绩效实证研究［J］．黑龙江高教研究，2017（3）：94—97.

国家政策，按照国家规定制定符合本校实际的研究生学业奖学金方案，并依法组织实施。此外，营造良好的政策执行环境，通过建立政策评估机制、健全政策监督价值、完善政策追责机制等完善研究生学业奖学金政策控制机制，及时把握研究生学业奖学金政策执行状况，并调整改进。①

湖南师范大学硕士研究生石青在运用文献分析、调查分析等方法的基础上，选取某高校研究生为调查对象，通过获得的数据分析，认识到研究生奖学金政策在实施中取得的实然价值涵盖经济、育人以及社会发展三大方面。同时指出政策推行中存在的问题：缺乏正确价值观的引导，研究生的学术追求功利化倾向严重；政策的决策与实施机制不完善等。进一步提出必须在正确的教育理念的指导下，从政策本身和政策的实施两方面着手进行改革，构建科学而全面的奖学金政策体系，建立健全奖学金政策的实施机制。②

四川师范大学硕士研究生欧阳小明选取了一所省属高校和一所部属高校下设学院的研究生奖学金评定细则作为研究个案，分别命名为 A 学院评定细则和 B 学院评定细则。采用电子问卷、文本分析、访谈和观察等多种调查研究方法，对两个评定细则的差异性以及各自实施所带来的影响进行综合研究，提出关于研究生奖学金评定细则的实施与研究生培养质量的思考：评定细则的制定和实施需因地制宜，充分了解目标群体意愿；优化研究生导师制，促进导师主体有效指导和监督；准确定位人才培养目标，明晰奖学金的价值导向。③

青岛大学硕士研究生袁静采用调查问卷的研究方法，对某地方高校不同学科、不同专业研究生的资助现状进行统计分析和实证研究，发现研究生资助制度实施过程中存在的若干问题，并提出对于地方高校而言，理应积极改革当前资助制度中不合理的部分，构建具有本校特色和风格的“五位一体”的研究生发展性资助模式。当然，研究生发展性资助制度的有效实施，不能只依靠某单一方面的努力，需要国家、高校、社会以及研究生自身的共同努力。只有这样，才能充分发挥发展性资助的“助学、育人、发展”功能，才能真正激发研究生的创新发展热情。④

激励机制是影响博士生培养质量的关键性因素。如何提高博士生的学习动力特别是作为内部动机的学术兴趣，是我国博士生教育面临的重要问题。清华大学博士研究生李雪认为对博士生实施激励应以培养学术兴趣为核心，支持学

---

① 刘瑞庆．研究生学业奖学金政策实施状况研究——以 D 大学为个案［D］．长春：东北师范大学，2017.

② 石青．研究生奖学金政策的价值分析［D］．长沙：湖南师范大学，2017.

③ 欧阳小明．研究生奖学金评定细则的校际差异及其实施影响研究［D］．成都：四川师范大学，2017.

④ 袁静．地方高校研究生发展性资助制度研究——以 X 大学为例［D］．青岛：青岛大学，2017.

生学术兴趣发展；支持学生关系需求；激发和保持情境兴趣；教师遵循兴趣规律，全面支持学生学术兴趣发展；取消奖励性质奖学金，加强设立保障性质奖学金和科研资助类奖学金。①

第三节　文献分布及其特点分析

2017 年度，研究生教育管理专题主要涉及 2 个主题：国家管理体制、研究生培养单位管理体制。

一、文献分布情况

通过检索关键词，并根据内容进行筛选，2017 年度有关研究生教育管理的研究成果包括期刊论文 32 篇，学位论文 18 篇，报纸 12 篇，共计 62 篇。在期刊来源方面，以《学位与研究生教育》居多，其次是《研究生教育研究》《教育研究》《高教发展与评估》。

二、文献特点分析

2017 年度研究生教育管理问题的研究热点主要为研究生教育发展策略、研究生教育改革、学位授权制度、智库建设、“互联网 +”时代下的研究生教育、高校教育治理和研究生收费与奖学金。研究生培养单位管理体制方面，2017 年度关于研究生教育收费与奖学金的研究依然是热点，相较于 2012—2016 年度的研究，2017 年度则是从研究生教育收费与奖学金应回归学术本位，多元参与营造良好的政策执行环境入手，构建实施机制和保障监督机制等方面提出完善举措。此外，2017 年度还新增了教育治理方面研究，这说明研究生教育管理已经逐步走向教育治理的发展道路，受到学界高度关注，成为本年度研究热点。

2011—2017 年的研究生教育管理的研究热点详见表 8 - 1。

---

① 李雪，袁本涛．以学术兴趣发展为核心的博士生激励策略研究［J］．中国高教研究，2017（4）：78—81．

表 8－1　2011—2017 年研究生教育管理研究热点

年度	宏观管理体制	微观管理体制
2011	研究生教育结构调整 统筹资源配置策略 研究生资助体系改革	地方高校研究生教育发展问题 推动地方高校学位研究生教育发展 研究生教育及管理体制 研究生论文管理工作
2012	研究生教育投入体制机制建设 研究生学科专业管理体制 研究生教育资源配置与微观结构优化 研究生奖助工作制度	地方高校学科组织结构与研究生培养模式 民族院校研究生教育管理 研究生创新实践与专业实践 学术交流平台与学术组织创新 信息管理系统 学位申请人申诉权
2013	研究生教育综合改革研究 研究生教育价值研究 高校协同创新机理研究	研究生管理部门改革实践 研究生奖助工作制度 研究生管理信息系统建设及改进 专业学位教育管理
2014	研究生教育人才培养模式改革 研究生教育质量保证及监督体系建设 “学位法”及学位制度改革	高校研究生教育综合改革实践 学术激励机制 研究生信息管理系统 研究生助教工作制度 研究生收费及奖助效果、问题及改进办法
2015	研究生教育治理 研究生教育发展策略 研究生教育管理模式	研究生教育科研管理 研究生学位授予制度研究 研究生教育学术素养管理研究 研究生奖助体系研究
2016	研究生教育发展策略 研究生教育改革	省级研究生教育发展问题 研究生教育协同问题 专业学位研究生教育 学位授权制度 智库建设 研究生教育分类发展策略 “互联网＋”时代下的研究生教育
2017	研究生教育发展策略 研究生教育改革	学位授权制度 智库建设 “互联网＋”时代下的研究生教育 高校教育治理 研究生教育收费与奖学金

2017 年度研究生教育管理问题研究的期刊论文，以第一作者署名论文两篇以上的作者有 3 位。北京理工大学王战军以第一作者发表了《社会组织参与研究生教育治理的行为模式研究》和《社会组织参与研究生教育治理的贡献与挑战——以中国学位与研究生教育学会为例》两篇论文；延安大学乔刚以第一作者发表了《创新驱动战略下我国研究生教育内部质量保障的内涵、维度与路径》和《社会组织在研究生教育治理中的角色缺失与回归》两篇论文；华中农业大学杨秀芹以第一作者发表了《研究生全面收费政策的限度与突破》和《研究生全面收费政策的效用与局限》。

三、文献结构

2017 年度研究生教育管理专题的两个主题——国家管理体制和研究生培养单位管理体制文献数量有些差异。国家管理体制研究文献有 33 篇，其中期刊论文 17 篇，学位论文 4 篇，报纸 12 篇；研究生培养单位管理体制研究文献有 29 篇，其中期刊论文 15 篇，学位论文 14 篇。研究生教育管理研究各主题文献数量及文献结构情况见图 8－1（1）（2）。

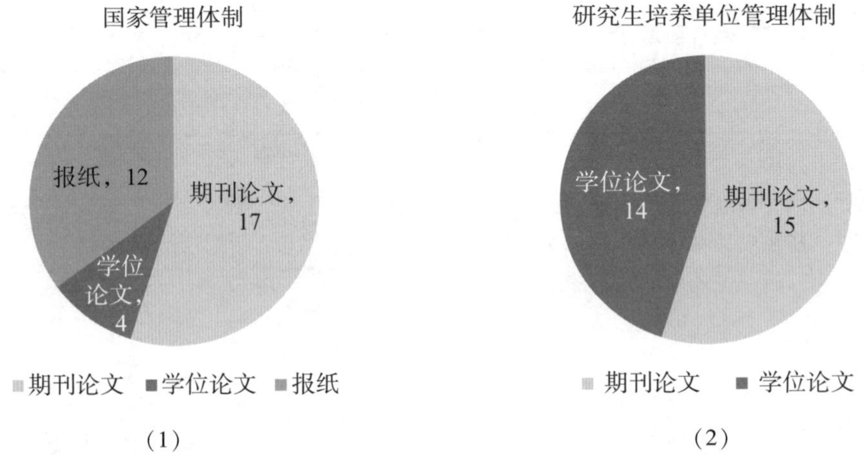

图 8－1　研究生教育管理研究各主题文献数量及结构情况

四、研究方法

2017 年度本专题多采用文献研究、比较研究、定性、定量分析研究、模型分析、实证分析和问卷调查等研究方法。有的研究者从政策文本研究入手，在分析并总结的基础上开展研究；有的研究者从个案研究入手，在对比并分析的基础上开展研究；有的研究者从访谈研究入手，在分析并归纳观点的基础上开展研究。本年度较之前几年的研究方法更全面、更深入、更科学合理。

五、未来展望

通过对本年度关于研究生教育管理的文献进入深入分析，不难发现研究生教育管理问题研究不仅与教育政策密切相关，更显现出与国家政策紧密关联的特点。本专题国家管理体制章节未来热点将会继续集中于国家治理、国家创新驱动发展、“一带一路”等国家政策中的教育领域方面；研究生培养单位管理体制议题未来热点将会持续在信息时代下的研究生教育管理和质量保障制度的建立和完善等领域。未来对研究生教育管理的研究不会局限于政策分析，还会通过比较研究、模型构建等研究方法，深入探究研究生教育管理中的问题及影响因素，进而提出更为科学、合理、有效的具体措施。

专题九 研究生教育国际比较研究

2017年“研究生教育国际比较研究”专题共由6部分构成：研究生招生模式的国际比较、研究生教学培养模式的国际比较、研究生管理体制的国际比较、研究生教育质量保障与评估国际比较、国外高校研究生就业指导、文献分布及其特点分析。相较往年，本年度该章节呈现了如下特点：第一，成果产出较为稳定。2017年我国学者在国际比较研究上投入了更多精力，产出较丰。本年度共有107篇文献，入选本章节56篇，其中49篇中文文献，7篇外文文献。第二，研究范畴进一步扩展。除了国际比较传统议题，本年度我国学者的研究触角更为广泛，特别是对研究生管理体制研究、就业技能培养、研究生教育成本等新议题做了研究。第三，实践指导意义增强。2017年度，单纯引介国外经验的成果较少，学者的研究结论和政策建议均结合国际研究生教育经验模式和我国研究生教育实践需求展开，其对我国研究生教育发展具有重要的启发指导意义。

第一节 研究生招生模式的国际比较

研究生教育发展水平是一个国家高等教育发展水平的重要标志，研究生招生作为研究生教育的首要关口一直为各国学界业界所重视。相较去年，2017年度的研究生招生模式及规模结构研究论述较少，仅有2篇代表作入选本议题。两篇文章都是对美国招生模式的研究，分别对“美国招生模式”和“美国国际研究生招生规模”做了论述反思和比较研究。

一、研究生招生模式

研究生招生是研究生教育的源头环节，招生考试制度对科学选拔人才，提高研究生教育质量意义重大，我国学者也针对国外高校的研究生资格考试进行了研究。

陕西师范大学陈玥等人通过分析加州大学伯克利分校博士生资格考试的实践，发现该校已经建立相对完善的资格考试制度，在资格考试的条件、要求、程序、安排等方面做出详细的规定。在结合加州大学伯克利分校的相关实践基础上，进一步提出未来我国高等院校博士生培养的一些建议：在加强博士生资格考试前的课程评价的基础上，需重新定位博士生资格考试的目的、明晰资格考试的要求和实施流程、制订以学科领域为单位的考核方案、强化资格考试的监管机制、加强博士生“申请－考核”的过程机制等，从而确保博士生资格考试在实践中的有效性和可操作性，进而保障博士生培养的质量。①

二、研究生招生规模

随着我国“一带一路”倡议的推进，研究生教育国际化不断加强，国际研究生规模不断扩大，完善国际研究生的招生、培养、管理，对于提高我国研究教育国际化的良性发展具有重要意义。

湘潭大学孙瑜等人分析了近年来美国国际研究生的规模变化及结构变化：美国通过出台相应制度、政策吸引国际研究生，及时调整国际研究生签证政策，积极应对欧盟博洛尼亚进程的挑战，多方力量共同推进研究生教育国际化等举措扩大国际研究生规模。提出我国应从国家战略高度定位研究生教育国际化，从研究生教育内在特性审视国际化维度以及从完善高等教育对外开放战略布局的角度扩大国际研究生规模。②

第二节　研究生教学培养模式的国际比较

研究生教育领域中的“教学培养”涵盖课程建设、教学方法、培养模式、奖助体系等多项内容，其模式的科学性与否直接影响乃至决定整个研究生教育的质量。2017 年，入选“研究生教学培养模式的国际比较”议题的代表作共 30

① 陈玥，翟月．博士生培养的关键一环：加州大学伯克利分校博士生资格考试的实践及启示［J］．学位与研究生教育，2017（8）：67—71.

② 孙瑜，言佳羽．美国国际研究生规模结构变化及其启示［J］．学位与研究生教育，2017（5）：69—77.

篇，分布于课程体系建设、教学方法创新、培养模式改革、资助体系完善四个领域。

一、研究生课程体系建设

研究生课程教学是研究生培养过程的重要环节。教育部提出研究生教育要以服务需求、提高质量为主线，创新培养模式，加强课程建设，重视发挥课程教学作用。课程体系改革及建设成为学者研究的一个重点，本议题收录 4 篇相关研究文献。

上海师范大学黄海涛以美国五所高校为例，对美国的“生涯咨询”专业硕士课程设计与实施进行探析。认为美国高校的生涯咨询专业硕士课程设计与实施已日臻成熟，其课程目标强调实践技能的训练和职业道德的养成，课程内容注重专业核心知识的整合，课程结构凸显生涯咨询基础课程，课程教学严格遵照课程实施大纲并提倡多样化教学方式和专业督导。借鉴美国经验，我国在“生涯咨询”专业研究生教育中可以通过采取明确课程目标，强调实践技能和职业伦理；优化课程内容，注重专业核心知识；调整课程结构，加大实践和实习的课时等措施，完善生涯咨询专业硕士课程设计与实施，推进我国高校生涯咨询的专业建设，提升人才培养质量。①

西南交通大学赖雪梅对美国高校旨在培养研究生学术诚信品质与学术责任的四类课程进行介绍并分析了其特色。指出美国学术诚信课程的特色为：强弱相济的保障措施；虚实结合的培训方式；灵活多样的修课方式；德法融合的教学内容；以学生自我教育为主的课堂教学。美国大学研究生学术诚信课程设置体系化、多元化，特色鲜明，成效显著，研究其特点有助于推动我国研究生学术诚信教育的改革和创新。②

课程学习是硕士研究生培养的重要环节，课程设置在培养模式中占重要地位。中国人民大学唐茜从解释性的视角，选取北京师范大学与美国哥伦比亚大学两所代表中美教育硕士培养先进水平的学校，以泰勒模式为理论基础对其教育硕士课程目标、课程内容、课程结构进行现状与文本分析。在此基础上提出教育硕士课程设置改革的对策建议：第一，针对教育硕士专业学位特色不突出，提出科学定位教育硕士专业学位，增强目标可操作性；第二，在课程内容优化

---

① 黄海涛. 美国生涯咨询专业硕士课程设计与实施探析——以美国五所高校为例 [J]. 学位与研究生教育，2017 (7)：69—73.

② 赖雪梅. 美国高校研究生学术诚信课程设置及其特色探析 [J]. 学位与研究生教育，2017 (4)：64—69.

方面提出要根据学科性、专业性与通识性相结合的原则，调整课程内容；第三，针对课程结构不合理的问题提出要增设选修课程，优化教育硕士课程比例；第四，课程目标要有科学的价值观作为指导，提出要以人为本，适应学生个性发展需求。①

课程考核作为教学活动的一部分，是人才培养的关键环节之一，对保障人才培养质量至关重要。西安交通大学陆根书等人以2015年QS大学排名前100名中的20所国外一流大学的636门课程作为研究样本，对国外大学本科生与研究生课程的考核方法和不同考核方式所占权重进行了比较研究。研究发现：国外一流大学本科生与研究生课程考核呈现考核方法多样、考核方式灵活、考核方法选择策略相似、主要考核方法的权重比较一致、理论与实践结合课的考核更倾向于使用实践操作方法、必修课考核更倾向于使用考试方法、不同学科的课程采用的考核方法存在差异等特点；同时，本科生与研究生课程在考试与报告两种考核方法的使用比例、考核方式的选择、基础课与专业课使用的考核方法、理论课同理论与实践结合课的考核方法、选修课与必修课的考核方法、不同学科类型课程使用的考核方法等方面存在显著差异。基于此，提出了发展和完善我国高校课程考核方法的对策建议：丰富高校的课程考核方法，广泛实施综合考核方式；根据不同教育层次要求合理选择考核方式方法；根据课程类型灵活选择考核方法，并科学合理地分配不同考核方法的权重。②

二、研究生教学方法创新

创新研究生教学方法，提高研究生培养质量，是贯彻落实《教育部、国家发改委、财政部关于深化研究生教育改革的意见》的文件精神，进一步提升学校高层次创新人才培养能力，培养具有创新精神和实践能力的高素质人才的重要保证。

东京大学蒋妍等人就日本研究生教学技能培训问题进行了探析，她们认为日本高校自2008年开始重视对研究生的教学技能培养，目前以国立大学为主体，以正式科目、教学助理制度、课外项目等多种形式开展了丰富多彩的活动。其中，东京大学和京都大学在培训内容主题设计上具有共性；在培训活动形式上，前者单一但参与的研究生人数较多，后者多样且与学术研究紧密结合，学

---

① 唐茜．教育硕士课程设置比较研究——以北京师范大学与美国哥伦比亚大学为例［D］．北京：中国人民大学，2017.

② 陆根书，陈晨，刘萍，刘琰．国外一流大学本科生与研究生课程考核方法比较研究［J］．复旦教育论坛，2017（6）：53—62＋87.

术成果丰富。提出日本研究生教学技能培训活动发展中的难题和改善方案：第一，活动开展中缺少教育实践机会。第二，活动中对博士生的培养到底该涉及哪些内容，涉及多深值得进一步探讨。第三，研究生教学技能培训活动的体系化及评价研究成果的累积等还不是很充分。①

约翰·霍普金斯大学学者博世（Bosch）等人以生物医学科学研究生教育为例，针对研究生教育过于专门化导致的学生缺乏批判性思维技能、科研成果重复性差、劣质论文以及论文撤回率增加等问题进行了研究，并提出修改研究生课程，培养更宽口径的训练有素的科学家，使其具备必要的专业知识和技能，能够迁移到其他科学领域或参与社会所需的科学相关领域的教学改革方案，即改变传统的从一套核心必修课开始，之后在实验室工作的生物医学科学的博士生教育方式；未来的生物医学教育应该为研究生提供反思性实践机会，即如何批判性地思考和做科学研究，从而弥合本科院校教学的基本要素与研究生研究工作的要求之间的差距。②

三、研究生培养模式改革

以培养高层次人才为己任的研究生教育在全世界范围内备受瞩目，研究生培养的质量和数量已经成为衡量一个国家高等教育发展程度、科学文化水平以及发展潜力与前景的基本标志。研究生教育改革势在必行，而研究生培养模式的改革与创新成为重中之重，因此，学者针对研究培养模式改革进行了大量的研究，产出了众多成果，共收录文献19篇。

1. 博士生培养模式

上海交通大学张国栋从课程学习、资格考试、导师指导、科研训练和学位论文五个维度比较密歇根大学与上海交通大学博士研究生培养模式。建议我国调整博士研究生培养目标，提升博士研究生国际竞争力；严格控制博士研究生招生数量，大力发展来华留学博士研究生教育；以学科为基础构建博士研究生培养模式，组建导师指导团队；理顺博士研究生培养前期的淘汰机制，建立博士研究生年度评估制度；贯通设置本硕博课程，提高博士研究生课程获得感；完善博士研究生教育治理体系，促进博士研究生教育学科差异化。③

---

① 蒋妍，魏红．日本研究生教学技能培训探析［J］．比较教育研究，2017（10）：46—51+60.

② Bosch，Gundula，Casadevall，Arturo. Graduate Biomedical Science Education Needs a New Philosophy［J］. *mBio*，2017：1—12.

③ 张国栋．密歇根大学与上海交通大学博士研究生教育的比较［J］．学位与研究生教育，2017（6）：68—74.

北京大学王斯秧等人以日内瓦大学博士生培养过程的组织与管理为例，集中探讨其内部质量保障体系的基本特征：第一，国际视野、开放合作的培养方针。相对独立、自由发展的宏观教育管理体制，体系开放、选择多样的高等教育学制结构，国际视野、开放合作的博士生培养。第二，重心下移、院系主导的过程管理。院系自主的博士生培养规则，各司其职的博士生指导团队，以学生为本的博士生培养理念，独立设置的学习顾问。对我国的博士生培养管理的启示：尊重学术自由与学科规律，相对灵活的管理制度，明确导师及指导团队的职责，鼓励和支持跨学科人才培养。①

福建农林大学王光菊等人基于中美博士生培养模式的差异，从课程学习、导师队伍建设、考核机制等几个方面，研究影响博士生培养质量的主要因素，为推进我国“双一流”建设下博士生培养模式改革提出借鉴和参考：加快教育理念的转变与创新，创新博士生准入制度，优化博士生课程培养计划，落实导师指导小组职责，健全博士生资助体系。②

同济大学成花林等人从中欧博士生培养模式比较探索创新型博士的培养。通过实地考察和文献调研，深入剖析欧洲博士生培养模式，从选拔方式、课程设置、导师指导和考核评价四个方面对中欧博士生的培养模式进行分析比较，提出构建我国创新型博士培养模式的对策建议：以综合素质为考核重点优化遴选体制，以多元化的培养观念优化课程体系，以激发创新思维为导向优化导师队伍，以过程监督为原则优化考核评价体制，以促进创新人才为理念建设校园文化。③

河南师范大学徐魁鸿以约翰·霍普金斯大学为例，研究美国在线教育博士的培养模式。认为作为一种新兴的教育博士培养模式，美国在线教育博士项目在具有独特的优势的同时，也面临着培养质量等方面的质疑和挑战。目前我国教育博士培养的方式均为在校培养，尚无在线教育模式，但我们仍能从美国在线教育博士培养项目中汲取有益的经验，即充分发挥在线教育优势，丰富教学方式，增强教育博士项目的实践性，重视研究方法类的课程。借鉴美国在线教育博士的培养模式有助于我国教育博士专业学位研究生教育的改革和发展。④

---

① 王斯秧，王顶明．开放办学与重心下移：日内瓦大学博士生培养过程管理研究［J］．研究生教育研究，2017（5）：90—95.

② 王光菊，李阳芳，李文灿．中美博士生培养质量影响因素比较分析［J］．中国高校科技，2017（12）：33—36.

③ 成花林，黄雨，Elmar Schmaltz，Stefan Steger. 从中欧博士生培养模式比较探索创新型博士的培养［J］．研究生教育研究，2017（1）：83—87.

④ 徐魁鸿．美国在线教育博士的培养模式及思考——以约翰·霍普金斯大学为例［J］．高教探索，2017（10）：79—84.

井冈山大学王文礼以北德克萨斯大学学习技术在线博士学位为个案，研究认为在线博士学位项目在美国兴起，其原因是：在职人员没有时间攻读传统的博士学位，在线教育的大发展，获得博士学位意味着更美好的职业前景等。总结出在线博士学位项目的优点：授课突破了时空的限制，学生可以不出家门就能接受教育，学生与教师和同学交流更加便捷、频繁，费用较为低廉，有利于学生发展技能。作为一种新事物，在线博士学位项目也不可避免地存在缺点：社会认可度低，在线博士学位项目的质量如何得到保障的问题，师生之间缺乏面对面的交流，缺乏校园文化的熏陶。但总体上是优点大于缺点，是符合博士生教育发展方向的一种新形式的博士学位项目，我国政府也可以考虑将在线博士学位引入中国。①

浙江师范大学朱剑等人以苏格兰社会科学研究生院为例，研究英国社会科学博士生培养的机制创新。主要观点是苏格兰社会科学研究生院作为英国最大的社会科学博士生培养中心，通过协同创新的合作机制、多元的资助机制和卓越的课程机制服务于英国高质量的社会科学博士生培养。苏格兰社会科学研究生院在博士生培养方面成效较为显著，通过创新合作为博士生提供了高质量的培养项目。合作资助制度不仅惠及学生，也使其他利益相关者获益。这为我国当前的博士生教育改革与发展提供如下启示：协同创新式的培养、多元的课程设置和量身定做的培养路径。②

为了应对外部的强烈问责并提高培养质量，西方大学提出革新教育博士培养的新理念。深圳大学王晓芳等人认为西方教育博士培养改革始终围绕专业实践与学术研究的循环互动和深度联结这个核心，从明确界定教育博士的专业身份，构筑多重伙伴关系以获取外部支持，引进组群式互助学习模式而建立教育博士实践共同体，多样化课堂教学方式以及创新学习成果评价方式五个方面重构了教育博士的培养过程。对我国教育博士改革试点的启示：明确教育领域博士研究生的专业型与学术型两种培养模式的独特性，但又不过分夸大其差异性；大学可引入教育行政部门、中小学校等其他教育组织乃至商业企业的力量，建立合作伙伴关系；大学等教育博士培养单位可彼此联合互助，成立专业学位教育博士的专业学会。③

清华大学邢欢等人研究了美国博士生综合考试的方式、目的与变革，认为

---

① 王文礼．美国高校的在线博士学位项目的培养模式——以北德克萨斯大学学习技术在线博士学位为个案［J］．外国教育研究，2017（4）：40—53.

② 朱剑，刘颖．英国社会科学博士生培养机制创新研究——以苏格兰社会科学研究生院为例［J］．国家教育行政学院学报，2017（7）：80—88.

③ 王晓芳，李戎．西方教育博士培养改革的新理念与新做法［J］．高等教育研究，2017（6）：55—64.

博士生综合考试产生之初的首要目标在于促进博士生对知识的掌握和整合，其核心在于知识综合，而非考试评价。改革后的博士生综合考试首要目标在于促进博士生研究能力的发展。美国模式下的博士生综合考试从来都不是一个单纯的评价工具，更非仅是一种淘汰和筛选机制。博士生综合考试是一套系统的制度，有着多种目标和功能，知识的“综合”是其最重要的特征和要达到的目标。①

2. 硕士生培养模式

黑龙江大学鱼慧洋重点探析了美国高等教育学硕士研究生的培养过程。以哈佛大学和加州大学洛杉矶分校两所院校为例，从历史视角梳理了美国高等教育学硕士的演进历程，并探究其发展动因，总结了美国高等教育学硕士研究生培养过程的特点：多元化的培养目标为导向，灵活的招生录取要求，专业的课程设置为支撑，特色的教学与实践为保障，综合化的考核与论文评估为结点。进而提出美国高等教育学硕士研究生的培养对我国的启示，在培养过程方面，要通过建立多元化的培养目标、优化课程体系和结构、加强教学与实践建设、突出综合评价机制、完善培养管理认证制度等方式来加强高等教育学硕士的培养质量，使我国高等教育学硕士培养走向专业化和特色化，为其培养及高等教育质量的提高带来有益影响。②

俄罗斯国立师范大学苏塔耶娃等以俄罗斯国立师范大学为例，分析探讨俄罗斯全日制心理教育学术型硕士研究生的培养的能力、课程、条件要求，认为俄罗斯全日制心理教育学术型硕士研究生的培养具有三个特点：过程性与结果性相结合，更为注重毕业生的能力养成；多元性与专业性相结合，专业分科更趋于多元化，表现出较强的专业性；统一性与灵活性相结合，课程设置制定个性化教学大纲，个性化的教学过程。③

3. 国际研究生培养

南伊利诺伊卡本代尔大学吉尔梅（Girmay）关注了国际研究生群体的人才培养问题。发现国际研究生群体有不同于国内学生群体的文化濡化的特殊需求。国际研究生面临着社会、经济和语言能力等压力，同时还需要面对学术要求。此外，许多在美国大学就读的留学生，除了缺乏情感和社会支持外，往往还面临

① 邢欢，叶赋桂．美国博士生综合考试的方式、目的与变革［J］．学位与研究生教育，2017（11）：66—71.

② 鱼慧洋．美国高等教育学硕士研究生培养过程研究［D］．哈尔滨：黑龙江大学，2017.

③ 苏塔耶娃，刘晓明，綦越．俄罗斯全日制心理教育学术型硕士研究生的培养［J］．学位与研究生教育，2017（9）：72—77.

着对美国风俗和传统不熟悉的挑战。①

清华大学胡德鑫的研究基于研究生国际化能力量表，对中德顶尖研究型大学研究生的国际化能力开展比较。结果显示，我国顶尖研究型大学研究生的国际化能力总体水平显著低于德国，其中在“知识与理解”和“技能/经历”2个一级指标上均显著低于德国，在“态度和价值观”上，无显著差异；同时，从二级指标来看，我国在“国际学术能力”上显著高于德国，在“世界知识”“全球化理解”“工具使用”“跨文化交际”和“国际化意识”5项指标上显著低于德国，在“国际化态度”和“值观认同”2项指标上，无显著差异。鉴于此，研究进一步探讨了研究生国际化能力提升策略：建立研究生教育国际化的办学理念和目标；加强国际化的师资队伍和课程建设；积极开展国际研究生教育的交流与合作；鼓励研究生为提升国际化能力做好积极准备。②

4. 跨学科联合培养

社会对高层次复合型人才需求的彰显对研究型大学跨学科研究生的培养提出了日趋显著的要求。借鉴先进国家跨学科培养及联合培养的经验，培养具有全球视野的国际化复合型人才，以应对经济全球化带来的人才竞争，是我国研究生教育目前的重要任务之一。

华南理工大学焦磊认为我国研究型大学将跨学科研究生教育视为培养拔尖人才的重要机制，主要采用“创建独立建制的跨学科研究机构路径”“研究生院统筹组织路径”“学院内部整合路径”以及“跨学院协同路径”四种路径实现跨学科研究生的培养，且四种路径下蕴含着极具共性的跨学科研究生培养模式。为我国研究型大学跨学科研究生的培养提供了可借鉴的良方：政府强化对跨学科研究及跨学科研究生教育的政策引导与激励，研究型大学通过多路径培养跨学科研究生，大学内部籍由组织制度变革，建立完善的跨学科研究生培养机制。③ 他还对美国大学科学、技术、工程和数学（STEM）领域博士生跨学科“规训”进行探索，认为“综合性研究生教育与研究训练”项目通过开设跨学科课程与研讨课，推行实验室轮转与开展实地研究，创设“期刊俱乐部”研讨前沿跨学科学术成果，开展跨学科团队研究等培养模式和推行跨学科导师制等培养模式，着重培养博士生的“六维”跨学科能力，构建完善的跨学科能力培养机制，推行跨学科导师制等培养模式。这为我国大学自然科学领域开展博士

① Mehrete Girmay. Understanding the Adjustment Needs of International Graduate Students at Southern Illinois University Carbondale [D]. Carbondale: Southern Illinois University Carbondale, 2017.

② 胡德鑫. 中德顶尖研究型大学研究生国际化能力比较研究——以清华大学和柏林自由大学为例 [J]. 研究生教育研究, 2017 (6): 83—89.

③ 焦磊. 美国研究型大学培养跨学科研究生的动因、路径及模式研究 [J]. 外国教育研究, 2017 (3): 16—26.

生跨学科培养提供借鉴：注重跨学科能力的整体性，完善跨学科培养机制；拓展博士生的职业能力，强化到非学术部门实习。①

上海电力学院谢冉等人对英国博士培养中心的背景、成就及其启示进行研究。认为英国博士培养中心通过承担博士培养、协同合作及跨学科研究等三大功能，以一种灵活的方式对博士生进行资助，强调解决社会发展中的优先问题，重视利益相关者的深度合作，强化拓展博士生的研究能力与可迁移技能，养育了跨学科、跨部门、跨机构合作的文化，重塑了博士教育目标。借鉴英国博士培养中心的建设经验，我国博士生教育应在如下方面尝试突破：围绕国家战略需求设置博士培养中心，加强用户驱动型的博士生培养，发挥科学研究的聚集效应，坚持需求导向和产业化方向，调动利益相关者参与博士生培养全过程；创新跨学科博士培养模式，引导高校研究生院强化其统筹职能，整合学校资源设置跨学科研究生教育项目，创设独立建制的跨学科研究机构，管理进行跨学科的课题合作；重视博士生可转移技能培养，加强博士生宽口径的职业培训；建立有效完备的博士质量评估标准与程序，推进资源共享。②

太原科技大学张宇认为德国结构化国际联合培养项目致力于依托德国国内高校，结合国外高校和科研机构共同完成特定科研项目，与此同时联合培养博士人才。德国结构化国际联合培养博士生院模式涵盖以下四个层面：培养理念结构化、培养平台结构化、培养管理结构化、培养课程结构化。结构化国际联合培养博士生模式优越性体现在为国内外高校、应用科技大学（FH）、相关机构、科研院所以及企业单位架设了科研合作与联合培养人才的桥梁，促进了学科内部以及学科间的国际交流与合作，在国际视野、科学威望以及合作网络建构与强化等方面较传统博士生院模式拥有显著的优势。③

四、研究生资助体系完善

我国的研究生资助体系在借鉴国外优秀经验的基础上，形式上逐渐形成了相对完善的体系，为研究生资助体系的科学化、有效化发展提供了基础。但是，研究生资助体系在其具体内容和实施上还需要不断借鉴国外先进经验，逐渐完善我国研究生的资助体系。本年度，有 5 篇文献对研究生资助体系的完善进行

① 焦磊，谢安邦，赵军．美国大学 STEM 领域博士生跨学科“规训”研究——基于 IGERT 项目［J］．清华大学教育研究，2017（2）：50—56.

② 谢冉，肖建．英国博士培养中心：背景、成就及其启示［J］．现代教育管理，2017（6）：124—128.

③ 张宇．德国博士生国际联合培养的结构化范式研究［J］．教育理论与实践，2017（36）：6—8.

了研究。

山东师范大学冯永刚等人介绍了美国研究生资助公正客观的资助评审制度、科学规范的资助管理制度、无偿资助和有偿资助相结合的资助类型、强有力的多元资助体系和差异化的资助分配制度。提出我国应改革奖助评审制度，促进评审公正客观；强化和落实高校与各院系职责，健全与完善研究生资助管理制度；拓宽资助渠道，促进资助类型多样化；加强资助力度，扩大资助受益范围；实行差异化的资助分配制度，推进教育公平。①

中国地质大学（武汉）陈翠荣等人从资助来源、资助力度、资助方式、资助分布四个方面分析美国联邦政府对科学与工程领域研究生的资助情况，发现其具有以下特点：注重对资助进行规划，制定法规制度保障资助顺利实施；资助力度较大，有意识地引导研究生科研能力发展；资助来源广泛、方式灵活，重视研究生职业发展；积极开展资助效果评估，强调研究生资助与国家需要紧密联系。对进一步完善我国科学与工程领域研究生资助体系的启示：政府要高度重视对科学与工程领域研究生的资助，并制定相关战略规划及制度；加大资助力度，培养科学与工程领域研究生的科技创新能力；拓宽资助来源，丰富资助方式，为科学与工程领域研究生职业发展提供平台；加强资助评估，注重资助方向与国家重点发展领域的结合。②

上海交通大学杨希分析比较了中美理工科研究生助研经费的充足性，发现我国理工科研究生助研经费充足性更低，并且相比美国，资助没有倾向于基础学科。认为要提升科研经费中研究生培养经费的充足性，需要更系统的高校科技资源配置体制和机制改革：建立起与人才培养规模相适应的科研经费投入体系；科研经费投入结构也需要调整，转变大学的科研职能，加强大学的基础研究，政府也需要调整高校的经费投入结构，增加基础学科的经费比重；我国科研经费的管理制度也有待完善，需要关注经费中用于人才培养的部分。③

研究生教育是高等教育体系的高层次部分，同时也是一项高投入的教育活动。河海大学叶鸿蔚等人基于教育经济学相关理论，探讨当前研究生阶段收取学费的合理性与必要性，进而从成本分担主体、收费及保障机制入手，对比分析中美两国研究生阶段教育成本分担的不同。从教育成本分担主体来看，美国为市场主导型，中国为政府主导型；从收费对比看，美国灵活多变，中国统一

① 冯永刚，高斐．美国研究生资助制度及启示［J］．学位与研究生教育，2017（3）：65—72.

② 陈翠荣，鲁智丹．美国联邦政府对科学与工程领域研究生资助的现状及特点分析［J］．学位与研究生教育，2017（12）：71—77.

③ 杨希．科研体系中研究生资助的充足性——中美比较研究［J］．学位与研究生教育，2017（1）：66—71.

微调；从资助对比看，美国贷款为主混合资助，中国奖励为主多元资助。我国研究生教育实行成本分担起步较晚，借鉴美国成熟的成本分担机制的相关经验，对我国的启示：成本分担市场化，扩展至多主体；收费要遵循原则，灵活多样；丰富资助的方式，拓宽资助渠道。①

广西师范学院洪柳等人认为高等教育收费改革成为一种国际趋势，高等教育成本分担已成为各国解决教育经费紧缺的普遍做法。通过梳理美英研究生教育收费制度的变迁历程，分析认为美国研究生收费制度改革具有私立性、社会性、资助性、市场化、多元化、法制化、公平性、效率性等特点；英国研究生收费制度改革具有公益性、社会性、私人性、资助性、市场化、差别化、法制化等特点。借鉴两国经验，可以对现阶段中国研究生全面收费政策起到借鉴作用：采取市场化改革的方式，试点推行研究生绩效拨款方式，实施灵活的收费方式，实施差异化的收费标准，完善具有中国特色的教育立法体系，完善研究生奖助体系。②

第三节　研究生管理体制的国际比较

研究生教育作为高等教育的最高层次，担负着培养拔尖创新人才、创造高水平科研成果、提供一流社会服务的重任。研究生教育体制作为建立在研究生教育发展到一定程度之上的相关法律制度、组织和设施的总和，应该适应实现这一使命的需要。这是当前研究生教育改革面临的重要任务。2017 年度，有 8 篇文章对研究生教育体制进行了研究。

一、研究生管理体制改革

在国际上，许多国家已经把发展研究生教育作为创新驱动发展和提高国际竞争力的战略选择，加大投入和支持。国内外形势的深刻变化，日益凸显研究生教育的战略地位，迫切需要对研究生教育体制进行改革，加快提高创新人才培养水平，充分发挥研究生教育在知识创新、技术创新和繁荣哲学社会科学中

---

① 叶鸿蔚，陆兰．中美研究生教育成本分担机制对比分析及思考［J］．研究生教育研究，2017（1）：88—92.

② 洪柳，李娜．美英研究生教育收费制度变迁研究及其现实启示［J］．黑龙江高教研究，2017（11）：73—77.

的重要作用，为提高国家创新力和国际竞争力提供有力支撑。我国学者通过介绍其他国家研究生教育体制改革的经验，为我国研究生教育转型和改革提供启示。

河北师范大学白玫对博洛尼亚进程视域下的欧洲博士教育改革进行了研究，认为受到欧洲政策战略、博洛尼亚进程以及欧洲研究区建立的影响，在国际机构及利益相关者的推动下，近年来所有的欧洲国家都在调整博士阶段的教育。不同国家在改革中采取了不同的方式，但是有一些共同的要素：更加关注博士指导的质量；提高博士项目的国际化，让更多的博士生和导师流动，通过联合项目来进行国际合作；提高跨学科水平；与非学术领域的劳动力市场合作等。欧洲博士教育改革面临有限的资金阻止了研究优异，有限的时间阻碍了其他能力的获取的困难。①

陕西师范大学袁利平等人认为随着全球化对研究生教育影响的不断深入，创新驱动发展道路已经成为俄罗斯研究生教育改革的必然选择。俄罗斯研究生教育改革是以下诺夫哥罗德国立大学等著名高校为先锋，通过课程体系、创业技能、硕博衔接、培养机构四个不同方面的创新，以增强本国人才的创新能力与国际竞争力。俄罗斯研究生教育改革对我国的启示是：加强科研学习能力的培养，注重创新创业技能的提升，重视硕博连续教育的衔接，促进培养机构的多元发展。②

洛阳理工学院杨红军分析了东京大学研究生院重点化改革的动因、实施过程、效果、保障机制及其影响。认为重点化改革使研究生院成了大学教育研究的主体，获得了更多的经费保障，实现了研究生人数的增长，培养了大批研究人才，创造了大批优秀的科研成果，使东京大学研究生教育在重点化的基础上呈现弹性化、多样化的特点；同时，东京大学研究生院重点化改革也带来了资源分配过于集中、研究生人数增长的同时伴随培养质量下降、研究生就业不佳、研究生招生难等现实问题。东京大学研究生院重点化改革给予我们的启示是：高水平大学要以开展研究生教育为主，注重学科和专业建设、适应市场需求调整招生规模、开展专业学位研究生教育、提高研究生培养的质和量，加强研究生就业指导。教育主导部门要做好政策研究和支持，合理分配经费，促进校企合作，倡导民间参与人才培养，建立科学评价机制。③

华东师范大学徐国兴对中日两国研究生教育体系的结构特征做了定量比较，

---

① 白玫．博洛尼亚进程视域下的欧洲博士教育改革［J］．现代教育管理，2017（11）：107—112．

② 袁利平，李盼宁．基于创新驱动发展的俄罗斯研究生教育改革及启示［J］．现代教育管理，2017（11）：119—123．

③ 杨红军．东京大学研究生院重点化改革评价与反思［J］．学位与研究生教育，2017（1）：71—77．

认为中日两国研究生教育体系的结构既有明显共性也存在不少差异，并且都受到学科内部规律、劳动力市场特征和政府政策导向三个因素的共同影响。影响因素及其作用机制的同异性是制约两国研究生体系结构特征同异性的最重要因素。这对我国研究生教育体系结构调整具有启发意义：研究生教育体系结构特征的形成是学科内部规律、劳动力市场特征和政府政策导向等多种因素共同影响的客观结果；对理工农医等应用性较强学科的研究生整体占比逐年减少现象给予高度关注；深入思考学术型研究生和专业型研究生之间的差异，准确把握研究生类型结构与劳动力市场之间的客观关系；继续严格研究生尤其是博士生招生制度。因此，决策者必须深入理解本国研究生教育体系影响因素的独特性，才能制定出适合客观实际需要的政策。①

20 世纪 80 年代以来，博士生规模扩张与群体分化、高等教育外部问责给英国高校博士生导师指导带来一系列挑战。华东师范大学王海迪认为四所英国一流大学采取如下措施完善博士生导师制度：遴选适任的博士生指导小组成员、以导师培训促进博士生导师发展、建立博士生导师指导的共同责任制。英国一流大学的经验对于我国博士生导师遴选、导师培训以及导师指导责任制的改革的启示是：完善导师遴选制度，选拔适任者担任博士生导师；强化导师培训制度，促进博士生导师的发展；完善导师指导责任制，明确各相关主体的责任。②

二、研究生学位项目管理

硕士和博士学位代表着研究生受教育程度或在某一学科领域里已经达到的学术水平。学位制度、学位项目类型直接反映高校乃至国家的高端人才培养规格、研究生教育发展水平，其重要性不言而喻。

井冈山大学王文礼对哈佛大学以教育哲学博士项目取代教育博士项目的原因及影响进行了研究。认为 2012 年哈佛大学以教育哲学博士项目取代教育博士项目，在美国学术界引起激烈的理论争鸣，其原因是：这两个项目具有很大的相似性，知识生产模式的变革。通过对哈佛大学教育哲学博士项目与教育博士项目进行全面的对比，发现两者既有相似之处，也有不同。哈佛大学教育哲学博士项目的最精彩部分包括以下三个方面：第一，伟大的思想；第二，无限制的接触；第三，通过政策和实践来培养学生。这些是教育博士项目所不具备的

---

① 徐国兴，杨雯，谢安邦．研究生教育体系结构的中日比较及启示［J］．研究生教育研究，2017（3）：82—90.

② 王海迪．英国高校博士生导师制度及其启示——基于四所一流大学的经验［J］．国家教育行政学院学报，2017（11）：78—84.

部分，是哈佛大学在教育博士项目多年来运行的经验和教训基础上，吸取其有益的成分，摒弃其弊端，进行的一次脱胎换骨式的更新。①

兰州大学方旭等人以麻省理工学院供应链管理微硕士项目为例，对国外混合微硕士项目进行了研究。文章指出该项目是一些世界知名大学提供的一系列研究生水平课程，学习者通过在线学习取得微硕士认证后，才有可能被录取进入校园学习，从而获得硕士学位。前期的慕课学习是微硕士项目最大的特色。混合微硕士项目具有面向和服务全球学习者、周期短、针对性强、费用较低和保证学习质量等特点。认为我国研究生培养单位可以尝试微硕士项目，应加强在线课程学习，加强在线课程质量监控，保证学习质量。②

温州大学章勤琼等人介绍了澳大利亚墨尔本大学以诊断教学为主要特色的教学硕士项目，讨论了该项目培养模式对我国全日制教育硕士专业学位研究生培养的主要启示：控制本科师范生规模，加强全日制教育硕士研究生培养；突出应用与实践特性；重视实践教学水平与教育研究能力的提升等。③

第四节　研究生教育质量保障与评估国际比较

质量保障与质量评估是贯穿研究生教育招生遴选、教学培养、学位授予等所有业务环节的必备工作，也是促使研究生教育按照“服务需求、提高质量”这一核心准则稳步发展的重要抓手。2017 年，学者在研究生教育质量保障与评估国际比较研究方面，共有 11 篇代表作入选议题，其在质量保障方面的主要研究方向为：研究生教育质量保障和质量评估。

一、质量保障

提高研究生教育质量，促进研究生教育可持续发展，是世界各国共同关注的话题。建立质量保障体系是提高研究生培养质量的有效措施，多位学者介绍研究了国外研究生质量保障体系建立的现状和特点，力求对我国研究生质量保

① 王文礼．哈佛大学用教育哲学博士项目取代教育博士项目的原因及影响［J］．现代大学教育，2017（2）：40—47＋112.

② 方旭，刘睿．国外混合微硕士项目及启示——以麻省理工学院供应链管理微硕士项目为例［J］．学位与研究生教育，2017（3）：72—77.

③ 章勤琼，谭莉，Max Stephens. 澳大利亚墨尔本大学教学硕士项目：模式、评析及启示［J］．学位与研究生教育，2017（8）：72—77.

障体系建立和完善提供参考。

哈尔滨工业大学宋平等人介绍了美国、英国和日本的研究生教育质量保障体系及其保障措施，分析各国研究生教育质量保障体系的特点，在总结其共性特征基础上，提出完善我国研究生教育质量保障体系的对策建议：由政府主导式向“政府引导、高校与中介机构三元化综合保障方式”转变；拓展政府的宏观引导方式；加强大学自身的自律能力；提高学校内部的质量保障能力；提高第三方中介机构的监督和评估能力。①

陕西师范大学陈玥等人通过对加州大学伯克利分校典型案例的分析发现，美国一流研究型大学博士生教育内部质量保障体系在发展中表现出一些基本特征：灵活多样的招生入学政策，确保博士生招生的平等性与包容性；宽领域的课程设置，着力保障博士生的培养质量；严要求的资格考试，确保博士生具备完成学位论文的相关能力；规范化的研究计划书，为博士学位论文的开展提供方向性指导；高标准的学位论文要求，确保博士学位论文的高质量完成；多样化的资助政策，为博士生顺利完成学位提供一定的保障。② 具体而言，美国专业认证制度在博士生教育外部质量保障中的作用是多方面的：对于资助者而言，促进资助院校博士生培养过程的日臻完善；对于学校而言，确保博士生教育专业发展的规范要求；对于学生而言，满足学生获得高质量博士生教育的需求；对于公众而言，向其提供博士生专业质量合格信息的有效途径。③

沈阳师范大学刘春玲以密歇根州立大学课程与教学专业硕士为例，主要分析了美国教育硕士专业学位教育质量保障措施在生源选拔、课程设置、评估体系方面的优势，即能力为先的招录条件和公平完善的选拔机制，合理且注重实践的课程，多元的评价机构，合理的评价体系，以及过分重视培训过程、忽视培训结果、学位分类过细的不足。提出美国教育硕士的培养对我国教育硕士专业学位教育内外部质量保障措施建设的启示：完善我国教育硕士质量的外部保障措施，包括法律法规、社会评估机制、外部监督活动；完善我国教育硕士质量内部保障措施，包括提高生源质量，落实真正的双导师制，设置多样化的课程，完善考核评价机制。④

---

① 宋平，郭海凤．美、英、日三国研究生教育质量保障体系比较研究［J］．研究生教育研究，2017（1）：93—95.

② 陈玥，翟月．美国一流研究型大学博士生教育内部质量保障体系研究——以加州大学伯克利分校为例［J］．外国教育研究，2017（7）：18—30.

③ 翟月，陈玥．美国专业认证制度及其在博士生教育外部质量保障中的作用探析［J］．黑龙江高教研究，2017（3）：77—80.

④ 刘春玲．美国教育硕士专业学位教育质量保障措施研究——以密歇根州立大学课程与教学专业硕士为例［D］．沈阳：沈阳师范大学，2017.

西北大学杨佳乐等以美国、英国、澳大利亚、日本四国博士生调查问卷为例进行比较分析，认为博士生调查问卷的共性逻辑是遵循就读前、在读中、毕业后的阶段性，在读阶段侧重博士生对导师指导、资源提供、研究氛围、考核评估、技能发展、专业发展、机会获得、经济支持等关键环节的体验调查；毕业后侧重调查博士毕业生就业去向的变化和雇主的反馈评价。未来我国博士生调查改进的思路是尝试构建系统完善、抽样科学、形式多样的博士生调查体系，以及研发关注论文写作、职业发展、考核评估的博士生调查工具。①

二、质量评估

研究生教育质量高是研究生教育可持续发展的基础，而开展教育质量评估是研究生教育面临的重要任务。如何在高等教育大众化的背景之下，积极寻求构建我国研究生教育质量评估体系的方法，确保研究生教育质量的稳步提高，成为新时期我国研究生教育改革的重要组成部分。

武汉大学陈小鹏等人对美国博士生科研绩效研究进行综述，从测度内容、测度时段、测度指标和数据来源等方面阐述了美国博士生科研绩效评价的方法，从个体、组织及个体与组织结合三个层次，对影响博士生科研绩效的因素方面的研究成果做了归纳，并对博士生科研绩效的未来研究及教育改革实践提出了建议：转换研究情境，延伸研究学科；拓展研究层次，探索互动效应；更新研究方法，科学评估绩效；把握影响因素，探索提高策略。②

博士生教育质量关乎一国经济社会的发展潜力与发展质量。山西大学唐巍华等人通过对美国准博士普查项目解析，围绕项目产生背景、组织运行、调查数据的使用及调查报告、项目的生存之道等多个维度进行深度剖析。提出中国应加快由传统的直觉经验决策模式向“数据驱动决策”模式的转变，进一步解放思想，提高决策绩效；通过“中国博士学位获得者”调查项目的筹备与启动，为我国博士教育事业发展与博士教育研究工作的科学化、现代化、数据化进程提供数据基础，从而为相关领域的政策制定提供强有力的智力支持。③

北京大学曾妮介绍了加州大学伯克利分校“研究生评估项目（GSAF）”的

---

① 杨佳乐，高耀，沈文钦，李敏．国外博士生调查主要调查什么？——基于美、英、澳、日四国问卷的比较分析［J］．研究生教育研究，2017（6）：90—95.

② 陈小鹏，张三保．美国博士生科研绩效的评价方法与决定因素——一个多学科综述［J］．学位与研究生教育，2017（4）：70—77.

③ 唐巍华，杨青．美国准博士普查项目解析及对我国的启示［J］．复旦教育论坛，2017（6）：106—112.

经验。该项目以“教师主动申请、学生自愿参与”为原则，通过培养研究生评估员，协助院系教师完成课程和教学评估，有效提升了教学质量，提高了教师参与教学改进的积极性，获得了良好反响。作者认为项目成功的原因，是由于其应用了实用取向的评估理念。该理念强调以“有意图使用者的有意用途”为目标，灵活应对不同情境中的评估问题，最终在“有意图使用者”的主动建构和评估者的积极回应下完成评估。这一实践经验和理论资源为我国的教学评估提供了有益思路：可以将“具体问题”引入评估视野；可以将“评估对象”视为“评估主体”；可以发挥评估的多重效应。①

中国农业大学金帷认为重视研究生在培养过程中的主体地位，将其体验和反馈纳入质量保障体系之中是英国、美国、澳大利亚的重要举措之一。第三方机构及研究生培养单位在此过程中均发挥着重要作用。三个国家调查关注影响研究生培养质量的各环节及过程要素，形成了较为稳定的内容结构框架，虽相互借鉴但又有其不同的关注点。建议我国应引入以“学”为中心的研究生质量评价理念，强化研究生在教育质量保障机制中的主体地位；重视全国性第三方机构在质量调查、评价中的作用；树立“诊断改进”的质量保证思路，并引导、鼓励研究生培养单位发挥质量保障主体的作用。②

学者罗（Ro），贤京（Hyun Kyoung）等人从数学能力、工程技能的自我评估和课程经验等三方面研究了影响工程类大学生攻读研究生的能力因素。结果表明，数学能力对于美国工程类研究生专业是一个重要影响因素，因此，K－12 数学教育水平会影响美国本科生乃至研究生教育的水平。③ 学者波塞尔特（Posselt）等人研究了本科后教育（post baccalaureate）对社会分层的影响。结果发现，在本科后教育中，种族、族裔和性别是影响美国人口教育继承和教育参与程度的主要因素。④

---

① 曾妮．实用取向的评估：大学教学改进的另一种思路——来自加州大学伯克利分校“研究生评估项目（GSAF）”的经验［J］．国家教育行政学院学报，2017（4）：82—88.

② 金帷．以“学”为中心的研究生教育质量评价——基于英、美、澳三国的比较分析［J］．高教探索，2017（3）：86—90＋112.

③ Ro, Hyun Kyoung, Lattuca, Lisa R, Alcott, Ben. Who Goes to Graduate School? Engineers' Math Proficiency, College Experience, and Self-Assessment of Skills［J］. *Journal of Engineering Education*, 2017（1）：98—122.

④ Julie R. Posselt, Eric Grodsky. Graduate Education and Social Stratification［J］. *Annual Review of Sociology*, 2017, 43（5）：353—378.

第五节　国外高校研究生就业指导

随着知识经济和产业革命的纵深发展，以及高等教育大众化时代的到来，研究生教育逐渐承担起满足社会经济发展的需要、培养适应就业岗位的高级人才的重任。近年来，我国学者将有关“就业指导”的研究视域扩展至国外，通过对照国外研究生教育的就业指导策略，为我国研究生教育就业指导实践提供有益启示。2017 年，入选本节的文献共 5 篇，学者的研究焦点分别为“研究生就业技能培养”和“就业影响因素”。

一、就业技能培养

研究生就业问题日益受到教育行政部门及社会各界的关注，如何提高研究生就业竞争力是摆在研究生就业方面的一个重要难题。学者们通过介绍国外在研究生就业技能培养方面的先进经验，为我国提高研究生技能培养水平提供一定的参考。

中南财经政法大学邓光平对澳大利亚博士生可转化技能培养模式进行了研究，认为澳大利亚在博士生可转化技能培养方面已形成了“行业博士培养中心”“莫纳什博士”和“职业优势博士”三种典型的培养模式。澳大利亚对博士生可转化技能培养的创新探索不仅提高了博士毕业生的就业技能，而且缓解了博士毕业生难以适应非学术职业环境的问题。我国研究型博士生培养模式变革应在学术优先和兼顾职业需要的原则之下，调适学术训练与职业技能需求之间的张力，打破以学科为中心的封闭性人才培养体系，开发多样化的可转化技能培养模式，从而为博士生的多元化职业选择提供基本的就业技能保障。①

保定学院王者鹤对英国博士教育中可转移技能训练融入进行研究，认为“罗伯茨资助”扩大了博士生可转移技能训练范围，提高了博士生的学业完成率，促进了博士自身的发展，为英国博士教育赢得了国际声誉。得出英国博士教育中的可转移技能训练对我国博士教育发展的启示：国家有必要委托相关第三方智库机构，对我国博士毕业生就业的情况开展研究，全面了解博士毕业生

① 邓光平．澳大利亚博士生可转化技能培养模式与启示［J］．中国高教研究，2017（9）：63—66.

就业所面临的问题；博士培养机构要结合具体学科特点，尽快调整传统的博士生培养方案，使博士生在接受学术训练的同时，还能够接受一些有利于博士生未来在学术界之外就业的可转移技能训练；学术界之外的用人单位特别是企业为了在竞争日益激烈的全球市场中具有核心竞争力，应吸纳更多博士来企业开展研发工作；博士教育管理机构和博士培养机构需加强对博士生导师的引导、监督与管理；博士生在当今的形势之下更需主动而为，积极利用博士培养机构、国家、社会提供的各种平台，真做实干，在保证严格的学术训练的同时，结合自身发展需求，尽可能多地接受可转移技能训练，从而为之后的可持续发展打下扎实的根基。①

上海交通大学吴凡等人对英国博士生训练中心进行了研究。通过调查、分析博士生训练中心的特色，发现通过学术界内外机构的高度合作，博士生训练中心构建了研究与技能训练相平衡的博士生培养模式，提供兼顾学术能力和职业技能的多方位可迁移训练，并给予博士生基于自我反思的职业发展支持。为我国当前博士生教育改革提供一些启示：通过整合学术界内外多方资源构建不同类型的博士生培养平台，构建实践性强、与社会需求紧密联系的研究经历；以学术能力和职业技能平衡发展为导向，采用课程、团队项目、公众参与等形式多样化的教学方式，使个人学习和同辈小组学习方式相结合，突破传统博士生培养模式；通过鼓励博士生对职业兴趣、职业发展自我反思，促进形成与未来职业角色相匹配的职业认同，提供以个体成长为内核的职业发展支持。②

学者乔赫（Georghiou）对数字时代的研究生学习能力进行了研究，并提出目前的研究生教育虽然使个人获得了渊博的知识和思维能力，但并不足以应付他们毕业后面临的职业挑战。研究生有过于专业、理论化的倾向，缺乏沟通和团队协作能力。2017 年在英国进行的非大学的雇主调查表明，博士通常采用“线性思维”，而忽略从事的行业的文化或需要。研究生，特别是博士生应该具备适用于广泛领域的数字媒体和数据分析技术的能力，并掌握文本挖掘、使用和分析社会媒体、模型和工具，这不仅仅是理工科研究生需要掌握的研究方法，在艺术和人文学科中也是如此。由于数字技术的大发展，生成效应可能导致博士生比导师有更多的知识储备。此外，研究生需要基本在充满不确定性和模糊性的场景下研究设计多个学科领域的科学问题，能够有效地协作，跨

① 王者鹤．可转移技能训练融入博士教育：英国的经验与启示［J］．中国高教研究，2017（9）：57—62．

② 吴凡，刘少雪．为多元化职业做准备：英国博士生训练中心的探索［J］．学位与研究生教育，2017（10）：66—71．

学科界限思考并能够有效地适应工作场所、环境、问题、方法、思维和行动方式的改变。

二、就业影响因素

近些年，研究生的就业压力日益增大，这既有外部环境因素，也和自身因素有着非常大的关系。探究研究生就业影响因素，寻求解决路径成为学者研究的一个重点内容。

博士生学术职业社会化即博士生学习、内化学术职业这一领域的知识技能、价值观、行为规范，并胜任该领域的相应角色的过程，是个体接受、吸收学术部落文化的动态过程。浙江师范大学黄雪梅等人认为美国博士生学术职业社会化的主要问题包括学生对博士生教育存在认知偏差、学术职业准备不足、学术职业能力单调、缺乏明确的职业指导与反馈、学术共同体感低以及院校缺乏系统性的组织安排帮助博士生社会化等。博士生学术职业社会化目标难以达成受到学生个体、学科差异与学科文化、院校制度安排等因素的多重影响。需要注重学科差异并形成博士生学术职业社会化的多维合力解决社会化中的问题。①

第六节　文献分布及其特点分析

一、文献分布

2017 年纳入本专题“研究生教育国际比较研究”的文献共 56 篇。其中，中文文献 49 篇，外文文献 7 篇；期刊论文 52 篇，学位论文 4 篇。所有文献的研究内容主要分布于研究生招生模式的国际比较、研究生教学培养模式的国际比较、研究生管理体制的国际比较、研究生教育质量保障与评估国际比较、国外高校研究生就业指导五个领域之中。各领域文献分布情况见图9－1。

① 黄雪梅．美国博士生学术职业社会化影响因素——个体、学科文化与制度三维分析［J］．江苏高教，2017（9）：100—104.

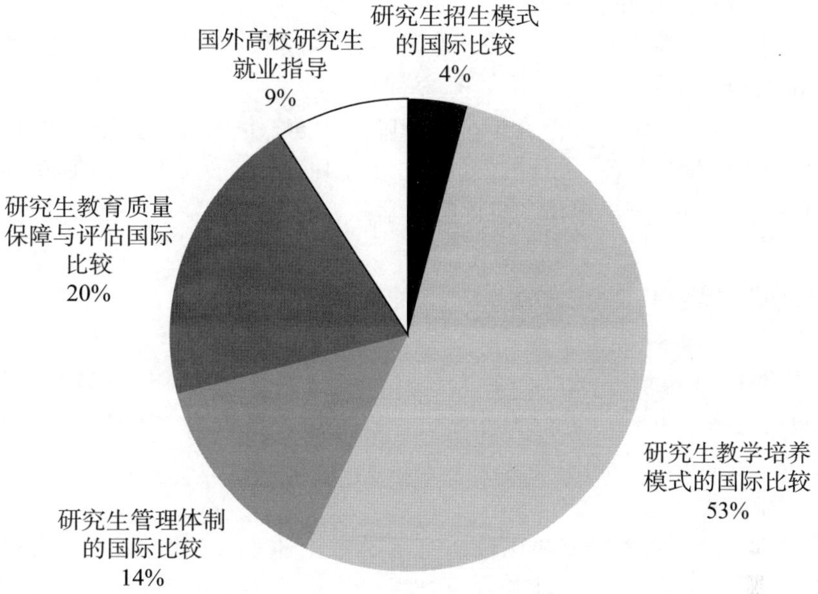

图 9－1 文献内容分类及分布情况

二、研究方法

2017 年纳入本专题的研究文献所使用的研究方法与往年相比变化不大，以案例研究、比较研究和调查研究为主。其中，案例研究是本专题最常用的研究方法，共有 17 篇文献使用此方法，占 30%，说明在目前的研究生教育国际比较研究专题中，我国学者以进行中外比较研究为主要研究思路和路径。

三、研究队伍

本年度，仅对中文文献的研究队伍进行分析。共有 81 位作者贡献了 49 篇“研究生教育国际比较”代表性文献。对本章节入选论文的研究队伍进行分析，可发现如下可资参考的情况。

1. 作者来源单位情况

经过对入选本章节中文文献来自 48 个单位的 81 名作者进行分析，发现：北京大学入选作者最多，5 名；华东师范大学、上海交通大学、西安交通大学 3 个单位各入选作者 4 名；清华大学、陕西师范大学、福建农林大学、浙江师范大学 4 个单位各入选作者 3 名。从作者的来源单位来看，高等院校是本章节作者的主要来源单位。

2. 学术成果产出单位情况

以第一作者单位为基准，察看 49 篇中文学术成果的来源单位，可发现：共有 39 个单位发文，其中，上海交通大学、陕西师范大学 2 个单位发文量为 3 篇；北京大学、清华大学、华东师范大学、浙江师范大学、华南理工大学、井冈山大学等 6 个单位发文量为 2 篇；39 个单位发文量为 1 篇。综合类大学和师范类院校是本章节代表作的重点产出单位，且此类大学多为“211”工程、“985”工程大学。

四、研究热点

关于 2017 年度研究热点，本章节拟从入选本章节学术研究成果的国别热点、年度热点和历年热点进行统计分析，以期探寻出我国学者在“研究生教育国际比较”方面的研究倾向和关注重心。

1. 国别热点

在案例研究、文献研究和比较研究等学术论述中，一般的，引介或对比国内外案例模式的目的为学习经验，总结得失，最终服务中国的研究生教育发展实践。因入选本章节的所有文献基本都具有上述特征，为了凸显国际案例，减少无效统计，本章节对国别热点进行分析时仅对中国以外的国家进行统计。2017 年度入选本章节的 56 篇学术论文，共研究了 59 个有明确标注国家的研究生教育案例或模式，其中，美国是我国学者重点关注和学习的对象国，共引介了 35 次，其余依次为英国、日本、澳大利亚、德国等（图 9－2）。

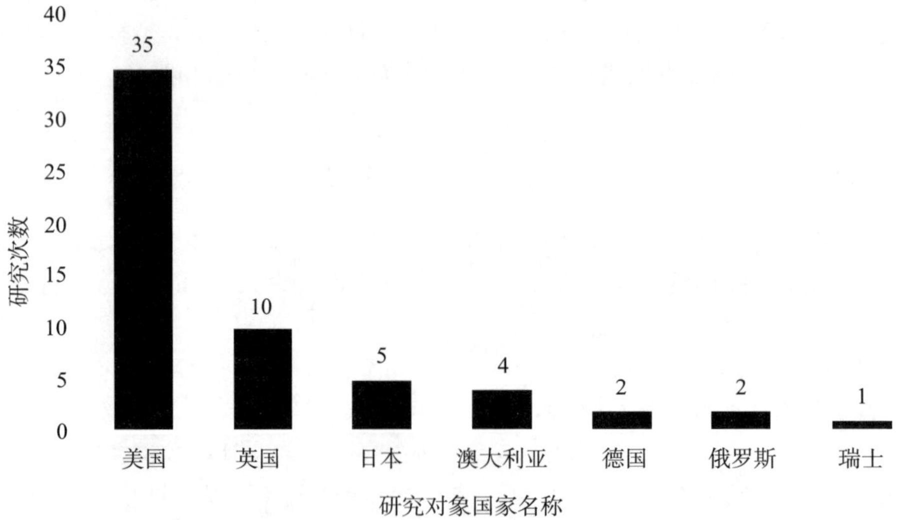

图 9－2　学者研究的国家分布情况

2. 年度热点

2017 年，“研究生教育国际比较研究”专题共有 5 个研究主题、12 个研究热点（表 9－1）。相较去年及之前历年（表 9－2），本年度学者继续坚持对创新创业、联合培养、招生遴选、教学培养、质量保障与评估等主题展开深入探索，并新增了就业指导、协同育人、学位管理等研究主题。由此可看出，我国学者的研究视角和研究领域日益宽广，所研究的主题也与国家最新政策文件精神和研究生教育发展实践核心环节息息相关，说明我国研究生教育学界始终将“立足实践、服务需求”作为基本理念，并据此开展研究。

表 9－1　本专题 2017 年研究主题和热点

研究主题	研究热点
研究生招生模式及教育成本的国际比较	①研究生招生模式　②研究生招生规模
研究生教学培养模式的国际比较	①研究生课程体系建设　②研究生教学方法创新 ③研究生培养模式改革　④研究生资助体系完善
研究生管理体制的国际比较	①研究生管理体制改革　②研究生学位项目管理
研究生教育质量保障与评估国际比较	①质量保障　②质量评估
国外高校研究生就业指导研究	①就业技能培养　②就业影响因素

表 9－2　2011—2017 年研究主题对比

研究主题	研究热点						
	2011 年	2012 年	2013 年	2014 年	2015 年	2016 年	2017 年
规模、发展与结构比较	✓	✓	✓	✓			✓
研究生教育管理体系比较	✓	✓	✓	✓	✓	✓	✓
研究生教学培养模式的国际比较	✓	✓	✓	✓	✓	✓	✓
研究生教育的国际化					✓		✓
国外高校研究生就业指导研究					✓	✓	✓
研究生招生遴选模式的国际比较					✓	✓	✓
联合培养与协同育人国际比较						✓	✓
研究生教育质量保障与评估国际比较					✓	✓	✓

五、研究展望

第一，国际比较视野下的“研究生教育与‘双一流’建设”主题仍将成为学者研究的热点主题。2017 年 9 月 21 日，教育部、财政部、国家发展改革委联合发布《关于公布世界一流大学和一流学科建设高校及建设学科名单的通知》，正式确认公布世界一流大学和一流学科建设高校及建设学科名单：首批双一流建设高校共计 137 所，其中世界一流大学建设高校 42 所（A 类 36 所，B 类 6 所），世界一流学科建设高校 95 所；双一流建设学科共计 465 个（其中自定学科 44 个）。2017 年 10 月 18 日，习近平同志在十九大报告中指出，要加快一流大学和一流学科建设。统筹推进世界一流大学和一流学科建设，是党中央、国务院做出的重大战略决策，是建设高等教育强国的重要标志，也是加快实现国家现代化的重要支撑，必将为提高我国高等教育发展水平、增强国家核心竞争力奠定长远发展基础。新时代的到来为“双一流”建设创造了历史新机遇，也对“双一流”建设提出了新要求、新期望。介绍总结国外世界一流高校的建设经验，为我国“双一流”建设提供借鉴和启示，也将成为近几年学者的研究热点。

第二，在推行“一带一路”倡议背景下，“国际合作交流”“研究生教育国际化”等主题将有较大的研究价值。在“一带一路”伟大战略构想的发展实践中，研究生教育研究将扩容更多的主题和研究对象。2016 年 7 月，教育部发布的《推进共建“一带一路”教育行动》提出建立“一带一路”教育共同体，这成为我国教育对外开放的新方向和新要求，急需我国高等教育开放策略寻求主动转变。我国与“一带一路”沿线国家的高等教育合作范围、规模、形式不断扩大，可能会有更多的学者关注于此，并进行更为深入的研究。

从近几年国际比较研究的文献所涉及的国别统计中可以看出，我们的研究生教育研究兴趣一直被锁定在欧美等发达国家和地区，且几乎将绝大多数精力聚焦于对美国的关注，对“一带一路”沿线各国、各民族的研究是十分缺失和薄弱的，全方位了解极为不足。由于这些以往的忽略和缺失，“一带一路”倡议推进进程中，会经常感觉到相关智力支持的乏力，也使许多快速推进的经济和外交等行为受到诸多未知因素的制约和掣肘。因此，我国学者也将对此有所觉悟、有所作为，加大对“一带一路”沿线国家研究生教育及国际合作交流等内容进行研究。

第三，“研究生学位制度”的国际比较研究在未来的研究方向中，仍需要更多的关注和重视。对 2017 年研究生教育研究国际比较的文献进行分析，发现在研究生学位制度研究领域的研究都集中在“学位项目”研究，对于国外学位制度改革等相关内容的研究很少。学位制度是一个国家或一所大学以学术水平为衡量标准，通过授予一定的称号来表明专门人才知识与能力等级的一种制度，是评价一个人知识和能力的学术水平等级的重要制度，对我国人才选拔和评定起着不可替代的作用。随着时代的变迁与社会的发展，学位制度也需要随之不断进行调整和完善。研究其他国家的学位制度的变迁及改革经验，对我国学位制度改革具有借鉴意义。

专题十 “双一流”建设研究

我国“双一流”建设政策历经政策酝酿、政策设计、政策实施等阶段。2010年，《国家中长期教育改革和发展规划纲要（2010—2020年）》提出“加快建设一流大学和一流学科，形成一批世界一流学科”。2015年，国务院印发《统筹推进世界一流大学和一流学科建设总体方案》。2017年，教育部、财政部、国家发展改革委颁布《统筹推进世界一流大学和一流学科建设实施办法（暂行）》《世界一流大学和一流学科建设高校及建设学科名单》。本专题将追溯到2010年，检索跨度为2010年1月至2017年12月，检索关键词是双一流、一流大学、一流学科。检索结果显示文献共计1239篇（部），其中期刊论文674篇、报纸409篇、学位论文98篇、著作58部。经筛选，本专题采纳文献116篇（部），含期刊论文77篇、报纸19篇、学位论文10篇、著作10部。从检索情况看，“双一流”文献主要集中在2016年至2017年，文献以2016年、2017年文献居多，适当纳入其他年份的文献。专题分为“双一流”建设基本理论、“双一流”建设实践、“双一流”建设评价、世界一流大学发展与比较四大主题。

第一节 “双一流”建设基本理论

“双一流”建设基本理论包括理念与逻辑、特征与路径、关键要素等。本部分文献包括期刊论文44篇、报纸3篇、著作2部，共49篇（部）。纳入本议题的文献较多采用理论归纳、文献分析等研究方法。

一、“双一流”建设理念与逻辑

“双一流”建设理论的核心是理念与逻辑，对于推进“双一流”建设实践具有思想引领和理论指导作用。本部分文献主要研究“双一流”建设的思想、理念、价值、基本逻辑、矛盾关系。

1. “双一流”建设理念与逻辑

南京师范大学宋永忠提出“双一流”建设中要理顺“中国特色”与“世界一流”、“双一流”高校与高等教育整体发展、一流学科与其他学科、“双一流”建设与人才培养四对关系。① 厦门大学别敦荣阐述了“双一流”建设战略应处理十大关系，包括“双一流”建设与高等教育强国建设、服务国家需要与大学发展需要、继承传统与超越创新、中央建设与地方建设、一流大学建设与一流学科建设、一流人才培养与一流科学研究、短期建设与长期发展、硬件建设与软件建设、入选学科建设与未入选学科建设、行政积极性与教师积极性。②

浙江师范大学眭依凡认为“双一流”建设应加强政府及大学决策层供给侧改革；加强政府对“双一流”建设有所不为的宏观调控；政府提供充足的资源条件，以高效、集中的原则遴选“双一流”建设单位。③ 浙江师范大学刘尧总结了政府和大学在“双一流”建设实施中存在着巨额投入、重金挖人、只重学科、青睐排名、自由竞争、国际标准等“像一流”的问题。④

武汉理工大学梁传杰认为高校“双一流”建设要以服务社会重大需求为导向，尤其是加强协同创新团队建设，促进学科交叉融合，创新管理体制机制和学科评价标准。⑤ 南京邮电大学葛少卫等人提出高校“双一流”建设规划应处理把握任务、强调问题、注重人才、坚持学术、突出质量等“五个导向”。⑥

2. 世界一流大学建设理念与逻辑

中国学位与研究生教育学会会长赵沁平院士强调一流大学建设以人才为核心，汇聚一流师资与一流生源；以服务国家发展为目标，培养一流人才与产出一流成果；构建中国特色的一流治理体系和一流大学文化。⑦ 同时提出，世界一流大学建设需要处理好十大关系，包括大学依法自主办学、政府管理与健全法规；办学规律与教育发展规律；党委领导与校长负责；党政权力与学术权力；校党委行政、机关部处与学院；追求国际评价与支撑国际战略发展；优势特色学科与综合整体一流；拔尖人才汇聚与团队建设；坚持社会主义价值观与学术

---

① 宋永忠．“双一流”建设需理顺四个关系［N］．中国教育报，2017－06－05（5）．

② 别敦荣．论“双一流”建设［J］．中国高教研究，2017（11）：7—17．

③ 眭依凡．关于“双一流建设”的理性思考［J］．高等教育研究，2017，38（9）：1—8．

④ 刘尧．“双一流”建设切勿徘徊于“像一流”［J］．高校教育管理，2017，11（6）：8—13．

⑤ 梁传杰．高校“双一流”建设：理念与行动［J］．国家教育行政学院学报，2017（3）：22—28．

⑥ 葛少卫．“双一流”背景下高校规划的五个导向［N］．光明日报，2016－12－24（7）．

⑦ 赵沁平．基于教育规律探讨一流大学建设的几个“双一流”．研究生教育研究，2017（5）：1—3．

自由；国际化办学与培养民族精英人才等。[①]

清华大学史静寰认为世界一流大学的形成既需要外在力量的推动与建设，也需要大学内在“细胞”的发育与成长。同时是社会综合实力和高等教育发展水平的有机结合，是大学内在体制机制改革与外在环境有效支持的共同结果。[②]浙江大学顾建民探讨了世界一流大学的价值追求，即坚持服务社会与学术自由并重、坚守教书育人与学术探究并重、坚持追求卓尔不群和相互合作。[③] 清华大学胡德鑫基于历史制度主义分析范式，探讨了我国推进世界一流大学建设历史演变的基本逻辑：从历史观看是政府主导的“强制性制度变迁”；从结构观看政府在政府政策演变中发挥着主导作用，大学作为办学主体发挥的作用有限。[④]

厦门大学李鹏虎提出我国世界一流大学建设中应由注重资源为导向转变为注重质量为导向；坚守文化本位，完善治理体系；坚持中国特色，弘扬传统文化。[⑤] 铜仁学院侯长林阐释了我国一流大学建设中的“一流”是特指的、特色的、文化的等内涵。[⑥] 扬州大学崔乃文采用求同法提炼了世界一流大学的生成机制，其共同逻辑是通过组织创新来适应和推动学术知识的重大演变。[⑦]

厦门大学别敦荣等论述了世界一流大学的共性教育理念，包括以培养杰出人才为使命、重视道德教育、崇尚学术自由[⑧]。归纳了世界一流大学教育理念的特点：历史发展的积淀、具有内在统一性、契合一流大学的发展定位、共性和个性的结合体、拥有教育家型校长。[⑨]

3. 世界一流学科建设理念与逻辑

东南大学耿有权认为界定世界一流学科包括学科排名、国家战略、大学规划、人才培养、知识创新、大学财富、自我理想和办学特色等八个角度，同时

---

① 赵沁平．一流大学建设需处理好的十个关系［J］．研究生教育研究，2016（4）：1—4.

② 史静寰．建设世界一流大学的国家战略面临新机遇，期待新突破［J］．清华大学教育研究，2011，32（3）：48—49.

③ 顾建民．世界一流大学的价值追求［J］．教育发展研究，2011（17）：54—57.

④ 胡德鑫．我国世界一流大学建设的历史演变、基本逻辑与矛盾分析——基于历史制度主义的分析范式［J］．教育发展研究，2017，37（Z1）：1—8.

⑤ 李鹏虎．关于大学排名与我国世界一流大学建设的理性思考［J］．中国高教研究，2016（6）：75—79.

⑥ 侯长林．建设一流大学，听听雷丁斯的声音［N］．光明日报，2016-04-12（13）.

⑦ 崔乃文．知识演变与组织创新世界一流大学的生成机制分析［J］．清华大学教育研究，2017，38（5）：98—105.

⑧ 别敦荣，张征．世界一流大学的教育理念［J］．高等工程教育研究，2017（4）：82—92.

⑨ 别敦荣，张征．世界一流大学教育理念的特点与启示［J］．高等工程教育研究，2010（6）：56—62.

指出任何一种方法都有局限性，必须综合使用。① 济南大学郭峰等认为一流学科建设应牢固树立“学生学习中心”的教育理念，确立“学生学习中心”的价值取向。②

大连理工大学张德祥强调一流学科建设需要处理以下关系：院系谋划与学校顶层设计，学科高峰、学科高原和学科生态，学科、专业与课程，学科、人才与体制机制，学科规划、实施与评价。③ 华南师范大学卢晓中提出厘清高校一流学科与非一流学科建设的关系，选择既满足和适应国家、社会重大需求，又反映学校发展特色和优势的学科重点建设，积极从交叉学科、综合学科、新兴学科的角度来寻求学科发展的新生长点。④ 浙江工业大学宣勇提出建设一流学科需要实现三个转变：一是遴选重点学科从单一的“竞争选优”到与“择需布局”相结合转变；二是实现从经费投入的“要素驱动”向制度供给的“创新驱动”转变；三是学科组建从“被动组合”向“自觉组织”转变。⑤

河南大学孟艳等人认为一流学科建设要遵从历史逻辑、学术逻辑和社会需要逻辑。不同类型大学建设重点不同：国内高水平大学重点提升学科建设综合实力；教学研究型大学重点发展优势特色学科；教学型大学重点面向服务社会需求。不同类型学科在建设中要明确主次，纯科学类的学科建设偏重学术逻辑；应用型学科建设注重社会发展需要逻辑。⑥ 南京大学胡乐乐认为“双一流”建设下大学学科布局调整存在“政府主导”“市场主导”和“学术主导”三种逻辑，在实施过程中应坚持控制学科规模、加快学科升级转型、突出学科建设重点、打破学科壁垒限制、优化学科资源配置五大原则。⑦ 浙江工业大学钟伟军认为政府在一流学科建设存在形式化的指标导向、离散式的要素投入、一刀切的目标等问题，须积极转变政府职能、全面提升治理能力。⑧

---

① 耿有权．世界一流学科：八种定位法即价值探析［J］．江苏高教，2017（1）：11—13.

② 郭峰，郝广龙，冯春杏．“学生学习中心”理念：一流学科建设题中应有之义［J］．教育发展研究，2017，37（7）：16—22.

③ 张德祥．高校一流学科建设的关系审视［J］．教育研究，2016，37（8）：33—39 +46.

④ 卢晓中．“双一流”建设亟须探讨的若干问题［J］．中国高等教育，2017（21）：23—25.

⑤ 宣勇．建设世界一流学科要实现“三个转变”［J］．中国高教研究，2016（5）：1—6 +13.

⑥ 孟艳，刘志军．“双一流”背景下一流学科建设的三重逻辑——以河南大学学科建设为例［J］．研究生教育研究，2017（4）：67—71.

⑦ 胡乐乐．论国家“双一流”建设下的大学学科布局调整［J］．研究生教育研究，2016（6）：1—7.

⑧ 钟伟军．一流学科建设中的政府职能转型［J］．中国高教研究，2016（5）：7—9.

二、"双一流"建设特征与路径

本部分文献总结归纳了"双一流"建设的共性特征、实施路径。

北京理工大学张炜通过对比分析文献中关于世界一流大学的共性特征表述与部分世界一流大学的实际状况，发现在办学规模、师资队伍、学科设置、治理模式、学术自由、应用研究等方面存在诸多例外，提出要结合归纳与演绎的方法分析一流大学的特征。① 华中科技大学周光礼总结了世界一流大学的特质：一流的国际声誉、一流的师资队伍、一流的优势学科、培养大批精英人才、充足而灵活的办学资源；② 归纳了世界一流学科的四个标准：一流的学术队伍、一流的科研成果、一流的学生质量和一流的学术声誉。③上海交通大学马德秀认为世界一流大学的关键标准包括培养一流的学生、为国家社会发展做出贡献、国际可比的关键指标上进入世界前列、独特的办学理念和大学文化。④ 南京大学胡乐乐概括了世界一流大学的五大共同特征，即师资队伍和科研力量非常强大；研究成果众多且影响巨大；培养了对所在国家和全球产生重大影响的众多毕业生；拥有雄厚的财力；拥有充分的学术自由和完善的大学自治制度。⑤

厦门大学王洪才认为"双一流"建设必须超越资源配置机制的传统路径依赖，坚持去行政化路线，坚持大学发展的主体性逻辑。⑥ 中国教育报储召生的著作《问道"双一流"：中国一流大学建设回顾与反思》论述了"双一流"建设过程中的办学特色、学科建设、本科教学、原创研究、学术规范、人事改革、协同创新等内容。⑦

东南大学耿有权认为我国创建世界一流大学必然要经过相当长的历史阶段，建设道路从"物质建设"到"精神建设""制度建设"，从"学术依附"到"学术独立""学术繁荣"，从"国内一流"到"亚洲一流""世界一流"。⑧ 河海大学张雪刚探讨了我国世界一流大学建设中存在行政干涉、重科研轻教学、创新动力不足等问题，提出做好顶层设计、完善大学管理机制、创新人才培养

---

① 张炜．世界一流大学的共性特征与个性特色［J］．中国高教研究，2016（1）：61—64.

② 周光礼．世界一流大学的特质［J］．中国高等教育，2010（12）：44—47.

③ 周光礼，武建鑫．什么是世界一流学科［J］．中国高教研究，2016（1）：65—73.

④ 马德秀．创建世界一流大学的阶段性挑战与思考［J］．中国高等教育，2010（23）：7—9.

⑤ 胡乐乐．世界一流大学的界定、特征与我国的挑战［J］．学位与研究生教育，2016（8）：6—11.

⑥ 王洪才．"双一流"建设与传统路径依赖超越［J］．高校教育管理，2017，11（6）：1—7.

⑦ 储召生．问道"双一流"：中国一流大学建设回顾与反思［M］．合肥：中国科学技术大学出版社，2017.

⑧ 耿有权．对我国世界一流大学建设道路的辩证思考［J］．江苏高教，2010（5）：40—42.

模式、坚持特色发展的一流大学建设路径。① 陕西师范大学吴合文总结了"双一流"建设在遴选标准、政策工具、价值地位、区域布局等方面的挑战，提出"双一流"建设须建立融合全球趋势和中国国情的世界一流标准；采用分类推进战略；将排名用于战略规划和质量改进；重视高校的社会公正目标，立足世界一流高等教育体系推进"双一流"建设。② 上海交通大学冯倬琳从师资队伍、科学研究、人才培养、社会服务、学校管理等方面探讨世界一流大学建设路径，提出我国大学要重视国际竞争；引进与培养一批具有国际水准的学术大师；加强原始创新，建设具有中国特色的世界一流大学。③

浙江工业大学凌健提出世界一流学科建设应选择"组织化"为基本路径，个体角度上达成学科的自组织状态；整体角度上实现学校对学科组织建设和管理的高度有序化。④ 李春林等人以 H 大学 C 学科为例运用组织理论分析一流学科发展历程，将其演进特征归纳为：根据外部环境变化采取适宜策略、构建知识网络整合内外知识资源、优化知识网络机制。在此基础上提出一流学科生成机理模型，即环境—战略—要素—结构—能力—绩效。⑤

三、"双一流"建设关键要素

本部分文献围绕"双一流"建设的关键要素展开，包括校长、学科带头人、教师、校友及教育基金会、智库、治理等。

北京师范大学钟秉林探讨了世界一流大学校长的遴选标准，包括具有学术领导能力、统筹规划能力、校情洞察力、行政管理力、开阔的国际视野，主要通过董事会、政府授权、教职工或学生校友三种遴选机制以及基于董事会、政府部门主体的聘用机制。⑥ 浙江师范大学眭依凡认为世界一流大学校长应该是教育家、学者和道德楷模三个角色的集合，应富有教育思想、具有强烈的教育

---

① 张雪刚．世界一流大学建设路径思考［J］．江苏高教，2017（10）：49—51.

② 吴合文．"双一流"建设的系统审思与推进策略［J］．高等教育研究，2017，38（1）：29—36.

③ 韩萌，张国伟．战略联盟：世界一流大学群体发展的共生机制研究［J］．教育研究，2017，38（6）：132—139.

④ 凌健．学科"组织化"：介入世界一流学科建设的路径选择［J］．中国高教研究，2016（5）：10—13.

⑤ 李春林，刘丽丽．一流学科的演进特征与生成机理——以 H 大学 C 学科为例的探索性研究［J］．教育发展研究，2017，37（21）：39—45.

⑥ 钟秉林，周海涛．世界一流大学的校长选聘机制及其启示——世界一流大学校长管理比较研究［J］．国家教育行政学院学报，2011（8）：6—10＋14.

使命感、具有治理大学的能力。①

中南大学陈媛提出“教授治校”是一流大学建设的战略选项，教授治校符合一流大学治理的内在逻辑，凸显一流大学的个性特色，解放大学的学术生产力。② 南京大学谈哲敏认为一流师资队伍是建成世界一流大学的关键因素，应坚持外援与内生打造“高峰队伍”，其一营造适宜人才成长的软环境，其二通过引进人才来培养人才。③ 浙江大学宋永华认为师资队伍建设是“双一流”建设任务的核心，关键要准确把握建设的基本特征，坚守中国特色建设的基本方向，多措并举扎实推进世界一流且具中国特色师资队伍建设。④ 北京理工大学刘进分析了我国109所研究型大学教师简历，探讨了世界一流大学的学术人才回流规律，发现“一带一路”沿线的大学总体占比较低，但对学术人才流入具有重要贡献；来自全球顶级大学的比例较高；东亚地区一流大学与中国学术系统联系极为紧密。⑤ 中国地质大学周刚通过中美比较，指出我国一流大学专职科研队伍存在聘用机制、薪酬体系、管理制度、考核方式、晋升渠道、组织机构和经费来源等问题，提出各级主管部门、高校相关职能部门应做好顶层设计、制度创新。⑥

云南大学罗志敏的著作《校友文化与一流大学创建》将校友工作与我国创建世界一流大学的战略、优化大学内部治理结构、提升人才培养品质联系起来，比较集中、系统、全面地探讨了“何为校友文化”“校友文化与世界一流大学”以及“如何创建校友文化”三个问题。⑦

21 世纪教育研究院熊丙奇认为“双一流”建设当务之急是构建一流管理体系，包括一流的校长、一流的行政人员与机构、完善的学校内部管理结构。⑧ 清华大学王战军等人运用治理理论和利益相关者理论探讨一流大学院系治理的结构要素和运行机制，其应然状态是：厘清学校和院系的权责关系；构建多维

---

① 眭依凡．世界一流大学建设：呼唤教育家型校长崛起［J］．高校教育管理，2016，10（5）：6—11.

② 陈媛．教授治校：建设一流大学的战略选项［J］．中国高教研究，2012（5）：29—32.

③ 谈哲敏．师资队伍是“双一流”建设的核心［J］．中国高等教育，2017（Z1）：26—28.

④ 宋永华．“双一流”建设背景下师资队伍建设的特征与举措［J］．教育发展研究，2017，37（19）：3.

⑤ 刘进，哈梦颖．世界一流大学学术人才向中国流动的规律分析——“一带一路”视角［J］．比较教育研究，2017，39（11）：26—33.

⑥ 周刚，陈华荣．中美一流高校专职科研队伍建设比较与思考［J］．中国高教研究，2013（10）：63—67.

⑦ 罗志敏．校友文化与世界一流大学创建［M］．杭州：浙江大学出版社，2013.

⑧ 熊丙奇．“双一流”需要一流管理［J］．中国高等教育，2016（7）：1.

协调互动的内部治理体系；吸纳重要校外利益相关者参与治理。①

清华大学李锋亮通过实证研究发现，中国和美国一流大学教育基金会相比存在显著差异，主要是基金会的规模与投资水平低于美国，并且其投资收益与学术声誉、教学质量以及雇主声誉难以形成显著的、相互促进的正反馈机制，提出我国大学应健全配比基金等相关制度、加大募捐力度、健全基金会的资金运营体制。②

中南财经政法大学汪锋探讨了一流学科与智库建设的互动机制，提出当前存在"各自为政""一实一虚"的现象，应从强化外部约束与实施综合改革着手，加快建设二者的战略协同机制、制度联动机制、综合发展机制。③

浙江工业大学方阳春认为世界一流学科建设要注重学科带头人的遴选和培养。学科带头人应具有提出学科愿景、做好学科战略布局、资源整合、队伍建设职责，具备学术研究、战略规划、建立内外部关系、组织管理和资源整合、团队建设和领导艺术、良好个人素养和声誉六方面胜任能力。完善学科带头人培养机制的策略包括做好培养和继任计划、提升管理能力和使命感、提高管理能力和领导艺术。④

第二节　"双一流"建设实践

"双一流"建设政策及名单实施后，地方政府及高校加紧部署，科学编制建设方案。"双一流"建设实践文献包括期刊论文 10 篇、报纸 13 篇。研究内容聚焦于区域"双一流"建设和高校"双一流"建设规划及经验，研究方法以政策分析、比较分析为主。

一、区域"双一流"建设实践

上海市教育委员会苏明指出上海市按照党中央和国务院总体部署，率先对

① 王战军，肖红缨．一流大学院系治理的应然状态［J］．教育发展研究，2016，36（19）：54—62 +78.

② 李锋亮，王云斌．教育基金会的发展与世界一流大学建设［J］．复旦教育论坛，2016，14（3）：19—25.

③ 汪锋．高校一流学科与新型智库建设的互动机制研究［J］．中国高教研究，2016（9）：35—41.

④ 方阳春，贾丹，陈超颖．世界一流学科带头人的科学遴选和培养机制研究［J］．中国高教研究，2016（5）：21—24.

接，初步构建了区域“双一流”战略实施框架，包括以二维分类体系构建上海高等教育分类发展总体格局，以“高峰”“高原”学科建设计划加快建设一流学科点，以部市共建驻沪部属高校和实施高水平地方高校建设计划“双轮”驱动一流大学建设，以先行先试、简政放权和放管结合构建“双一流”建设保障机制。①

湘潭大学黄云清提出湖南省精心部署全省高校“双一流”建设，做好“加减法”，抓好六个关键环节：宏观调控上更加突出政策引导，避免“统死管细”；资源配置上更加突出竞争机制，避免“撒胡椒面”；学科布局上更加突出比较优势，避免“全面出击”；人才培养上更加突出质量特色，避免“千校一面”；服务社会上更加突出贡献效能，避免“蜻蜓点水”；文化建树上更加突出团结精进，避免“离散内耗”。② 河北师范大学赵月霞认为河北省高等院校推进“双一流”建设要切实增强历史自觉、制度建设自觉和干事创业自觉，全面提高办学水平。③

西南财经大学习勇生运用 Nvivo 11 质性软件分析了 30 项省域政府“双一流”建设政策文本，定量分析结果建议地方政府实施跨期动态的注意力配置策略；采用边际替代率均衡的结构优化；关注注意力配置对象分类的“类型”维度。④

二、高校“双一流”建设实践

1. 一流大学建设实践

本部分文献详细分析了清华大学、北京大学等高校“双一流”建设的实践改革举措。

清华大学邱勇认为世界一流大学必须具有一流的师资，造就一流的人才，产出一流的学术成果，并且具有广泛的世界影响力。清华大学在师资队伍、人才培养、科研产出、学校影响力等方面实施了综合改革，以人事制度改革为突破口，全力建设一流师资队伍，与学科建设目标相统一，突出育人导向，注重青年教师的成长；深入推进教育教学改革，倾力培育一流人才，以价值观引导为首，建立价值塑造、能力培养、知识传授“三位一体”的人才培养模式；启

① 苏明. 办好中国特色社会主义高校 着力推进“双一流”建设［N］. 中国教育报，2017-01-26.

② 黄云清. 创建“双一流”要做好“加减法”［N］. 湖南日报，2016-11-30.

③ 赵月霞. 努力增强办学自觉 推进“双一流”建设［N］. 河北日报，2016-07-22.

④ 习勇生. “双一流”建设中地方政府的注意力配置——基于30项省域政策文本的Nvivo软件分析［J］. 教育发展研究，2017（21）：31—38.

动科研体制机制改革，全面推动学科交叉、军民融合、智库建设、成果转换等体制机制建设；实施全球战略，着力打造一流影响力。①

北京大学林建华指出北京大学将以“中国特色，世界一流”为核心，面向国家重大战略发展需求，全面提升学校人才培养、科学研究、社会服务、文化传承创新、国际交流合作等方面的实力。明确学校核心使命，全面落实立德树人；推动学科调整，提升学校整体竞争力；不断改革创新，完善现代大学制度；精心布局和规划一流学科，形成学科高地和高峰。②

浙江大学金德水等人指出浙江大学通过全面综合改革构建以立德树人、全面发展为目标的人才培养体系，以自主创新、突出贡献为导向的学术创新体系，以科学评价、人尽其才为核心的人才队伍体系，以权责统一、各尽其职为基础的学校治理体系，加快建设成为综合型、研究型、创新型的世界一流大学。③

南京大学校长陈骏指出“双一流”建设关键期南京大学要把握教育规律，建立现代大学制度；引领创新，提升国际影响力；建立全方位的人才培养体系，培养拔尖创新型人才；推进“高峰建设”，打造金牌学科。④

华中科技大学谢辉祥探究了工科类高水平行业特色大学的“双一流”建设路径问题。新时期改革要保持优势学科，缔造学科高峰，采取“倾斜—共生—融合—提升”的学科建设策略统筹发展；科研要立足学术前沿、国家需求和行业发展需求；人才培养定位面向产业技术和专业学术的行业性精英人才；增强知识溢出能力，服务产业转化升级需求。⑤

武汉大学黄俭等人认为“双一流”建设中地方高校不应“置身事外”“隔岸观火”，而应该充分挖掘自身优势，洞察机遇，紧密依据院校传统与特色制订对接“双一流”的规划方案。⑥

郑州大学郑永扣认为面对新一轮国家层面高等教育重点建设的战略布局，郑州大学应根据河南省经济社会发展需要，为打造富强河南、文明河南、平安河南、美丽河南提供有力的科研创新支撑、人才智力支撑和思想文化引领。结合学校实际，着力扩大世界一流学科在学校的覆盖面；推进教育、科技和河南

---

① 邱勇．全面推进综合改革，加快建设中国特色世界一流大学［J］．中国高等教育，2016（24）：18—19.

② 林建华．以改革创新求发展，开创“双一流”建设新局面［N］．中国教育报，2017 - 01 - 26（1）.

③ 金德水，吴朝晖．脚踏实地建设中国特色世界一流大学［N］．光明日报，2015 - 11 - 13（2）.

④ 陈骏．创建世界一流大学是南京大学的责任与使命［N］．江苏教育报，2016 - 03 - 23（4）.

⑤ 谢辉祥．工科类高水平行业特色型大学“双一流”建设路径研究［J］．高等工程教育研究，2017（6）：87—94 + 115.

⑥ 黄俭，王传毅．双一流：地方高校不应“置身事外”［N］．中国教育报，2016 - 05 - 09.

省经济社会发展紧密结合，把郑州大学打造成中部地区人才高地、科研基地和交流合作中心。①

东北师范大学刘益春认为世界一流师范大学需扎根中国大地，体现师范特色，建设一流的师范教育。应以一流学科建设为基础，构建科教融合、教研相长、多学科协同的育人机制。②

贵州大学张寒松认为贵州大学“双一流”建设应恪守“思行合一”的基本准则和坚持“大学为学生”的办学理念。改革需体现长远眼光、世界眼光和现代眼光。长远眼光即考虑学生的一生，立足于育人的长远目标；世界眼光体现在汲取世界一流大学建设经验和标准，创建世界公认的一流大学；现代眼光体现在现代教育理念和现代大学制度两个方面。③

北京工业大学柳贡慧认为地方高校“双一流”建设的政治逻辑、社会逻辑、学术逻辑分别是守正创新、社会贡献、学科建设，其建设路径包括立足一流学科，以学科特色带动发展；建设一流专业，以专业建设助力发展；培养一流人才，以服务地方引领发展。④

北京外国语大学彭龙认为作为单科性大学，北京外国语大学“双一流”建设要加强国际合作，吸引全球各地优秀生源，设计清晰的人才成长路线图。利用国际教育资源，参与国际组织人才培养。集中打造三大学科集群：外国语言文学学科群、非通用语种学科群和包含“多语教育科学”“区域与全球发展”“比较文明”在内的学科集群⑤。

江苏大学袁寿其认为作为省属综合性大学，江苏大学将通过一流学科建设“以点带面”引领转型发展，带动学校进入世界同类大学行列。集聚学校农业工程学科底蕴，彰显学校“工中有农、以工支农、工农结合”的办学特色。充分把握学科专业与江苏经济高度契合的优势，为建设“强富美高”的新江苏做出新贡献。⑥

浙江工业大学蔡袁强认为作为地方高水平大学，浙江工业大学需反思办学定位，彰显地方特色，向综合性、研究型大学奋进。以立德树人为根本，着力打造一流的高水平研究生教育；以一流学科建设为主线，着力打造优势学科群；以高端人才为突破口，扎实推进人才强校战略；以协同创新为抓手，重点提升

---

① 郑永扣．建设世界一流学科，创建世界一流大学［N］河南日报，2015－10－14（8）．

② 刘益春．扎根中国大地，以一流学科助推世界一流师范教育［J］．中国高等教育，2017（19）：25—26．

③ 张寒松．高校“双一流”建设重在“思行合一”［N］．贵州日报，2017－06－08（6）．

④ 柳贡慧．地方大学“双一流”建设的逻辑与途径［J］．中国高等教育，2017（18）：33—34．

⑤ 彭龙．单科性大学如何推进“双一流”．［N］．中国教育报，2017－06－12（5）．

⑥ 袁寿其．精准发力，以一流学科建设引领学校转型发展［N］．江苏教育报，2017－02－10（1）．

解决经济社会发展问题的能力；以国际化和信息化为路径，加快推进学校跨越式发展。①

2. 一流学科建设实践

本部分文献探讨了特定学科建设的路径和方式，专门比较了中外高水平大学学科发展水平、潜力等。

湘潭大学黎益君等人认为建设一批世界一流的马克思主义理论学科，支撑构建中国特色哲学社会科学。中国特色的马克思主义学科建设要审时度势，增设马克思主义理论一级学科；优先建设马克思主义理论学科和学科群；加快马克思主义学科重点研究基地、重要研究阵地建设。②

云南大学周宏提出人文学科可以卓越，无法"一流"。人文学科专注于价值和精神探索，强调差异化发展，难以使用统一、科学、量化的评价指标评定，因此人文学科无法达到评价维度的"一流"。正确认识人文学科发展的特殊性，评价指标体现文化的发展持续性和形态多样性，才能达成卓越。③

中南财经政法大学校长杨灿明指出应利用学科群建设引领财经学科发展。建立财经类学科联盟，推进财经政法两大学科融合发展；财经学科建设与国家、社会、市场充分互动，缩短财经教育、财经研究、财经实践之间的差距；立足实际，建设具有中国特色、地域特色的财经学科。④

中国矿业大学（北京）莫蕾钰等人基于 InCites 数据对比分析了美国加州大学伯克利分校、加州大学洛杉矶分校和密歇根大学安娜堡分校三所公立大学与中国北京大学、清华大学两所部属高校的学科发展水平。结果显示，中国大学在整体实力与分学科实力上与美国还存在较大差距。应培育绝对优势学科，构建学科差异化激励机制；加强与有影响力的科研机构深度合作；改善基金绩效评估与激励。⑤

大连理工大学姜华等基于 ESI 数据库和 InCites 数据库对比分析了中国 C9 高校和澳大利亚八校联盟（G8）高校一流学科的科研生产力和科研影响力。研究发现，相比于 G8 高校，中国 C9 高校学科在科研生产力上占据优势，但在科研影响力上差距明显。提出平衡高校学科的科研生产力和影响力，加强机构合

① 蔡袁强．"双一流"建设中我国地方高水平大学转型发展的若干思路——以浙江工业大学为例［J］．中国高教研究，2016（10）：33—37．

② 黎益君，黄华为．紧扣"双一流"建设，推进马克思主义学科建设［N］．中国社会科学报，2017－10－31（8）．

③ 周宏．人文：可以卓越，无法"一流"［N］．中国教育报，2016－05－16（5）．

④ 杨灿明．"双一流"背景下财经学科如何发力［N］．中国教育报，2017－12－18（5）．

⑤ 莫蕾钰，洪成文．中美顶尖公立大学一流学科学术发展比较——基于 InCites 数据分析［J］．中国高教研究，2016（8）：61—69．

作，能有效促进高校一流学科建设。①

上海交通大学郑燕基于 InCites 数据对比分析了中国 C9 高校和北美大学联盟（AUU）大学理科结构、规模和质量。结果显示，与美国相比，中国大学理科发展速度快，但发展质量具有一定差距。中国一流大学理科应聚焦质量，鼓励原创性科研，根据本校各学科发展现状采取分类发展、分类推进，需加强空间科学、地球科学以及生命科学与医学的跨学科研究。②

第三节 “双一流”建设评价

评价作为“双一流”建设的重要环节，能有效推动“双一流”建设的进程，调整实施策略。本部分文献共 12 篇（部），其中期刊论文 5 篇，报纸 3 篇，学位论文 2 篇，著作 2 部。研究内容围绕评价理念、一流大学及学科排名等，提出我国应建立中国特色的“双一流”建设评价体系。研究方法主要使用量化研究。

一、世界一流大学评价

中国人民大学李珣等人认为“双一流”评价建设体系须以中国道路、中国制度、中国理论、中国梦想和中国经验为中心，坚持鲜明的社会主义核心价值观立场，把握正确的评价导向与政治方向，形成中国特色的“双一流”建设评价体系。③ 浙江师范大学刘尧认为“双一流”建设需要中国特色评价体系支持以达到预期目标。中国特色评价体系重在独树一帜，实施高校分类分层、多元评价。④

中山大学杨清华等人认为建立中国特色的世界一流大学评价体系迫在眉睫，泰晤士高等教育（THE）、QS、美国新闻与世界报道（US News）、世界大学学术排名（ARWU）等主流的世界大学排名不能体现中国特色的建设目标。提出中国特色评价体系应在坚持中国特色的同时，兼顾国际学术标准；关注人才培

① 姜华，刘苗苗．中国“C9”与澳大利亚“G8”联盟一流学科之比较分析——基于 ESI 和 InCites 数据库［J］．中国高教研究，2017（6）：67—72＋81．

② 郑燕．中美一流大学理科发展状况比较研究［J］．研究生教育研究，2012（4）：86—90．

③ 李珣，吴付来．“双一流”建设评价要有中国标准［N］．中国教育报，2017－03－23．

④ 刘尧．以中国特色评价体系支持“双一流”建设［N］．中国社会科学报，2017－11－28．

养的质与量；主客观结合。①

南京农业大学刘路等人基于2005年和2015年ARWU、THE、QS的排名数据，分析了世界一流大学10年的排名位序变动。研究发现，全球约有47所大学的位序保持了相对稳定性，即在2005年和2015年ARWU、THE、QS前100名的大学集合中均有交集，“进步型”和“退步型”高校各有10所；“进步型”大学的发展成因包括稳定的经费投入、政府主导的重大举措、高校制定和实施战略规划。②

武汉大学邱均平等人通过分析2011年《世界一流大学与科研机构学科竞争力评价》发现，中国大学科研竞争力虽取得了较大进步，但与发达国家世界一流大学相比差距较大。提出应在以下方面努力：提高发文量，增强科研生产力；提高论文质量，增加论文被引总量、高被引论文数和高被引论文占有率，扩大科研影响力，增强科研发展力；把握世界科研前沿，提高热门论文数，增强科研创新力；将专利转化为生产力。③

南京师范大学董彦邦通过分析我国大学在世界大学学术排名、QS世界大学排名、THE世界大学排名、荷兰莱顿大学排名、世界大学科研论文表现排名、西班牙世界大学网络计量排名等诸多排名表现情况，提出我国大学进入排名的数量逐年增多，总排名及各单项指标排名逐年提升，但总排名主要集中在排名末段；各单项排名仅在反映规模指标上表现优异，反映质量指标上表现差强人意。④

武汉大学邱均平等人的《世界一流大学和一流学科评价研究报告》分析了ESI中的1337所大学数据，计算出世界各国或地区科研竞争力排行榜、世界一流大学综合竞争力排行榜、世界一流大学分学科排行榜、世界一流大学一级指标排行榜、世界一流大学基本指标排行榜等分析结果，从不同角度反映了世界一流大学和一流学科的建设和发展情况。根据世界一流大学的特征、标准及中国高等教育的实际情况，推出中国一流大学和一流学科排行榜；建议我国应加强薄弱学科扶持力度、增强自主办学特色、加强国际交流合作等。⑤

---

① 杨清华，孙耀斌，许仪．建立中国特色的世界一流大学评价体系［J］．中国高等教育，2017（19）：42—45.

② 刘路，刘志民．世界一流大学10年排名位序变动性研究——基于2005、2015年THE、QS、ARWU的数据［J］．高等工程教育研究，2017（3）：179—182.

③ 邱均平，马凤．中国高校在建设世界一流大学过程中的进步和问题——基于2011年《世界一流大学与科研机构学科竞争力评价》的分析［J］．中国高教研究，2012（1）：17—22.

④ 董彦邦．我国世界一流大学建设进展研究［D］．南京：南京师范大学，2015.

⑤ 邱均平，等．世界一流大学和一流学科评价研究报告2016—2017［M］．北京：科学出版社，2017.

王琪等人的著作《世界一流大学：共同的目标》基于排名视角阐述了全球大学排名和指标研究的最新进展，回顾了大学排名在高等教育管理中的作用，讨论了国家和大学如何采纳并应用排名及其结果。①

二、世界一流学科评价

华北电力大学翟亚军等人认为“双一流”建设语境下学科评估存在窄化、泛化、矮化和固化等现象，其评估局限被忽略、评估功能被夸大、评估诉求被扭曲，提出须开展服务于世界一流学科建设的学科评估，恪守去利益化、去行政化、去功利化三大原则，回归学科本真，坚守评估初心，立足国内，面向世界。② 中国人民大学胡娟认为世界一流学科评价需要思考评价学科是否能简单地移植大学评价模式、不同的学科保持品格和特色的原因、如何认识人文社会学科的“中国特色”与“世界水平”、人才培养对一流学科评价的重要程度等问题。提出一流学科建设和评价应注重“分类”“尊重”和“去功利化”。③

北京理工大学刘瑞儒等人使用 QS、ARWU、THE、US NEWS 学科排名、第四轮学科评估的评价指标，采用解释结构模型（ISM）方法对评价指标进行矩阵运算，获取世界一流学科评价指标多级递阶层级结构模型，构建了世界一流学科建设实施路线图。据此提出对策建议：第一，确保学科建设经费充裕；第二，加大科研经费投入力度，引进高水平科研教学师资力量，夯实学科建设基本条件；第三，产出高质量科研成果和涌现一流学者；第四，高水平教学和人才培养质量；第五，提升国际化水平；第六，承担国家重大课题，提升研究水平，体现学科价值。④

上海交通大学沈悦青运用全世界 1200 余所大学国际论文发表数据，采用论文总数和科学引文索引一区刊（Q1）论文比例两项文献计量指标评价大学在数学、物理学、化学、地球科学、机械工程、电力电子与通信工程、土木工程、化学工程、计算机科学、材料科学、经济学、心理学、社会学 13 个学科的表现，遴选了各个国家和大学的世界一流学科，呈现出“一流学科分布图”。据此提出建议：第一，重视原创性科学研究，实现从数量增长为主向质量提升为主的转型；第二，

---

① 王琪，程莹，刘念才. 世界一流大学：共同的目标［M］. 上海：上海交通大学出版社，2013.

② 翟亚军，王晴. “双一流”建设语境下的学科评估再造［J］. 清华大学教育研究，2017（6）：45—51.

③ 胡娟. 如何认识和评价世界一流学科［N］. 光明日报，2016－03－29.

④ 刘瑞儒，何海燕，李勇，等. 统筹推进世界一流学科实施路线图——基于世界一流学科评价指标［J］. 教育发展研究，2016（21）：1—7.

重点建设一批世界一流水平的学科；第三，提升社会科学国际化水平。①

第四节 世界一流大学发展与比较

本节文献主要探讨美国、法国、英国等国世界一流大学发展及对我国的“双一流”建设经验借鉴。入选本议题的文献共32篇（部），包括期刊论文18篇、学位论文8篇、著作6部。本议题论文按内容分为世界一流大学发展与世界一流大学比较两部分，主要使用比较研究的方法。

一、世界一流大学发展

1. 美国世界一流大学

北京师范大学张辉等人探讨美国大学基金发展与一流大学之间的关系，提出大学基金是成为世界一流大学的最佳发力点。由此，我国研究型大学“双一流”建设应将捐赠基金作为大学经费筹措的重要突破口，经济发达地区的大学应利用当地社会资源与校友资源，加强捐赠基金的筹措与管理。②

福州大学牛风蕊等人认为美国世界一流大学教师薪酬制度呈现较强市场竞争性、多元因素分割、定期增长及调整等特征。其协同保障机制包括“非升即走”的人才筛选机制、“集体谈判”的外部调整机制、完善的福利保险计划。鉴于此，我国应提高教师薪酬水平，增强学术职业外部竞争力；优化薪酬结构，强化教师薪酬保障功能；加强配套制度建设，完善教师薪酬体系，构建良好引才育才环境。③

兰州大学徐美娜对比了美国普林斯顿大学、哈佛大学和加州大学伯克利分校三所世界顶尖大学，归纳出世界一流大学共同的本质特征是学术自由和大学自治，提出制约我国建设世界一流研究型大学的直接关键因素是学术自由不充分和大学自治权缺失。④

上海交通大学谢亚兰以2008年世界大学学术排名ARWU前百强中的54所

① 沈悦青．基于文献计量学指标的世界一流学科遴选与分布研究［D］．上海：上海交通大学，2011.

② 张辉，等．“双一流”建设的社会成本分担机制研究——基于美国大学与捐赠基金关系的数据分析［J］．中国高教研究，2016（3）：56—60.

③ 牛风蕊，张紫薇．美国世界一流大学教师薪酬的制度模式、特征及其协同机制［J］．中国高教研究，2017（6）：59—66.

④ 徐美娜．影响世界一流研究型大学形成的关键因素的研究［D］．兰州：兰州大学，2011.

美国一流大学为研究样本，剖析了 2000—2005 年科研经费的学科分布状况，发现其呈现显著的差异性、针对性与稳定性等特征。据此建议，我国应提升大学的整体竞争力，更应以充足的经费保障建设若干世界一流的学科，进而建成世界一流大学。①

东南大学狄晶晶通过比较伊利诺伊大学厄巴纳 - 香槟分校、卡内基 · 梅隆大学、马里兰大学巴尔的摩分校 3 所美国一流大学的战略规划文本，发现学校应明确自身定位，发展不求“面面俱到”；保证适度的灵活性，学校任务指标不量化；较强的危机意识，重视扩大社会影响力。同时，研究了复旦大学、西安交通大学和东南大学 3 所国内重点大学的战略规划，相比而言，应关注愿景与使命、倡导文本设计的个性化和重视规划制定、技术研究，其实践应挖掘学校自身优势、凸显办学特色、强化社会服务功能、细化战略目标要求、落实责任人负责制。②

厦门大学王普分析了美国世界一流大学国际化的历史变迁和发展现状，其国际化程度与学术卓越度存在显著正相关关系，国际化的关键在于制度建设先行，保障和依靠是国家引导及多元参与。因此，建议我国须建立由国家主导的推动国际化的良好机制，加快培育国际化的多元参与机制。③

浙江工业大学邢丽娜提出美国世界一流大学经费水平特征是私立大学收入水平高于公立大学，而其支出水平低于公立大学；经费结构特征是收入结构较为多元和稳定，以政府投入或投资收入为主；支出结构较为多元和稳定，以教学和研究支出为主。对我国“双一流”建设的经验启示是：政府应继续增加投入，提高大学的经费水平；制定多样的优惠政策，鼓励多元主体参与高等教育投入；推动财务支出信息公开，敦促大学合理配置资源；高校自身应增强自筹能力，提升经费管理水平；高校自身应拓宽收入渠道，创新收入结构；高校自身应调整支出项目，优化支出结构。④

华中科技大学沈红实地调研了美国哈佛大学、麻省理工学院、西北大学和伊利诺伊大学香槟分校 4 所世界一流大学。新教师招聘过程中，重视院系的“进人”意见、强调“小同行”评价、强调“新人”可产生“群聚效应”的可能性；入职后发展过程中，基层院系承担着财政支持、培训支持、适宜发展的规则支持的责任；教师职称晋升和终身教职确定，基层院系落实教师评价科学

① 谢亚兰．美国世界一流大学科研经费学科分布研究［J］．高等工程教育研究，2011（1）：118—125.

② 狄晶晶．美国一流大学战略规划借鉴研究［D］．南京：东南大学，2015.

③ 王普．国际化与美国世界一流大学的相关性研究［D］．厦门：厦门大学，2011.

④ 邢丽娜．世界一流大学经费水平和结构研究［D］．杭州：浙江工业大学，2017.

性、差异性、多权制衡的责任。①

上海交通大学白静等人分析了加州理工学院、斯坦福大学、麻省理工学院、哈佛大学、普林斯顿大学、加州大学伯克利分校、芝加哥大学、耶鲁大学、宾夕法尼亚大学、加州大学洛杉矶分校和哥伦比亚大学 11 所美国世界一流大学筹资结构、高校规模对科研产出的影响，使用最小二乘法（OLS）回归和固定效应回归模型对比后发现提高学费比例和生均经费会限制科研产出增加；增加非竞争性经费比例有利于提高科研产出水平；增加专职教师数和减少学生总数有利于增加科研产出。对此，我国建设一流大学应合理制定学费标准、增加基础投入与绩效投入、优化高校规模。②

华中科技大学高强分析了美国麻省理工学院培养跨学科人才的发展历程，培养条件是顺应式的培养目标、生动性的校园建筑、多元化的学生群体；培养方式是开设跨学科课程、建设学术共同体、实施跨学科研究计划；主要特色是有限选择、无限融合的学科原则，智慧且灵动的学生个性，紧凑的教育节奏优势，纯净的整体文化优势，丰富的跨学科体验优势，批判且冒险的学生特质。得出对我国一流大学启示：消除对跨学科的芥蒂，正确认识跨学科教育；完善学习管理制度，实现跨学科交融；营造创造性环境，实现美第奇效应；丰富跨学科体验路径，提供针对性指导；关注学生个体的动态发展，给予及时有效的反馈。③

首都经济贸易大学柯文进等人研究美国加州理工大学、斯坦福大学、哈佛大学、麻省理工学院和普林斯顿大学 5 所世界一流大学的薪酬体系，归纳了其主要特征：薪酬目标强调外部竞争性、内部公平性和体现绩效；薪酬水平基于市场调查确定，具有较强的外部竞争力；薪酬类型以协议工资制为主要形式；薪酬管理以学院为主，实行年薪制；薪酬调整与增长具有稳定机制；薪酬福利多样化、人性化。④

国家教育行政学院石连海分析了加州大学伯克利分校（公立综合性大学的代表）、莱斯大学（私立研究型大学的代表）和德州农工大学（地方特色型大学的代表）3 所美国一流大学内部管理，其共同特色包括务实高效的科

---

① 沈红，王建慧．一流大学教师队伍建设的院系责任——基于四所世界一流大学的实地调研［J］．教育研究，2017，38（11）：130—139.

② 白静，张国栋．大学筹资结构、高校规模与科研产出的实证研究——以美国世界一流大学为例［J］．教育发展研究，2017，37（17）：16—23.

③ 高强．一流大学培养跨学科人才的经验——以麻省理工学院为例［D］．武汉：华中科技大学，2015.

④ 柯文进，姜金秋．世界一流大学的薪酬体系特征及启示——以美国 5 所一流大学为例［J］．中国高教研究，2014（5）：20—25.

研管理、寄宿书院式的学生管理、“发展性”的人力资源管理。提出我国高校科研管理与成果转化上应增进部门协作、强化校企联盟；学生管理上应强化“以生为本”、重建学生主体性；教师管理上应注重竞争性选拔、“发展性”培养。①

2. 其他国家世界一流大学

北京师范大学张惠等分析了 2010 年法国政府实施的创建世界一流大学政策，涵盖政策目标与任务、项目征集与标准、项目遴选与评审以及经费分配等。该政策具有引领法国高等教育与科研机构的现代化转型、推进立足区域经济的协同创新平台构建、带动科技项目及其平行工程的协作发展、实现一流机构与尖端学科间的强强联合等特征。②

华东师范大学张丹运用政策文本分析、参与式观察和访谈等方法，梳理了法国高师集团“高校共同体”在改革机制、法律保障、财政引导、治理模式、学科课程等方面实践探索经验。对我国“双一流”建设机制有借鉴价值：制定权责明晰具体的法律法规；提供目标导向与管理的财政支持；开放与多元化管理，将高校科研与社会需求相链接；以研究问题为契机，知识导向实践，多学科跨学科融合。③

广西财经学院谢凌凌采用访谈法分析了英国剑桥大学教育学院的治理架构、运行机制、学院文化、师资管理与人事政策、大学创新与创业问题，提出我国应建立具有弹性和活力的大学制度与管理结构、勿抄牛津剑桥的模式、设立理事会等建议。④

河北大学李明忠认为韩国浦项科技大学作为后发新型世界一流大学，规模小而资源有限，采取“小而精”的特色发展战略，摒弃追求各个领域都出类拔萃，聚焦大学“高尖精”发展，着力打造精选特色学科和重点领域。⑤

二、世界一流大学比较

本部分文献比较了世界一流大学的发展现状和建设政策。

---

① 石连海．美国一流大学内部管理特色与启示［J］．教育研究，2017（7）：149—153.

② 张惠，刘宝存．法国创建世界一流大学的政策及其特征［J］．高等教育研究，2015（4）：89—96.

③ 张丹．“双一流”建设机制研究——以法国高师集团“高校共同体”改革为例［J］．教育发展研究，2016（17）：14.

④ 谢凌凌．世界一流大学的学院治理与高等教育创新——对剑桥大学教育学院院长杰夫·海沃德教授的访谈［J］．高等教育研究，2017，38（5）：1—8.

⑤ 李明忠．“小而精”：后发新兴世界一流大学的特色发展战略——以韩国浦项科技大学为例［J］．中国高教研究，2012（8）：45—49.

南京农业大学刘志民通过比较加拿大、法国、德国、日本、韩国、俄国、印度7个“追赶型”国家建设世界一流大学的重大举措，归纳其共同点是增加资金投入，加快提升大学和科研机构研究能力，集中资源培养高端人才。建议我国应增加政府财政投入，改革大学管理体制，支持重点和前沿学科，建立第三方评价机制。①

清华大学阎琨等人选取进入ARWU、THE、US News、QS四大排行榜的52所院校，从学生规模与结构、生师比、科研成果、国际化水平、研究经费等指标切入考察，将世界一流大学共性特征概括为拥有雄厚的办学实力，包括充足的经费和稳定的收入、良好的科研环境和学科平台、一流的学者队伍。②

华南师范大学卓泽林研究了美国加州大学圣地亚哥分校、英国剑桥大学和新加坡国立大学等世界一流大学的技术转化，发现其总体上重视构建政策、理念和组织机制；理念和政策上强调校内外合作和高水平人才的引进；运作机制上则分别设置了概念证明中心、剑桥企业和新加坡企业组织构架。③

上海交通大学喻恺等人考察了25所亚洲一流大学的校长选拔模式。研究发现，多数大学属于内部提拔模式，新兴大学相较传统大学更容易接受外部选聘；不同国家或地区大学选拔模式上存在较明显的差异；在同一国家或地区中，不同大学的文化和历史背景也可能带来特定的选择倾向。④

华中科技大学张芳芳选取香港科技大学、印度理工学院、新加坡南洋理工大学三所亚洲一流理工大学展开案例研究，主要从人才培养、师资建设、科学研究、管理机制、经费来源方面探究了样本大学在短时间内崛起为世界一流大学的原因。发现其崛起具有自上而下、采借先进一流大学的示范性、突发性等共同特征。由此，提出我国大学应建立学术权力居于主导的现代大学制度、开展立足本地的国际化、高校战略性变革等研究建议。⑤

吉林大学车旭剖析了中国、日本、韩国三国“世界一流大学建设工程”的实施背景、实施目标、实施过程、实施成效等，阐述了历史文化、办学理念和社会形态等因素导致其核心建设内容、资助对象、资助方式、信息公布等方面

① 刘志民，何红中，张振华，胡必强．七个“追赶型”国家建设世界一流大学的重大举措比较[J]．现代大学教育，2012（4）：44—49+112.

② 阎琨，李莞荷，林健．世界一流大学特征研究——基于全球大学排名的实证分析[J]．高等工程教育研究，2017（1）：82—87.

③ 卓泽林．世界一流大学的技术转化：理念、政策和组织机制[J]．国家教育行政学院学报，2017（9）：73—79.

④ 喻恺，田原．内部提拔还是外部选聘：亚洲一流大学校长选拔模式研究[J]．清华大学教育研究，2012，33（1）：18—19.

⑤ 张芳芳．亚洲一流理工大学的崛起——基于香港科技大学、印度理工学院、南洋理工大学的研究[D]．武汉：华中科技大学，2012.

的差异。据此提出以下建议：人为中心，持续发展；绩效杠杆，动态评估；信息公开，落实监督；整合资源，统筹规划。①

首都医科大学王琪等人的著作《世界一流大学：国家战略与大学实践》从国家战略和大学实践两方面介绍了如何建设世界一流大学。国家战略部分主要阐述了亚太地区研究型大学的全球视角与战略、精英大学在国家高等教育和研究系统中的角色、罗马尼亚高等教育优先议程及其顶尖大学卓越战略。大学实践部分主要梳理了非洲喀麦隆雅温得第一大学、洛桑联邦理工学院、新加坡国立大学、内布拉斯加大学、沙特阿卜杜勒阿齐兹国王大学等建设世界一流大学的实践和前景。②

南京大学汪霞的著作《世界一流大学研究生培养模式和课程体系研究》分析了美国、英国、德国、澳大利亚和日本五个国家的 14 所一流大学研究生教育的历史沿革、理念和目标，总结了研究生教育外部和内部质量保障机制，勾勒了研究生培养模式和课程体系的总体框架，为深化我国研究生教育改革提供了学术洞见和实践指南。③

湖南大学赵跃宇的著作《世界一流大学内部治理体系研究》分析了美国、加拿大、英国、德国、俄罗斯、日本、澳大利亚、中国台湾地区和香港地区的一流大学内部治理体系，包括整体概况、高校案例等。最后提出中国大学需要革新制度和文化，学术评价有利于学术发展，辩证看待科技指标。④

山东大学韩萌等人分析了美国常春藤大学联盟、美国大学联合会、英国罗素集团、德国理工大学联盟、加拿大高校联盟和澳洲八校世界一流大学联盟的准入原则和组织运作，分析了联盟共生机制的特征，指出我国建设世界一流大学战略联盟的关键是建立法规章程、专业的质量监管体系以及寻求社会支持等。⑤

上海交通大学冯倬琳等人分析了七个国家 10 所世界百强大学的国际化战略文本，发现这些大学的国际化战略以服务学校核心职能为基础，具有开展世界一流的科学研究、培养未来各领域的领导者、提供世界一流的知识转化和咨询服务等特征。同时，国际化战略管理以战略导向为重点，以战略伙伴为焦点和以战略实施为关键。对我国大学国际化的启示：第一，地位上将国际化战略作

---

① 车旭．中日韩“世界一流大学建设工程”差异性比较研究［D］．长春：吉林大学，2017.

② 王琪，程莹，刘念才．世界一流大学：国家战略与大学实践［M］．上海：上海交通大学出版社，2011.

③ 汪霞．世界一流大学研究生培养模式和课程体系研究［M］．南京：南京大学出版社，2015.

④ 赵跃宇．世界一流大学内部治理体系研究［M］．北京：高等教育出版社，2016.

⑤ 韩萌，张国伟．战略联盟：世界一流大学群体发展的共生机制研究［J］．教育研究，2017，38（6）：132—139.

为大学优先发展战略；第二，内容上围绕大学核心职能，着眼于未来的长远目光选择战略伙伴；第三，实施中明确行政部门和院系实体的职责，发挥院系和教师的能动性。①

清华大学李曼丽等人分析了英国、美国10所一流大学教师管理政策文本，探究了教师培训开发机制、激励与留任机制。教师队伍管理呈现以下共性特征：教师招聘过程中秉持严苛的选聘标准和严谨的选聘、任用程序，但在教师任职过程中，依托专门的教学机构提供多样化的教师培训与开发服务项目；在严控质量、有序晋升过程中，注重综合运用物质和精神双重激励机制鼓励教师留任。鉴于此，我国高校在推进世界一流大学建设进程中应探索教师管理模式：树立尊重人、重视人、关心人的教师资源开发与管理意识，形成吸引、稳定和激励人才的良好氛围；重视教师培养，促进教师队伍的可持续发展；提高教师待遇，改善教师教学和科研条件，营造待遇、事业、情感留人的优良环境。②

复旦大学赵洁慧研究了美国大学联合会（AAU）、澳大利亚八校联盟、英国罗素集团三个一流大学联盟的准入标准。研究发现，联盟的基本特征是创新知识，汇聚一流师资，培养高水平人才，提升国际化水平。对我国一流大学建设评估的启示在于评估应体现类型特征；明确评估标准的价值导向，引领走向世界一流；评估标准要与时俱进，符合发展需要；提高评估标准的科学性与合理性。③

浙江大学田稷的著作《世界一流研究型大学联盟综合竞争力分析》针对美国大学联盟、英国罗素集团、澳大利亚八校联盟、东亚研究型大学学会、中国九校联盟等五大联盟，分别比较了联盟各内部成员和各联盟之间的办学竞争力、人才培养竞争力和学术竞争力。剖析了我国九校联盟与国外一流大学联盟的差距，为相关研究人员及管理人员提供参考。④

北京大学党委办公室编写的《大学之间：世界一流大学建设的实践与思考》一书从现代大学制度、教学科研、学生事务、管理服务四个角度研究如何建设世界一流大学。现代大学制度部分探讨了以加州大学伯克利分校、加利福尼亚大学洛杉矶分校为代表的美国公立大学权力与监督机制、新加坡高校治理与管理服务、美国密歇根大学社会服务职能运行机制、日本高校大学

---

① 冯倬琳，刘念才．世界一流大学国际化战略的特征分析［J］．高等教育研究，2013（6）：1—8.

② 李曼丽，李明．英美两国一流大学教师资源的开发与留任机制探微——基于英美10所世界一流大学的案例分析［J］．清华大学教育研究，2017（6）：59—66.

③ 赵洁慧．一流大学战略联盟准入标准研究［D］．上海：复旦大学，2013.

④ 田稷，马景娣．世界一流研究型大学联盟综合竞争力分析［M］．杭州：浙江大学出版社，2015.

治理与法人化改革情况。教学科研部分总结了美国研究生教育的特点：多样性、个性化、追求卓越，概述了北京大学创业生态体系建设情况。学生事务方面概述了斯坦福大学、新加坡大学和密歇根大学学生事务状况。管理服务部分主要分析了美国一流大学信息化建设情况、美国公立大学捐赠管理中的协作机制。①

上海交通大学程莹的著作《世界一流大学：对全球高等教育的影响》讨论了法国、德国、俄罗斯、韩国、日本、中国等国家和地区建设世界一流大学的政策实施、实践举措、发展趋势，并探讨了世界一流大学在促进国家、地区经济增长和社会发展中的作用，提出世界一流大学要致力于培养高技能、知识型的精英人才，服务于社会需求。②

第五节　文献分布及其特点分析

"双一流"建设是 2018 年新增的专题，研究内容涉及"双一流"建设理论、实践、评价以及世界一流大学发展与比较等。

一、检索文献分析

本专题共检索文献 1239 篇（部）。从 2010 年至 2017 年，文献总量呈上升趋势，期刊论文、报纸文章数量在 2016 年和 2017 年涨幅较大，学位论文、著作数量变化较小。从比例上看，期刊论文占比最大，达 61.8%，其余依次是报纸、学位论文和著作。

通过查看摘要与阅读文献内容，本专题采纳的文献总量为 116 篇（部），含期刊论文 77 篇、报纸 19 篇、学位论文 10 篇、著作 10 部。入选文献类型以期刊论文为主，占 66.4%；其他类型文献依次为报纸占 16.4%、学位论文占 8.6%、著作占 8.6%（图 10－1）。

---

① 北京大学党委办公室．大学之间：世界一流大学建设的实践与思考［M］．北京：新华出版社，2016.

② 程莹．世界一流大学：对全球高等教育的影响［M］．上海：上海交通大学出版社，2015.

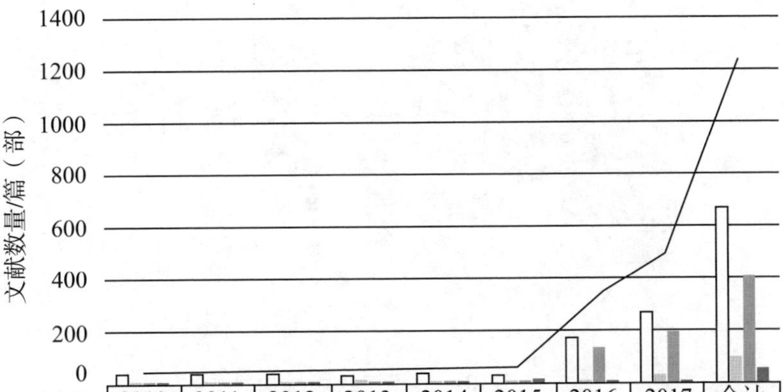

	2010	2011	2012	2013	2014	2015	2016	2017	合计
期刊论文	40	43	44	34	38	33	173	269	674
学位论文	5	8	11	19	7	12	6	30	98
报纸文章	3	3	1	3	4	6	137	199	409
学术著作	5	10	2	4	7	15	8	7	58
总计	53	64	58	60	56	66	324	505	1239

期刊论文　学位论文　报纸文章　学术著作　总计

图 10－1　2010—2017 年文献总体分布及趋势

二、专题结构

“双一流”建设专题分为四节内容，分别为“双一流”建设基本理论、“双一流”建设实践、“双一流”建设评价、世界一流大学发展与比较。其中，“双一流”建设基本理论的文献数量最多，有 49 篇，占全部入选文献的 42%；“双一流”建设实践 23 篇，“双一流”建设评价 12 篇，世界一流大学发展与比较 32 篇（图 10－2）。

三、总结与展望

2010—2017 年，“双一流”建设研究热度不断增加，本专题文献呈现以下特点：第一，“双一流”建设基本理论的文献逐渐增多，反映了研究者对“双一流”建设的理性认识逐渐深入。第二，总结境外“双一流”建设与发展经验，展开境内外比较研究，探寻我国一流大学与世界一流大学发展的差距，提出改进策略。第三，研究者更加注重植根于中国国情，提出中国特色“双一

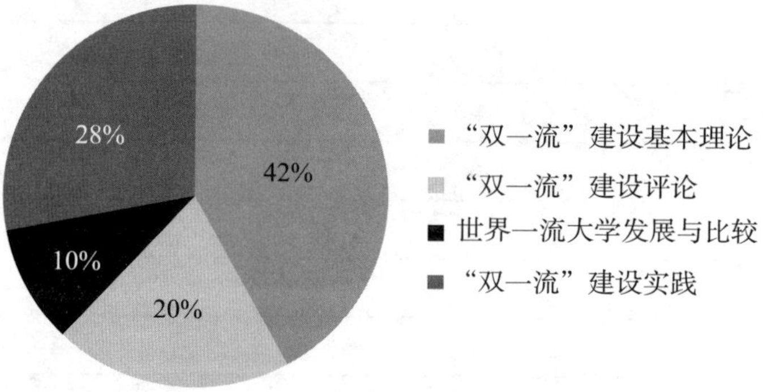

图 10－2　入选文献结构分布

流"建设的政策方案。第四，研究方法总体上较多采用定性方法，量化方法使用较少，其中"双一流"建设基本理论多采用文献分析法、比较法，双一流"建设评估评价多采用量化方法。

通过本专题研究，认为未来关于理论探讨与实践探索相关文献均会增加，同时中外一流大学和一流学科比较的研究将会增多。

（1）分析区域"双一流"建设、高校"双一流"建设实践研究将会增多。《统筹推进世界一流大学和一流学科建设实施办法（暂行）》指出要加强动态管理，实时动态监测，及时跟踪指导。建设中期，建设高校进行自评。建设期末，重新确定下一轮范围。因此，各区域、各高校将监测建设成效，其相关研究也会相应增多。

（2）在开展境内外一流大学、一流学科比较的基础上，研究者将试图构建中国特色的"双一流"建设评价体系。

（3）"双一流"建设的关键要素研究将会增多。"双一流"建设要落到实处，必须加强高校内部的"双一流"建设研究，诸如教师队伍、学校管理、经费使用、校友文化等，都将构成高校"双一流"建设成效的影响因素。

附录一 2017年中国研究生教育研究要目辑览

1. 王梅，裴文杰，马韶君．我国研究生教育研究领域作者合作网络的特征分析——基于CSSCI数据库的可视化研究（2001—2015）［J］．研究生教育研究，2017（6）：29—35.

2. 王传毅，吕晓泓，李明磊．中国研究生教育领域学者合作的实证研究：基于作者共现的社会网络分析［J］．学位与研究生教育，2017（8）：61—66.

3. 崔育宝，万明，李金龙．基于典型高产作者分析的研究生教育研究发展分析［J］．黑龙江高教研究，2017（10）：12—16.

4. 包海芹，孙晓园．共词分析视角下的研究生教育研究热点和主题分析［J］．学位与研究生教育，2017（8）：54—60.

5. 杨院，丁楠．我国研究生教育研究的范式转换与选择［J］．学位与研究生教育，2017（8）：50—53.

6. 王战军．研究生教育学的学科范畴与构建理念［J］．学位与研究生教育，2017（5）：1—6.

7. 闫广芬，王红雨．研究生教育学学科建设：背景、意义与行动［J］．学位与研究生教育，2017（5）：7—12.

8. 刘小强．建设研究生教育学：方向之迷与路径之思［J］．学位与研究生教育，2017（5）：13—16.

9. 耿有权．论研究生教育学研究的逻辑演进［J］．学位与研究生教育，2017（5）：17—21.

10. 王梅，马韶君．知识增值：研究生教育学的逻辑起点［J］．学位与研究生教育，2017（12）：56—59.

11. 王传毅，赵世奎．21世纪全球博士教育改革的八大趋势［J］．教育研究，2017（2）：142—151.

12. 肖凤翔，邓小华．“中国制造2025”与工科研究生教育发展的路径选择［J］．研究生教育研究，2017（4）：13—18.

13. 齐美东，田蕾. 人口出生率下降趋势下的研究生教育转型研究［J］. 研究生育研究，2017（4）：19—24.

14. 朱萍，夏欢，陈啸，缪婧萱，孙东平. “一带一路”战略引领下的研究生教育发展探析——基于南京理工大学的案例分析［J］. 学位与研究生教育，2017（7）：17—20.

15. 白强. 一流大学视角下一流研究生教育的思考［J］. 研究生教育研究，2017（2）：19—23.

16. 徐贞，牛梦虎. 就业多元化趋势下博士生教育改革研究［J］. 教育发展研究，2017（9）：64—71.

17. 王轶玮. 知识转型下学术职业变革与博士教育发展：特征、挑战与行动［J］. 研究生教育研究，2017（6）：1—7.

18. 朱佳斌，陈珏蓓，刘继安，郑天一，刘少雪. 国际研究生教育动态及其对我国研究生教育发展的启示［J］. 学位与研究生教育，2017（8）：72—77.

19. 李云鹏，于珈懿. 美国博士教育的转型及其启示［J］. 黑龙江高教研究，2017（12）：56—59.

20. 周洪宇. 论制定实施国家教育事业发展“十三五”规划的四个要点［J］. 河北师范大学学报（教育科学版），2017（3）：9—11.

21. 戚兴华，黄崴. 中国研究生教育发展的制度自觉与道路转型［J］. 研究生教育研究，2017（1）：1—7.

22. 易然，等. 深化工程专业学位研究生教育综合改革初探［J］. 学位与研究生教育，2017（1）：5—7.

23. 洪流. 加大政策支持，突出主体责任，搭建培养平台——江苏省深化业学位研究生教育综合改革的实践探索［J］. 学位与研究生教育，2017（1）：1—4.

24. 杨玉兰. 我国少数民族研究生教育的成就、特征与发展任务［J］. 学位与研究生教育，2017（10）：45—49.

25. 李勇，何海燕，李芳. 国内一流大学研究生教育综合改革探讨［J］. 高等工程教育研究，2017（1）：185—187.

26. 廖湘阳，周文辉. 中国专业学位硕士研究生教育发展反思［J］. 清华大学教育研究，2017（2）：102—110.

27. 张天舒，李明磊. 日本一流大学博士教育变革效果——基于“博士教育引领计划”中期评估结果的研究［J］. 中国高教研究，2017（11）：60—64 + 76.

28. 王建梁，姚林．澳大利亚专业博士的发展、挑战、应对策略——以教育博士项目为例［J］．研究生教育研究，2017（5）：84—89.

29. 袁利平，李盼宁．基于创新驱动发展的俄罗斯研究生教育改革及启示［J］．现代教育管理，2017（11）：119—123.

30. 杨海燕．扩张与稳定：我国博士教育规模之争——基于 1996—2016 年国内相关文献的分析［J］．研究生教育研究，2017（4）：82—90.

31. 李小平，熊韵然，王晓楠．军队研究生教育的需求内涵与供需失衡反思［J］．学位与研究生教育，2017（5）：64—68.

32. 王任模，屠中华，刘惠琴，姚强，杨斌．博士生培养质量与规模研究［J］．研究生教育研究，2017（3）：8—12.

33. 孙瑜，言佳羽．美国国际研究生规模结构变化及其启示［J］．学位与研究生教育，2017（5）：69—77.

34. 张淑林，等．我国专业学位研究生教育供给与需求的分析［J］．中国高等教育，2017（2）：29—32.

35. 方超，罗英姿．研究生教育对我国经济增长的影响研究——兼论研究生人力资本的空间流动性［J］．高等教育研究，2017（2）：52—60.

36. 姚辉，刘六生．我国研究生教育科类结构的省域适应性评价研究［J］．现代教育管理，2017（9）：108—112.

37. 刘宁宁，唐玉光．我国研究生教育规模的区域差异研究［J］．研究生教育研究，2017（4）：1—7.

38. 王树乔，王惠，李小聪．研究生教育影响经济增长的非线性效应研究［J］．现代教育管理，2017（6）：112—117.

39. 孙薇，许彧．区域研究生教育与制造业经济发展的协调性研究［J］．黑龙江高教研究，2017（12）：108—111.

40. 谢金丽．广东省硕士研究生教育科类结构变化研究——基于 2010—2014 年招生数据的分析［J］．高教探索，2017（5）：66—70.

41. 王成端，王石薇．区域高等教育学科结构与产业结构相关性分析：以四川省为例［J］．高等教育研究，2017（12）：51—55.

42. 武建鑫．超越概念隐喻的学科生态系统研究——兼论世界一流学科的生成机理［J］．学位与研究生教育，2017（9）：8—13.

43. 武建鑫．学科生态系统：核心主张、演化路径与制度保障——兼论世界一流学科的生成机理［J］．高校教育管理，2017（5）：22—29.

44. 武建鑫．学科生态系统：论世界一流学科的生长基质——基于组织生态理论建构［J］．江苏高教，2017（4）：7—14.

45. 马陆亭. 大学应重视学科群建设［J］. 中国高等教育，2017（10）：35—38.

46. 黄瑶，王铭. 试析知识生产模式Ⅲ对大学及学科制度的影响［J］. 高教探索，2017（6）：10—17.

47. 童嗣超. 国际合作网络视角下的学科生命周期演化特征研究［D］. 北京：中国科学院大学，2017.

48. 王占军. 何谓学科：学科性与跨学科性的争论［J］. 学位与研究生教育，2017（11）：34—38.

49. 黄超. 跨学科研究合作的科学发现优先权冲突及其管理——以“李杨论争”为例［J］. 中国高校科技，2017（4）：14—18.

50. 张庆玲. 知识生产模式Ⅱ中的跨学科研究转型［J］. 高教探索，2017（2）：31—36.

51. 刘凡丰，等. 高校促进跨学科研究的组织设计策略［J］. 清华大学教育研究，2017（5）：75—83.

52. 张洋磊，张应强. 大学跨学科学术组织发展的冲突及其治理［J］. 教育研究，2017（9）：55—60.

53. 李峻，陈楚伦. 大学跨学科学术组织的成长逻辑与创新策略［J］. 江苏高教，2017（10）：13—17.

54. 陈艾华，邹晓东. 杜克大学提升跨学科科研生产力的实践创新［J］. 高等工程教育研究，2017（5）：115—119.

55. 张炜，钟雨婷. 亚琛工业大学的跨学科战略实践及其变革［J］. 高等工程教育研究，2017（5）：120—124.

56. 申超. 如何推动跨学科的研究、教学与学习——以密歇根大学为例［J］. 外国教育研究，2017（4）：54—65.

57. 唐艺卿，姚云. 研究生学位授权审核需求与改革［J］. 高教发展与评估，2017（6）：67—77.

58. 曹昭乐，钟秉林. 研究生学位授权审核改革理念［J］. 高教发展与评估，2017（6）：59—66.

59. 杜艳秋，王顶明. 专业学位目录管理：规定性与自主性［J］. 中国高教研究，2017（3）：56—61.

60. 吴振利. 论基于区域性学科联盟的学位授权点自治与共治［J］. 学位与研究生教育，2017（11）：56—60.

61. 徐雷. 大学学位撤销审查路径：美国的经验与启示［J］. 高校教育管理，2017（5）：62—68 + 101.

62. 李福华，姚云，钟秉林．中国研究生学位授权审核法治化 35 年的回顾与发展展望［J］．高等教育研究，2017（9）：50—55.

63. 黄厚明．高校学位授予案件司法审查进路研究：基于两种法律性质定位的考察［J］．高教探索，2017（6）：24—28.

64. 刘旭．我国高等学校学位撤销权法律规制研究［D］．沈阳：沈阳师范大学，2017.

65. 翟月，陈玥．美国博士生教育质量改进策略探析［J］．研究生教育研究，2017（3）：91—95.

66. 王建跃．研究生教育质量文化建设初探［J］．研究生教育研究，2017（4）：51—55.

67. 杨凤英，许建忠．个体知识视阈下在职教育硕士学位论文质量的提升［J］．学位与研究生教育，2017（6）：56—60.

68. 王海峰．全面提高高校研究生事务管理质量的策略——评《高校学生事务管理规范与服务标准》［J］．教育发展研究，2017，37（21）：88.

69. 兰珍莉．研究生教育教学质量监控：内涵、功能及实现条件［J］．学位与研究生教育，2017（4）：60—63.

70. 覃曼宇．我国研究生教育服务质量研究［D］．武汉：中南财经政法大学，2017.

71. 李雪．博士生培养质量建设研究：基于激励和淘汰的视角［D］．北京：清华大学，2017.

72. 王战军．5 说中国研究生教育质量（2017）［M］．北京：科学普及出版社，2017.

73. 汪霞，洪流．江苏省研究生教育质量年度报告（2017）［M］．南京：南京大学出版社，2017.

74. 冯涛，陆根书，柳一斌．工程硕士和工学硕士培养质量实证比较研究［J］．学位与研究生教育，2017（1）：61—65.

75. 赵朋．产学研融合提升研究生培养质量——以专业学位研究生培养为例［J］．中国高校科技，2017（3）：41—43.

76. 罗英姿，刘泽文，张佳乐，顾剑秀．基于 IPOD 框架的博士生教育质量研究——以涉农学科为例［J］．高等教育研究，2017，38（5）：55—63.

77. 刘源，张建功．我国各地研究生教育绩效研究［J］．研究生教育研究，2017（5）：30—35.

78. 高耀，陈洪捷，杨佳乐．全国学术型硕士学位论文质量差异研究——基于个体属性特征的视角［J］．中国高教研究，2017（10）：51—56.

79. 李霞，宋俊波．人文社科博士学位论文质量要素特征评价——以中国人民大学人文社科类博士学位论文为例［J］．学位与研究生教育，2017（11）：13—17.

80. 李瑞娇．H大学研究生学位论文质量调查及对策研究［D］．保定：河北大学，2017.

81. 刘水云．来华留学研究生培养质量调查［J］．学位与研究生教育，2017（8）：26—31.

82. 李海生，龚小娟．来华留学研究生教育中的生源问题及对策分析［J］．学位与研究生教育，2017（8）：32—37.

83. 周文辉，黄欢，付鸿飞，刘俊起．2017年我国研究生满意度调查［J］．学位与研究生教育，2017（9）：41—47.

84. 李明磊，周文辉，黄雨恒．博士生对培养过程满意吗？——基于数据监测视角［J］．研究生教育研究，2017（5）：36—42+48.

85. 包艳华，于苗苗，马永红，雷庆．我国工程硕士研究生教育服务质量满意度调查［J］．学位与研究生教育，2017（10）：59—65.

86. 许长青．研究生教育服务质量评估及影响因素分析［J］．高教发展与评估，2017，33（5）：30—49+114—115.

87. 江宏裕．"少数民族高层次骨干人才培养计划"硕士研究生教学质量的学生满意度调查研究［D］．南京：南京理工大学，2017.

88. 李宝宝．MPA研究生学习满意度调查研究［D］．武汉：华中师范大学，2017.

89. 彭月媛．专业学位研究生课程教学满意度提升研究——以财经类H大学为例［D］．石家庄：河北经贸大学，2017.

90. 郭嘉．基于学生主体的新疆高校研究生专业学习满意度研究［D］．乌鲁木齐：新疆师范大学，2017.

91. 田艳丽．兰州市研究生教育消费满意度调查研究［D］．兰州：兰州财经大学，2017.

92. 王战军．中国研究生教育质量年度报告（2017）［M］．北京：中国科学技术出版社，2017.

93. 高娜，高全胜，张雷生．提升博士学位授予质量的路径探索研究［J］．黑龙江高教研究，2017（7）：102—104.

94. 王战军，唐广军．研究生教育质量指数构建研究［J］．学位与研究生教育，2017（12）：44—49.

95. 陈小鹏，张三保．美国博士生科研绩效的评价方法与决定因素——一个多学科综述［J］．学位与研究生教育，2017（4）：70—77.

96. 王邦权，汪霞．博士专业质量评价的创新：基于 NRC 第三次评价模式的分析［J］．研究生教育研究，2017（1）：66—72.

97. 罗英姿，刘泽文，张佳乐．博士生教育质量评价的三大转变［J］．研究生教育研究，2017（3）：59—64.

98. 熊辉．化学教育专业硕士学位论文质量量化评价标准的构建及应用［D］．长沙：湖南师范大学，2017.

99. 周尔民，刘秋红，王贵用．基于胜任力模型的专业学位研究生质量分析维度［J］．黑龙江高教研究，2017（4）：93—95.

100. 罗杭．中国理工类“985 工程”大学效率评价［J］．高等工程教育研究，2017（1）：133—139.

101. 李雪梅，王秉中，甘国龙．博士生导师人才培养质量评价体系研究——基于理工科博士生学术成果质量的视角［J］．学位与研究生教育，2017（5）：28—33.

102. 徐建中，赵亚楠．基于云模型的博士生协同创新能力评价研究［J］．黑龙江高教研究，2017（7）：97—101.

103. 王传毅，乔刚．省域研究生教育质量评价指标体系构建研究［J］．研究生教育研究，2017（1）：58—65.

104. 花喆斌，洪志钧．专业学位研究生核心能力评价指标体系研究［J］．现代教育管理，2017（9）：113—117.

105. 王悦．“双轨合一”模式下临床医学专业学位硕士研究生考核指标体系研究［D］．重庆：重庆医科大学，2017.

106. 俞婉琦．研究生学位论文质量评价指标体系研究［D］．杭州：浙江大学，2017.

107. 朱丽琴．基于随机森林算法的学生成绩评价研究［D］．马鞍山：安徽工业大学，2017.

108. 李楣．研究生数据素养评价量表构建及应用研究［D］．镇江：江苏大学，2017.

109. 王战军，唐广军．“十二五”时期研究生教育质量保障政策分析［J］．中国高等教育，2017（5）：28—31.

110. 谢梦，王顶明．质量保障与权责关系：香港大学博士生教育管理组织与制度研究［J］．学位与研究生教育，2017（2）：73—77.

111. 乔刚，付鸿飞，王晴．创新驱动战略下我国研究生教育内部质量保障的内涵、维度与路径［J］．学位与研究生教育，2017（2）：39—43.

112. 蒋婷婷．东盟来桂留学研究生教育质量保障机制研究［D］．南宁：广西大学，2017.

113. 郭宇，谢治菊．研究生教育质量保障机制研究．2017：北京：科学出版社.

114. 王顶明．规范、行动与质量：博士生培养过程管理研究［M］．广州：广东高等教育出版社，2017.

115. 张立迁．学位授权审核制织就质量保障网［N］．中国教育报，2017-04-07（2）.

116. 翟月，陈玥．美国专业认证制度及其在博士生教育外部质量保障中的作用探析［J］．黑龙江高教研究，2017（3）：77—80.

117. 陈玥．美国博士生教育质量保障的基本经验及启示［J］．现代教育管理，2017（4）：108—112.

118. 唐广军，王战军．专业学位研究生教育质量保障体系优化研究［J］．高等工程教育研究，2017（5）：109+113—114.

119. 焦磊．全日制工程硕士教育质量保障体系构建路径研究——基于工程硕士专业学位授权点专项评估的思考［J］．研究生教育研究，2017（3）：72—76.

120. 何亚群，张建伟．整体性治理：我国研究生教育质量保障体系构建的理性选择［J］．学位与研究生教育，2017（2）：29—34.

121. 刘源，张建功．耗散结构理论视角下的研究生教育质量保障系统研究——以英国华威大学为例［J］．研究生教育研究，2017（2）：89—95.

122. 宋平，郭海凤．美、英、日三国研究生教育质量保障体系比较研究［J］．研究生教育研究，2017（1）：93—95.

123. 胡铭．我国研究生教育质量需求与保证体系研究［M］．武汉：武汉大学出版社，2017.

124. 范建刚．由准压力型向包容型转变：研究生培养体制改革的方向［J］．研究生教育研究，2017（1）：8—13.

125. 张林．研究生培养机制改革的制度分析——基于理性选择制度主义分析框架［D］．北京：北京大学，2017.

126. 李海军．民办高校研究生培养制度创新研究［J］．教育理论与实践，2017，37（30）：10—12.

127. 徐岚，陶涛，吴圣芳．以学制改革为切入点的研究生培养方案修订——厦门大学的行动研究［J］．高等教育研究，2017，38（1）：37—47.

128. 刘劲松，徐明生．贯通式博士研究生培养模式困境与重构［J］．研究生教育研究，2017（2）：47—51.

129. 吕建，吴俊，卞清，等．模式、机制、成效：以质量为核心的南京大学“四三三”博士研究生教育改革实践［J］．学位与研究生教育，2017（12）：6—11.

130. 杜勇，阳海棠，张利军，等．研究生创新能力培养模式研究——以中南大学中德联合实验室研究生培养为例［J］．现代大学教育，2017（5）：95—101.

131. 文传浩，程莉，张桂君，等．地方高校应用经济学研究生培养理论与实践创新研究［M］．成都：西南财经大学出版社，2017.

132. 刘亚敏，胡甲刚．专业学位研究生培养模式改革［M］．北京：科学出版社，2017.

133. 张永泽，于广琮．构建以项目为依托的专业学位研究生培养模式［J］．江苏高教，2017（4）：71—73.

134. 王欣怡，崔爽，段丽萍．医学科学学位博士生培养模式改革期望的调查分析［J］．学位与研究生教育，2017（7）：44—47.

135. 王海军，王天雨．企业需求导向的专业型研究生创新能力培养模式研究［J］．高等工程教育研究，2017（3）：154—157.

136. 朱云辰，黄杉，华晨．基于协同创新的专业学位研究生教育——以浙江大学城乡规划专业为例［J］．研究生教育研究，2017（1）：73—77.

137. 李圣，李勇，王海燕．国防行业专业学位研究生培养模式改革的探索与实践——以西北工业大学“双向扩展型”人才培养模式为例［J］．研究生教育研究，2017（1）：14—19.

138. 王雯，李健强，于嘉林，等．拓展培养平台　创新培养模式　推进国际合作——中国农业大学深化专业学位研究生教育综合改革实践与探索［J］．学位与研究生教育，2017（1）：8—12.

139. 陈勇，周发明，彭健民．全日制农业硕士专业学位研究生“三双四模块七学段”培养模式的探索与实践［J］．学位与研究生教育，2017（3）：37—43.

140. 李顺兴，杨妙霞．地方高校专业硕士协同培养模式探究［J］．中国大学教学，2017（3）：43—46.

141. 梁传杰，王卫华，刘勇波．工程硕士培养模式综合改革与实践——以武汉理工大学为例［J］．学位与研究生教育，2017（10）：5—9.

142. 刘军伟，刘静，吕勇，等．以“三双—三融”模式培养工程硕士研究生——武汉科技大学的实践［J］．学位与研究生教育，2017（9）：25—30.

143. 赵黎明．工程人才产学研协同培养的探索与实践——以华北电力大学为例［J］．中国高校科技，2017（10）：10—12.

144. 王光明，苏丹，贾国峰，等．教师教育本硕一体化培养模式的探索与成效——以天津师范大学“3 + 1 + 2”模式为例［J］．学位与研究生教育，2017（12）：12—16.

145. 徐福荫，黄慕雄，吴鹏泽，等．创建教育硕士现代教育技术专业“六位一体”培养人才模式的研究与实践［J］．电化教育研究，2017，38（1）：115—121.

146. 段丽萍，李晨曦，崔爽，等．健康中国视角下高层次医学应用型人才培养的探索与实践［J］．学位与研究生教育，2017（10）：1—4.

147. 邓海峰，杨如筠，张召怀．法律硕士培养中的精耕细作与彰显风格——清华法学院法律硕士教育改革的新探索［J］．研究生教育研究，2017（5）：73—78.

148. 宋远方，孙莹璐，成栋．基于反思性实践的专业学位研究生教育探索——以中国人民大学 EMBA 培养为例［J］．学位与研究生教育，2017（7）：48—53.

149. 双勇强，刘贤伟．新知识生产模式下校所联合培养博士生的问题及对策［J］．学位与研究生教育，2017（6）：19—23.

150. 李平．校所协同的研究生培养模式研究［D］．南京：东南大学，2017.

151. 何益宏，符吉祥，梁淑芬．构建以科研项目为纽带的校企协同研究生培养机制［J］．黑龙江高教研究，2017（10）：89—91.

152. 鲁武霞．依托产学研联盟培养工程科技人才［J］．学位与研究生教育，2017（5）：43—48.

153. 冯丹娃，张睿．基于“政产学研用”的研究生协同培养模式研究［J］．江苏高教，2017（2）：52—54.

154. 赵康，杨媛，李峰，等．基于产学研联合培养体系的专业学位研究生培养模式探索［J］．学位与研究生教育，2017（3）：44—49.

155. 李茹，李太平．U－S 合作背景下教育类学术型研究生培养探讨［J］．黑龙江高教研究，2017（10）：7—11.

156. 张翔．共生理论视角下全日制教育硕士“U－S 双实基地”双边联动培养模式建构［J］．黑龙江高教研究，2017（6）：136—139.

157. 张学敏，隋国成．教育硕士“U－T－S”联合培养模式的构建［J］．教育研究，2017，38（10）：64—68.

158. 房正宏，李本友．构建学科交叉为核心的研究生培养体系［J］．国家教育行政学院学报，2017（3）：56—61．

159. 颜建勇，李晓峰．设立交叉学科学位：培养研究生创新人才的可供选择［J］．高等工程教育研究，2017（1）：179—184．

160. 吴立保，茆容英，吴政．跨学科博士研究生培养：缘起、困境与策略［J］．研究生教育研究，2017（4）：36—40+55．

161. 黄瑶，王铭，马永红．以跨学科路径协同培养博士研究生［J］．学位与研究生教育，2017（6）：24—28．

162. 王正青，陈琴．数字化时代教育博士专业人才培养的新诉求与路径［J］．研究生教育研究，2017（4）：41—44．

163. 蔡楚楚．高等教育学专业硕士研究生的培养方案研究［D］．桂林：广西师范大学，2017．

164. 吴莹，袁新华，敬小军，等．学术型与专业学位研究生培养模式创新——以农科为例［J］．中国高校科技，2017（3）：49—51．

165. 张瑜．我国专业学位研究生培养模式研究—农业硕士做法及经验［M］．南京：东南大学出版社，2017．

166. 盛明科，蔡振华．面向“双一流”建设的研究生教育综合改革路径探析——以公共管理学科为例［J］．研究生教育研究，2017（2）：57—61+95．

167. 李郑丽．“三十年”来思想政治教育专业学术型硕士研究生培养模式研究［D］．贵阳：贵州师范大学，2017

168. 高黎．翻译硕士培养研究：环境与结果［M］．北京：科学出版社，2017．

169. 杨春宇．研究生双元培养模式改革研究与实践——以旅游管理专业为例［M］．北京：科学出版社，2017．

170. 陈洁．研究生学术力提升的活性要素与机制建构［J］．江苏高教，2017（5）：67—70．

171. 赵彩霞，眭依凡．学术型硕士研究生学术创新影响因素探究——基于对学术型硕士研究生访谈的研究结果［J］．学位与研究生教育，2017（7）：60—64．

172. 郭胜军．科研参与经历对学生发展的影响——以学术型硕士研究生为例［D］．北京：北京大学，2017．

173. 王进，彭妤琪．从“怠惰因循”到“力学笃行”——论研究生科研意识的唤醒［J］．现代大学教育，2017（1）：20—26．

174. 胡保玲．导师支持、同学支持对研究生创新行为的影响：积极情绪的中介作用［J］. 黑龙江高教研究，2017（9）：117—120.

175. 刘贤伟，马永红. 社会资本对校所联培博士生创新能力的影响研究——基于心理资本的中介作用［J］. 高等工程教育研究，2017（5）：175—180.

176. 刘纯静. 创客背景下硕士研究生创新能力培养研究［D］. 重庆：重庆师范大学，2017.

177. 马晓霞，张新厂. 学科文化视野下研究生创新能力培养路径刍议［J］. 研究生教育研究，2017（3）：54—58.

178. 林炎志，徐旭雁，李仙，等. 全日制专业学位研究生实践能力培养模式的探索——以广东顺德工业设计研究院模式为例［J］. 学位与研究生教育，2017（3）：31—36.

179. 张东海. 专业学位研究生实践能力培养体系及其成效研究——基于传统研究生院高校的调查［J］. 中国高教研究，2017（6）：82—89.

180. 黄颖，张淑林，古继宝. 创业教育对专业学位研究生创业意愿影响研究［J］. 研究生教育研究，2017（1）：36—42.

181. 王全岩. 基于"互联网+"的研究生创业特点及策略研究［D］. 哈尔滨：哈尔滨理工大学，2017.

182. 张爽. 研究生创业心理资本的研究［D］. 重庆：重庆师范大学，2017.

183. 赵俊芳，于倩倩. 社会科学博士学术发展力研究——以三学科 60 名博士为研究对象［J］. 学位与研究生教育，2017（2）：62—67.

184. 刘宁宁. 不同高校生源博士生科研创新能力差异研究——基于 1007 名工科博士生的分析［J］. 中国高教研究，2017（11）：54—59.

185. 韩霞. 理工科高校文科研究生创新能力培养研究——基于北京航空航天大学的案例分析［J］. 国家教育行政学院学报，2017（7）：74—79.

186. 杜艳秋，李莞荷，王顶明. 全日制专业学位研究生实践教学存在的问题与对策——基于专家访谈结果的实证分析［J］. 研究生教育研究，2017（2）：69—74.

187. 阎凤桥，李欣，杨钋，等. 专业学位硕士生与学术学位硕士生实践能力培养的比较研究［J］. 学位与研究生教育，2017（4）：9—16.

188. 郑世良，王景伟，徐玲，等. 抵及核心：全日制工程硕士研究生实践能力培养体系研究［J］. 学位与研究生教育，2017（12）：17—21.

189. 谢本亮，陈勃，谢志勇. "赛学制"与全日制教育硕士研究生教学实践能力培养［J］. 学位与研究生教育，2017（10）：10—15.

190. 程诗婷，廖文武．试论教育生态学视角下的学术学位硕士研究生课程建设——以 C9 高校为例［J］．研究生教育研究，2017（5）：49—54.

191. 杜尚荣，施贵菊，朱毅．专业学位研究生培养的实践指向性教学模式建构研究［J］．研究生教育研究，2017（1）：78—82＋92.

192. 王珊．论研究生课堂教学参与的本质及其实现途径［J］．研究生教育研究，2017（1）：43—46＋72.

193. 陈举，熊岚，纪曼然，等．研究生课堂教学参与的价值理性与社会学反思［J］．研究生教育研究，2017（6）：57—62.

194. 包水梅．中国学术型博士研究生课程建设研究［M］．北京：科学出版社，2017.

195. 李金碧．硕士研究生课程设置的反思与范式重构——基于后现代主义课程理论的视角［J］．教育研究，2017，38（4）：49—54＋116.

196. 邓永超，苏雄武，杨玉浩．预见式行动研究：研究生课程开发的路径选择［J］．教育理论与实践，2017，37（3）：3—5.

197. 姜勇，Asta Birkeland，刘静．基于 ALC 核心素养的师范类研究生课程改革新思考——一种“文化存在论教育学”的视角［J］．学位与研究生教育，2017（8）：15—20.

198. 马丽红．省域高校研究生课程建设的探索与实践［J］．学位与研究生教育，2017（10）：24—28.

199. 巴信武，李素琴．河北大学基于一级学科知识体系的研究生拓展课程建设实践［J］．学位与研究生教育，2017（10）：19—24.

200. 周海涛，史少杰．教育学学术型研究生课程建设浅析［J］．学位与研究生教育，2017（2）：8—11.

201. 刘健智．物理学科教学教育硕士课程设置的文本分析［J］．学位与研究生教育，2017（2）：12—17.

202. 李玉栋．论以案例教学为核心的“四位一体”教育硕士教学模式［J］．研究生教育研究，2017（3）：77—81.

203. 卢明威，李图仁．法律硕士研究生实践教学现存不足及解决措施［J］．学位与研究生教育，2017（3）：50—54.

204. 孙长永，李燕．建设一流研究生课程　培养一流法治人才——西南政法大学法学专业研究生课程改革实践探索［J］．学位与研究生教育，2017（8）：9—15.

205. 赵昕，陈洁，赵蓉．“四维十要素”博士研究生研讨课程的研究与设计——以上海交通大学管理类博士生“营销前沿精读”课程为例［J］．学位与研究生教育，2017（12）：35—38.

206. 陈煜，金韶华，金海波，等．多方位实践教学模式在低年级硕士研究生转型培养中的应用［J］．学位与研究生教育，2017（10）：16—18.

207. 陈蔚，田丹．我国全日制体育硕士专业学位研究生课程设置研究——基于九所院校体育硕士研究生培养方案的文本分析［J］．教育学术月刊，2017（4）：104—111.

208. 李姗霖，熊淦，吴亭燕，等．研究生创新创业教育课程体系构建研究［J］．研究生教育研究，2017（4）：45—50.

209. 吴永和，刘晓丹，仲娇娇，等．创客教育课程设计与应用——以华东师范大学2015级研究生创新课程为例［J］．现代远程教育研究，2017（1）：88—94.

210. 焦双静．非英语专业硕士研究生学术英语课程的需求分析［D］．西安：西安外国语大学，2017.

211. 蔡基刚．基于项目研究的学术论坛教学法在研究生英语教学中的作用［J］．学位与研究生教育，2017（2）：18—24.

212. 李芝，吴增欣，史宝辉．农林类院校研究生学术英语教学模式改革研究［J］．学位与研究生教育，2017（4）：56—59.

213. 赵轶洁，毛晓霞．有趣、有料、有意义的农科研究生公共英语“交换课堂”［J］．学位与研究生教育，2017（2）：25—28.

214. 崔泽园，赵瑞．基于互联网信息技术的研究生教学模式探析［J］．教育理论与实践，2017，37（6）：6—8.

215. 逄红梅，黄宏军．基于课程体系的研究生在线课程引入问题探析［J］．研究生教育研究，2017（5）：55—59.

216. 王凤秋，玄琳琳．“翻转课堂”与高校研究生教学模式改革［J］．黑龙江高教研究，2017（1）：153—155.

217. 杨春梅，孙孟思．研究生翻转课堂如何推进课堂讨论［J］．学位与研究生教育，2017（5）：48—53.

218. 胡乐乐．基于“翻转课堂”和“同伴教学”的“混合式教学”［J］．学位与研究生教育，2017（5）：54—57.

219. 游汝杰．博士论文贵在有创见［J］．中国大学教学，2017（1）：20—22.

220. 袁毓林，王恩旭．怎样形成具有开拓性的博士论文选题［J］．中国大学教学，2017（5）：42—48＋68.

221. 李润洲．研究生论文写作的思想创生——一种教育学的视角［J］．学位与研究生教育，2017（2）：3—7.

222. 鄢显俊．“洋八股”与硕士论文写作规范［J］．研究生教育研究，2017（1）：53—57.

223. 许丹东，吕林海．知识生产模式视角下的博士学位论文评价理念及标准初探［J］．学位与研究生教育，2017（2）：48—53.

224. 李霞，宋俊波．人文社科博士学位论文质量要素特征评价——以中国人民大学人文社科类博士学位论文为例［J］．学位与研究生教育，2017（11）：13—17.

225. 李敏，陈洪捷．不合格学术型硕士研究生学位论文的典型特征——基于论文抽检专家评阅意见的分析［J］．学位与研究生教育，2017（6）：50—55.

226. 高耀，陈洪捷，沈文钦．工学门类学术硕士学位论文质量的学科差异——以 2014 年全国硕士论文抽检数据为例［J］．研究生教育研究，2017（2）：28—34.

227. 高耀，陈洪捷，沈文钦．专业硕士学位论文质量监测评估报告——基于 Y 市学位论文抽检结果的量化分析［J］．复旦教育论坛，2017，15（1）：54—61.

228. 李延．我国研究生学位论文管理规范化浅议［J］．学位与研究生教育，2017（10）：50—54.

229. 靳冬欢，吴丹，刘利，等．博士学位论文分级评阅制度的探索与实践［J］．学位与研究生教育，2017（2）：44—47.

230. 刘辉，张蕴甜．导师制的三种面向：理论图景、域外经验和中国实践［J］．黑龙江高教研究，2017（5）：123—126.

231. 汤晓茜．研究生“导师制”改良的内外途径［J］．江苏高教，2017（2）：64—66.

232. 亓瑶．专业学位研究生教育“双导师制”研究［D］．桂林：广西师范大学，2017.

233. 易杨馨．“双导师”模式在全日制英语教育硕士培养中的应用研究［D］．武汉：华中师范大学，2017.

234. 沈文钦，高耀，赵世奎．单一导师制抑或联合指导制——博士生对不同指导方式的偏好及其满意度［J］．学位与研究生教育，2017（7）：54—59.

235. 池丽泉．导师指导与全日制学术型硕士研究生学术能力的关系研究——以 J 大学为例［D］．南昌：江西师范大学，2017.

236. 于瑞丽．导师指导对研究生学术不端行为的影响机制研究［D］．开封：河南大学，2017.

237. 董贵成，吴小林．论导师在研究生良好思想道德形成中的作用［J］．学位与研究生教育，2017（6）：1—5.

238. 胡守强，涂俊才，范金凤，刘凡．发挥导师在研究生思想政治教育中作用的长效机制探索［J］．研究生教育研究，2017（2）：24—27＋51.

239. 段红梅．博士生导师如何做思想政治工作［J］．中国高等教育，2017（21）：29—31.

240. 胡燕娟．硕士生关键素养培养策略研究——基于中荷导师访谈的比较分析［J］．比较教育研究，2017，39（10）：52—60.

241. 侯志军，曾相莲，朱誉雅，王正元．基于知识共享的导师有效指导研究［J］．复旦教育论坛，2017，15（1）：47—53.

242. 王伟．她为什么换了导师［D］．上海：华东师范大学，2017.

243. 吴文君，张彦通．主体间性视域下导师与研究生交往的德育效应探析［J］．学位与研究生教育，2017（1）：19—22.

244. 孙文桢．法律视角下导师与研究生关系初探［J］．学位与研究生教育，2017（11）：8—13.

245. 阚维．教师跨学科素养的发展路径和方法——以 IB 课程 MYP 项目中的教师发展为例［J］．人民教育，2017（Z3）：24—28.

246. 郑爱平，张栋梁．立德树人根本任务指引下研究生导师师德建设研究——基于 12 所高校 1496 名师生的调查分析［J］．研究生教育研究，2017（4）：30—35.

247. 陆道坤．论研究生导师专业发展：内涵、维度与路径［J］．研究生教育研究，2017（2）：62—68.

248. 白鑫刚．教师 TPACK 教学实践能力培养模式构建与路径选择［J］．黑龙江高教研究，2017（10）：108—112.

249. 侯月明．省属院校研究生导师学术成果产出调查研究——基于 L 省 15 所院校的实证分析［J］．中国高校科技，2017（S1）：42—43.

250. 何齐宗，戴志刚．高校硕士生导师岗位胜任力的调查与思考［J］．高等教育研究，2017，38（8）：51—59.

251. 陈海波，胡智愚，陈丽珍．研究生导师选择偏好关键因素的实证研究［J］．黑龙江高教研究，2017（6）：140—143.

252. 王卫霞．博士生导师资助制度执行效果的实证研究［J］．学位与研究生教育，2017（6）：61—67.

253. 刘成竹，党永杰．基于“标准、监管、评估、服务”的研究生导师队伍建设研究——以华中师范大学为例［J］. 学位与研究生教育，2017（4）：22—25.

254. 吴丹，刘利，方毅. 以岗位为核心的博士生导师资格认定体系研究与实践［J］. 学位与研究生教育，2017（12）：60—64.

255. 徐丹丹，杨德勇，李雅梦，李世笑. 社科类专业学位研究生校外导师工作机制的探索与实践——以北京工商大学资产评估专业为例［J］. 学位与研究生教育，2017（4）：31—34.

256. 徐祥民. 建立专门导师队伍　提高法律实践课教学质量［J］. 中国大学教学，2017（6）：83—88.

257. 杨柳群，刘利. 新形势下军队院校博士研究生指导教师职责研究——以国防科学技术大学为例［J］. 学位与研究生教育，2017（9）：53—57.

258. 单珏慧，马君雅，杨倩，吕淼华. 导师在研究生思想政治教育中“首要责任”的演进与实现［J］. 学位与研究生教育，2017（6）：6—10.

259. 陆云虹. 研究生青年导师职业性权利救济研究［D］. 哈尔滨：黑龙江大学，2017.

260. 段斌斌. 在自由与约束之间：研究生招生视域下的教师评价权［J］. 学位与研究生教育，2017（3）：26—30.

261. 段斌斌，胡劲松. 研究生招生的公平困惑：程序对实体的背离［J］. 研究生教育研究，2017（2）：9—13.

262. 江莹，白丽新，王天乙. 依法治招视角下的研究生招生问题探析［J］. 学位与研究生教育，2017（8）：38—42.

263. 王传毅，程哲. 研究生招生考试中“非认知能力”的测量：概念、实践与展望［J］. 研究生教育研究，2017（5）：67—72.

264. 张立迁，梁候明，陈冠云. 从“管理”到“治理”：高校研究生招生组织运行模式嬗变［J］. 黑龙江高教研究，2017（5）：45—48.

265. 陈谦. 互联网技术支持下的研究生招生宣传模式革新［J］. 学位与研究生教育，2017（9）：31—34.

266. 王任模，屠中华，刘惠琴，姚强，杨斌. 博士生招生“申请－考核”制探索［J］. 学位与研究生教育，2017（3）：6—9.

267. 潘峰，张立迁. 博士生招生“申请－考核”制的自治路径探析［J］. 学位与研究生教育，2017（3）：15—20.

268. 郑若玲，刘梦青. 博士生招生“申请－考核”制改革探析——基于 X 大学的调查［J］. 复旦教育论坛，2017（2）：94—100.

269. 宋朝阳. 博士生招生实施“申请－考核”制的几点思考——以武汉大

学为例［J］．学位与研究生教育，2017（3）：10—14.

270. 段斌斌．从“公平选才”走向“有效选才”：我国博士招生改革的路径选择［J］．高等教育研究，2017（10）：55—63.

271. 段斌斌．教育学博士招生申请审核制的困境与出路——基于“211工程”高校的文本分析［J］．中国高教研究，2017（10）：57—66.

272. 周伟，张弛，徐昶．博士生招生“申请－考核”制的双向匿名评价系统研究［J］．学位与研究生教育，2017（3）：21—25.

273. 时广军．博士招生“申请”制：动因、价值及改进——供给侧改革视角［J］．研究生教育研究，2017（5）：18—23.

274. 周涛，彭涛．基于博士生培养质量的招生名额分配模型研究——以电子科技大学为例［J］．研究生教育研究，2017（6）：52—56.

275. 李敏，陈洪捷，沈文钦，高耀．专业硕士就业状况及其影响因素研究——基于2016年全国毕业生的抽样调查数据［J］．研究生教育研究，2017（10）：9—17.

276. 于苗苗，马永红，包艳华．多重视角下的专业硕士就业质量状况［J］．中国高教研究，2017（2）：69—74.

277. 陈小满，罗英姿．我国博士毕业生就业多元化研究［J］．中国高教研究，2017（9）：51—56.

278. 李锋亮，马永红，付新宇．培养模式对工程硕士就业的影响［J］．学位与研究生教育，2017（1）：56—60.

279. 张东海．“关系”还是“能力”——研究生就业中人力资本和社会资本的作用研究［J］．教育发展研究，2017（9）：53—58.

280. 谢治菊，李小勇．硕士研究生科研水平及其对就业的影响［J］．复旦教育论坛，2017（1）：62—69.

281. 侯士兵，沈延兵，沈燕明．就业引导教育融入研究生培养过程的机制研究［J］．学位与研究生教育，2017（4）：43—47.

282. 卿石松．博士生就业问题调查及对策分析［J］．学位与研究生教育，2017（1）：43—49.

283. 邓丽芳，龙扬扬，傅星雅．研究生学术道德风险认知现状及影响因素的实证研究［J］．复旦教育论坛，2017，15（6）：88—94.

284. 马紫威，孙德昊．新媒体背景下高校研究生学术诚信教育的载体研究［J］．高教探索，2017（S1）：129—130.

285. 黄思佳．试论学术不端行为引起的学位撤销［D］．北京：北京大学，2017.

286. 陈亮．场域理论视阈下的研究生学术不端行为深度透视［J］．现代大学教育，2017（5）：70—78.

287. 戎华刚．环境因素对研究生学术不端行为影响的调查分析［J］．学位与研究生教育，2017（11）：43—48.

288. 向玉凡．制度路径下研究生学术失范治理初探［J］．高教探索，2017（8）：67—72.

289. 郭跃，濮燕屏．论研究生学术不端行为治理规范体系的构建［J］．学位与研究生教育，2017（1）：23—28.

290. 刘琪．学术生态视域下硕士研究生学术道德建设研究［D］．徐州：中国矿业大学，2017

291. 于小艳，徐胜阳．基于文本分析的哈佛大学研究生学术规范述评——与北京大学比较的视角［J］．高教探索，2017（3）：50—55.

292. 程翠玉．教育改革背景下加强研究生学风建设的探索与思考［J］．学位与研究生教育，2017（10）：29—31.

293. 赖雪梅．美国研究生学术诚信课程设置及其特色探析［J］．学位与研究生教育，2017（4）：64—69.

294. 张敏，肖虎．研究生辅导员与导师的思想政治工作交流机制构建［J］．思想理论教育导刊，2017（7）：150—153.

295. 门志国，王兴梅，赵乾．辅导员在研究生思想政治教育中的功能定位与实施途径［J］．黑龙江高教研究，2017（5）：149—152.

296. 涂玉娥．高校研究生思想政治理论课教学新模式的构建［D］．苏州：苏州大学，2017.

297. 阚言婷．高校研究生思想政治教育实践育人共同体［D］．四川：西南科技大学，2017.

298. 白如雪．治理理论视域下的内蒙古高校研究生思想政治教育问题［D］．内蒙古：内蒙古大学，2017.

299. 李晨涌．新疆高校研究生社会主义核心价值观培育研究［D］．乌鲁木齐：新疆师范大学，2017.

300. 李朝静，奚社新，叶菁．论全媒体背景下研究生思想政治教育“三位一体”模式［J］．学位与研究生教育，2017（8）：5—8.

301. 吴翠丽．协同治理理论视阈下研究生思想政治教育新模式的构建［J］．学位与研究生教育，2017（10）：33—37.

302. 马瑞瑞．研究生思想政治教育的人文关怀研究［D］．大连：辽宁师范大学，2017.

303. 吴俣．微文化视域下研究生社会主义核心价值观培育研究［D］．北京：中国地质大学，2017.

304. 胡锦玉，彪晓红，贺炳彦．大数据时代研究生思想政治教育评价机制的逻辑探讨［J］．黑龙江高教研究，2017（8）：139—141.

305. 宋晓东．新形势下加强发挥研究生党支部建设的对策研究［J］．学位与研究生教育，2017（11）：39—42.

306. 唐洪武．加强基层党建工作助推一流学科建设［J］．中国高等教育，2017（18）：19—21.

307. 冯蓉，张彦通．基于扎根理论的在校博士生焦虑心理影响因素研究［J］．研究生教育研究，2017（3）：41—46.

308. 郭慧梅．博士研究生心理健康状况及干预建议［J］．黑龙江高教研究，2017（8）：111—115.

309. 周美婷．社会工作研究生焦虑现状及其影响因素［D］．南京：南京大学，2017.

310. 樊俊杰．研究生自我宽恕与焦虑的相关研究［D］．南昌：南昌大学，2017.

311. 黄培婷．谘商与临床心理研究生的自我悲观、生命意义与自我效能感之研究［D］．新竹：玄奘大学，2017.

312. 栾海清．高校研究生心理健康教育：反思与建构［J］．黑龙江高教研究，2017（12）：93—95.

313. 朱美燕．研究生心理健康教育现状调查分析与对策思考［J］．黑龙江高教研究，2017（3）：117—121.

314. 徐丽．学术型硕士研究生身份认同的当代困境［D］．上海：华东师范大学，2017.

315. 沙鑫．马克思主义理论学科硕士研究生专业认同问题研究［D］．新乡：河南师范大学，2017.

316. 史传真．社会工作研究生专业认同的因子分析与对策研究——以 G 省四所高校为例［D］．兰州：兰州大学，2017.

317. 张秋萍．专业价值观对专业认同的影响研究——以社会工作专业硕士为例［D］．上海：上海师范大学，2017.

318. 朱晓．跨专业思想政治教育研究生专业认同过程研究［D］．北京：中国青年政治学院，2017.

319. 姜哲．山东省研究生旅游行为特征研究［D］．曲阜：曲阜师范大学，2017.

320. 孙占元．北京市高校博士研究生体育锻炼行为调查研究［D］．长春：吉林大学，2017.

321. 汪新．研究生网络闲散行为动机量表的编制及相关研究［D］．重庆：西南大学，2017.

322. 武永江．物化时代博士研究生休闲心态的培育［J］．研究生教育研究，2017（10）：43—48.

323. 邓森．宁夏高校女研究生择偶价值观调查［D］．宁夏：宁夏大学，2017.

324. 黄胡勇．父母教养方式对研究生婚恋观的影响研究［D］．重庆：重庆师范大学，2017.

325. 雷萌．研究生人格特质、成人依恋与婚恋观的关系研究［D］．沈阳：沈阳师范大学，2017.

326. 李婧．硕士研究生学业拖延问题及解决途径研究——基于自我管理能力培养视角［J］．太原：山西财经大学，2017.

327. 王森．大数据时代研究生学习方式转变研究［D］．重庆：西南大学，2017.

328. 魏盈川．基于新媒体手段的研究生学习需求研究［D］．上海：上海师范大学，2017.

329. 常晨．家庭背景对研究生学习投入的影响研究［D］．太原：山西财经大学，2017.

330. 荣彬．学术型硕士研究生学习体验研究［D］．上海：上海师范大学，2017.

331. 宋朝阳．社会工作硕士生学习投入状况及其影响因素研究［D］．济南：山东大学，2017.

332. 刘成科，孔燕．博士生科研自我效能感的现状调查及提升策略［J］．研究生教育研究，2017（6）：41—46.

333. 钱梦婷．不同人际交往水平的研究生在情绪启动下微表情识别的差异研究［D］．南京：南京师范大学，2017.

334. 董花蕾．英语教育硕士跨文化交际能力的调查研究［D］．武汉：华中师范大学，2017.

335. 刘海涛．世界大学学科排名与我国一流学科建设——基于2016年QS世界大学学科排名的分析［J］．研究生教育研究，2017（3）：65—71.

336. 饶毅．审计视角下高校学科建设绩效评价研究——以重庆某高校为例［D］．重庆：西南政法大学，2017.

337. 陈彪，严嘉，胡波．科研平台在学科建设中的作用［J］．中国高校科技，2017（12）：4—7.

338. 高雪梅，于旭蓉，胡玉才．地方行业特色型高校一流学科建设路径的思考［J］．学位与研究生教育，2017（6）：29—34.

339. 朱金明，林梦泉，李澄锋，等．基于教育认证理念的一流学科建设路径［J］．中国高等教育，2017（15）：52—55.

340. 宋华明，严心彤．高校优势学科建设成效的探析与思考——以江苏为例［J］．学位与研究生教育，2017（1）：37—42.

341. 付八军．学科制度改革与高等教育学学科建设——对建设高等教育学一级学科的再思考［J］．高等教育研究，2017（1）：25—28.

342. 胡炳仙．重点学科建设对地方高等教育系统的影响：以 H 省为例［J］．大学教育科学，2017（5）：21—29.

343. 张婷．从单一化走向多样化安徽大学新闻传播学院十年学术型硕士毕业论文内容分析［D］．合肥：安徽大学，2017.

344. 殷忠勇．中医药学科建设应当遵循自身规律［J］．中国高等教育，2017（7）：48—50.

345. 田园．综合性研究型大学法语本科专业超学科建设研究——以巴黎东方语言文化学院汉语专业教学大纲为参考［J］．教育理论与实践，2017（15）：50—52.

346. 黄超，杨英杰．大学跨学科建设的主要风险与治理对策——基于界面波动的视角［J］中国高教研究，2017（5）：55—61.

347. 颜建勇，陈星，平黄珊．论成长型高校建设一流特色学科的优选路径——基于某大学领域性学科建设的案例分析［J］．高教探索，2017（6）：47—50.

348. 王嘉毅．发挥优势 服务需求 统筹推进高水平大学和一流学科建设［J］．学位与研究生教育，2017（3）：1—6.

349. 方守恩，曹文泽，谢辉．推进世界一流大学和一流学科建设的思考与实践［J］．中国高等教育，2017（3）：18—23.

350. 包水梅，常乔丽．从政府战略到院校行动：香港世界一流学科建设的经验及启示［J］．高等工程教育研究，2017（3）：95—99.

351. 冯琰．地方综合大学特色学科建设研究——以广西大学为例［D］．南宁：广西大学，2017.

352. 李萍．“双一流”背景下山西省地方高等院校学科建设研究［J］．教育理论与实践，2017（33）：13—15.

353. 谭光兴，王祖霖．处境与策略：“双一流”战略背景下地方高校的学科建设［J］．国家教育行政学院学报（教育经济与管理版），2017（8）：53—58.

354. 刘军伟，冯征．地方行业高校特色一流学科建设路径探析［J］．研究生教育研究，2017（4）：72—76.

355. 张雪蓉．试析民国初期国立东南大学的学科建设——基于学科规训的视角［J］．现代大学教育，2017（3）：49—54.

356. 陆根书，胡文静．一流学科建设应重视培育学科文化［J］．江苏高教，2017（3）：5—9.

357. 吴叶林，崔延强．基于学科文化创新的一流学科建设路径探论［J］．清华大学教育研究，2017（5）：89—97.

358. 袁广林．学术逻辑与社会逻辑——世界一流学科建设价值取向探析［J］．学位与研究生教育，2017（9）：1—7.

359. 郭峰，郝广龙，冯春杏．“学生学习中心”理念：一流学科建设题中应有之义［J］．教育发展研究，2017（7）：16—22.

360. 洪晓军．校办企业与学科建设的协同对接——以浙江工业大学为例［J］．中国高校科技，2017（1）：105—107.

361. 朱苏，赵蒙成．论一流学科建设的经济逻辑和知识生产逻辑［J］．江苏高教，2017（1）：18—23.

362. 谢凌凌，陈金圣．学科治理：地方高校学科建设的核心议题［J］．教育发展研究，2017（7）：38—45.

363. 刘小强，孙桂珍．“双一流”建设背景下地方高校学科建设的机制创新［J］．学位与研究生教育，2017（11）：30—33.

364. 袁本涛，李莞荷．博士生培养与世界一流学科建设［J］．江苏高教，2017（2）：1—6.

365. 宋俊成，宋向楠，任增元．整体转型：一流学科建设的制度逻辑审视［J］．现代教育管理，2017（8）：30—35.

366. 欧阳琰．一流学科建设之道——“研究卓越计划”国际比较及探疑［J］．高教探索，2017（2）：20—26.

367. 马陆亭．一流学科建设的逻辑思考［J］．高等工程教育研究，2017（1）：62—68.

368. 韩习祥，梁传杰，张文斌．省级层面统筹推进一流大学和一流学科建设［J］．中国高等教育，2017（3）：43—46.

369. 武毅英，童顺平．供给侧改革视域下的一流学科建设［J］教育前沿，

2017（4）：10—16.

370. 于博，杨旭．世界一流大学和一流学科建设中的高校定位问题［J］．黑龙江高教研究，2017（2）：11—13.

371. 孟艳，刘志军．“双一流”背景下一流学科建设的三重逻辑［J］．研究生教育研究，2017（4）：67—71.

372. 钟秉林．一流本科教育是“双一流”建设的核心任务和重要基础［J］．中国高等教育，2017（19）.

373. 倪亚红，王运来．“双一流”战略背景下学科建设与人才培养的实践统一［J］．江苏高教，2017（2）：7—10＋15.

374. 李运庆．和而不同同生共长——“大学一流学科建设高层论坛”会议综述［J］．江苏高教，2017（1）：103—107.

375. 吴立保，吴政，邱章强．知识生产模式现代转型视角下的一流学科建设研究［J］．江苏高教，2017，（4）：15—20.

376. 谢延龙．我国世界一流学科建设：历程、困境与突破［J］．黑龙江高教研究，2017，（10）：26—29.

377. 顾海良．“双一流”建设要坚持以学科建设为基础［J］．中国高等教育，2017（19）.

378. 马利凯．“双一流”视域下一流学科建设综合竞争力评价实证研究［J］．黑龙江高教研究，2017（7）：63—65.

379. 王任模，屠中华．研究生教育资源配置与经济发展实证研究［J］．研究生教育研究，2017（4）：8—12.

380. 胡德鑫．发达国家高等教育评估的发展趋势［J］．教育学术月刊，2017（4）：36—42.

381. 唐玉光．专家解读《学位与研究生教育发展“十三五”规划》——“十三五”研究生教育要做好提高质量这篇大文章［N］．中国教育报，2017－02－04（1）.

382. 陈洪捷．专家解读《学位与研究生教育发展“十三五”规划》——增强高校自主性　优化研究生培养结构［N］．中国教育报，2017－02－04（3—4）.

383. 陈一远．研究生教育治理体系建设论析——来自政治治理理论的启示［J］．研究生教育研究，2017（3）：18—22.

384. 王战军，乔刚．社会组织参与研究生教育治理的贡献与挑战——以中国学位与研究生教育学会为例［J］．研究生教育研究，2017（3）：1—7.

385. 王战军，乔刚．社会组织在研究生教育治理中的角色缺失与回归［J］．

研究生教育研究，2017（2）：1—8.

386. 刘洁．治理视角下大学学科评估中的政府角色定位研究［D］．杭州：浙江工业大学，2017.

387. 王战军，乔刚．社会组织参与研究生教育治理的行为模式研究［J］．学位与研究生教育，2017（10）：38—44.

388. 李璐，裴旭，张淑林．供给侧结构性改革视角下的研究生教育调控机制探析［J］．学位与研究生教育，2017（2）：68—72.

389. 李锋亮．以研究生教育发展推进高校供给侧改革［N］．中国教育报，2017－11－06（1）.

390. 郭为禄．专家解读《学位与研究生教育发展“十三五”规划》——全面深化专业学位研究生教育综合改革［N］．中国教育报，2017－02－04（1—2）.

391. 姚云，曹昭乐，唐艺卿．中国博士后制度 30 年发展与未来改革［J］．教育研究，2017（9）：76—82.

392. 乔元正．高校智库建设内外部协同的原理、问题及其对策［J］．现代教育管理，2017（7）：49—53.

393. 李小平，许梦幻，赵丰年，张琳，张国罡．“互联网＋”环境下研究生网络学习资源生态体系建设研究［J］．学位与研究生教育，2017（4）：26—30.

394. 周静．智慧教育背景下研究生网络学习空间的影响因素及构建研究［D］．南京：南京邮电大学，2017.

395. 朱家德．教师参与高校治理现状的个案研究［J］．高等教育研究，2017（8）：34—41.

396. 廖文武，金鑫，廖炳华，程诗婷．论新常态下我国高校研究生教育管理者服务行为之变化［J］．研究生教育研究，2017（2）：14—18.

397. 左佩莹．研究生全面收费政策的实施现状与限度分析——基于学业成就的视角［D］．武汉：华中农业大学，2017.

398. 杨秀芹．研究生全面收费政策的限度与突破［J］．国家教育行政学院学报，2017（10）：39—45.

399. 朱嫚嫚．教育公平视角下研究生资助政策研究［D］．南京：南京邮电大学，2017.

400. 向兴华，肖秋霜，施亚玲，李晴虹．基于满意度调查的研究生奖助体系分析与改进建议［J］．研究生教育研究，2017（12）：63—69.

401. 施亚玲，李晴虹，向兴华，刘哲．保障与激励相协调的研究生奖助体系构建研究——基于 13 所高校的调查［J］. 学位与研究生教育，2017（7）：25—30.

402. 冯涛，陆根书，柳一斌 . 硕士研究生国家奖学金绩效实证研究［J］. 黑龙江高教研究，2017（3）：94—97.

403. 刘瑞庆 . 研究生学业奖学金政策实施状况研究——以 D 大学为个案［D］. 长春：东北师范大学，2017.

404. 石青 . 研究生奖学金政策的价值分析［D］. 长沙：湖南师范大学，2017.

405. 欧阳小明 . 研究生奖学金评定细则的校际差异及其实施影响研究［D］. 成都：四川师范大学，2017.

406. 袁静 . 地方高校研究生发展性资助制度研究——以 X 大学为例［D］. 青岛：青岛大学，2017.

407. 李雪，袁本涛 . 以学术兴趣发展为核心的博士生激励策略研究［J］. 中国高教研究，2017（4）：78—81.

408. 陈玥，翟月 . 博士生培养的关键一环：加州大学伯克利分校博士生资格考试的实践及启示［J］. 学位与研究生教育，2017（8）：67—71.

409. 黄海涛 . 美国生涯咨询专业硕士课程设计与实施探析——以美国五所高校为例［J］. 学位与研究生教育，2017（7）：69—73.

410. 唐茜 . 教育硕士课程设置比较研究——以北京师范大学与美国哥伦比亚大学为例［D］. 北京：中国人民大学，2017.

411. 陆根书，陈晨，刘萍，刘琰 . 国外一流大学本科生与研究生课程考核方法比较研究［J］. 复旦教育论坛，2017（6）：53—62 + 87.

412. 蒋妍，魏红 . 日本研究生教学技能培训探析［J］. 比较教育研究，2017（10）：46—51 + 60.

413. Bosch，Gundula，Casadevall，Arturo. Graduate Biomedical Science Education Needs a New Philosophy［J］. *mBio*，2017：1—12.

414. 张国栋 . 密歇根大学与上海交通大学博士研究生教育的比较［J］. 学位与研究生教育，2017（6）：68—74.

415. 王斯秧，王顶明 . 开放办学与重心下移：日内瓦大学博士生培养过程管理研究［J］. 研究生教育研究，2017（5）：90—95.

416. 王光菊，李阳芳，李文灿 . 中美博士生培养质量影响因素比较分析［J］. 中国高校科技，2017（12）：33—36.

417. 成花林，黄雨，Elmar Schmaltz，Stefan Steger. 从中欧博士生培养模式比较探索创新型博士的培养［J］. 研究生教育研究，2017（1）：83—87.

418. 徐魁鸿．美国在线教育博士的培养模式及思考——以约翰·霍普金斯大学为例［J］．高教探索，2017（10）：79—84.

419. 王文礼．美国高校的在线博士学位项目的培养模式——以北德克萨斯大学学习技术在线博士学位为个案［J］．外国教育研究，2017（4）：40—53.

420. 朱剑，刘颖．英国社会科学博士生培养机制创新研究——以苏格兰社会科学研究生院为例［J］．国家教育行政学院学报，2017（7）：80—88.

421. 王晓芳，李戎．西方教育博士培养改革的新理念与新做法［J］．高等教育研究，2017（6）：55—64.

422. 邢欢，叶赋桂．美国博士生综合考试的方式、目的与变革［J］．学位与研究生教育，2017（11）：66—71.

423. 鱼慧洋．美国高等教育学硕士研究生培养过程研究［D］．哈尔滨：黑龙江大学，2017.

424. 苏塔耶娃，刘晓明，綦越．俄罗斯全日制心理教育学术型硕士研究生的培养［J］．学位与研究生教育，2017（9）：72—77.

425. Mehrete Girmay. Understanding the Adjustment Needs of International Graduate Students at Southern Illinois University Carbondale［D］. Carbondale：Southern Illinois University Carbondale，2017.

426. 胡德鑫．中德顶尖研究型大学研究生国际化能力比较研究——以清华大学和柏林自由大学为例［J］．研究生教育研究，2017（6）：83—89.

427. 焦磊．美国研究型大学培养跨学科研究生的动因、路径及模式研究［J］．外国教育研究，2017（3）：16—26.

428. 焦磊，谢安邦，赵军．美国大学STEM领域博士生跨学科“规训”研究——基于IGERT项目［J］．清华大学教育研究，2017（2）：50—56.

429. 谢冉，肖建．英国博士培养中心：背景、成就及其启示［J］．现代教育管理，2017（6）：124—128.

430. 张宇．德国博士生国际联合培养的结构化范式研究［J］．教育理论与实践，2017（36）：6—8.

431. 冯永刚，高斐．美国研究生资助制度及启示［J］．学位与研究生教育，2017（3）：65—72.

432. 陈翠荣，鲁智丹．美国联邦政府对科学与工程领域研究生资助的现状及特点分析［J］．学位与研究生教育，2017（12）：71—77.

433. 杨希．科研体系中研究生资助的充足性——中美比较研究［J］．学位与研究生教育，2017（1）：66—71.

434. 叶鸿蔚，陆兰．中美研究生教育成本分担机制对比分析及思考［J］．

研究生教育研究，2017（1）：88—92.

435. 洪柳，李娜．美英研究生教育收费制度变迁研究及其现实启示［J］．黑龙江高教研究，2017（11）：73—77.

436. 白玫．博洛尼亚进程视域下的欧洲博士教育改革［J］．现代教育管理，2017（11）：107—112.

437. 杨红军．东京大学研究生院重点化改革评价与反思［J］．学位与研究生教育，2017（1）：71—77.

438. 徐国兴，杨雯，谢安邦．研究生教育体系结构的中日比较及启示［J］．研究生教育研究，2017（3）：82—90.

439. 王海迪．英国高校博士生导师制度及其启示——基于四所一流大学的经验［J］．国家教育行政学院学报，2017（11）：78—84.

440. 王文礼．哈佛大学用教育哲学博士项目取代教育博士项目的原因及影响［J］．现代大学教育，2017（2）：40—47+112.

441. 方旭，刘睿．国外混合微硕士项目及启示——以麻省理工学院供应链管理微硕士项目为例［J］．学位与研究生教育，2017（3）：72—77.

442. 章勤琼，谭莉，Max Stephens. 澳大利亚墨尔本大学教学硕士项目：模式、评析及启示［J］．学位与研究生教育，2017（8）：72—77.

443. 陈玥，翟月．美国一流研究型大学博士生教育内部质量保障体系研究——以加州大学伯克利分校为例［J］．外国教育研究，2017（7）：18—30.

444. 刘春玲．美国教育硕士专业学位教育质量保障措施研究——以密歇根州立大学课程与教学专业硕士为例［D］．沈阳：沈阳师范大学，2017.

445. 杨佳乐，高耀，沈文钦，李敏．国外博士生调查主要调查什么？——基于美、英、澳、日四国问卷的比较分析［J］．研究生教育研究，2017（6）：90—95.

446. 唐巍华，杨青．美国准博士普查项目解析及对我国的启示［J］．复旦教育论坛，2017（6）：106—112.

447. 曾妮．实用取向的评估：大学教学改进的另一种思路——来自加州大学伯克利分校“研究生评估项目（GSAF）”的经验［J］．国家教育行政学院学报，2017（4）：82—88.

448. 金帷．以“学”为中心的研究生教育质量评价——基于英、美、澳三国的比较分析［J］．高教探索，2017（3）：86—90+112.

449. Ro，Hyun Kyoung，Lattuca，Lisa R，Alcott，Ben. Who Goes to Graduate School? Engineers' Math Proficiency，College Experience，and Self-Assessment of Skills［J］. *Journal of Engineering Education*，2017（1）：98—122.

450. Julie R. Posselt, Eric Grodsky. Graduate Education and Social Stratification [J]. *Annual Review of Sociology*, 2017, 43 (5): 353—378.

451. 邓光平. 澳大利亚博士生可转化技能培养模式与启示 [J]. 中国高教研究, 2017 (9): 63—66.

452. 王者鹤. 可转移技能训练融入博士教育: 英国的经验与启示 [J]. 中国高教研究, 2017 (9): 57—62.

453. 吴凡, 刘少雪. 为多元化职业做准备: 英国博士生训练中心的探索 [J]. 学位与研究生教育, 2017 (10): 66—71.

454. 黄雪梅. 美国博士生学术职业社会化影响因素——个体、学科文化与制度三维分析 [J]. 江苏高教, 2017 (9): 100—104.

455. 宋永忠. "双一流" 建设需理顺四个关系 [N]. 中国教育报, 2017-06-05 (5).

456. 别敦荣. 论 "双一流" 建设 [J]. 中国高教研究, 2017 (11): 7—17.

457. 眭依凡. 关于 "双一流建设" 的理性思考 [J]. 高等教育研究, 2017, 38 (9): 1—8.

458. 刘尧. "双一流" 建设切勿徘徊于 "像一流" [J]. 高校教育管理, 2017, 11 (6): 8—13.

459. 梁传杰. 高校 "双一流" 建设: 理念与行动 [J]. 国家教育行政学院学报, 2017 (3): 22—28.

460. 葛少卫. "双一流" 背景下高校规划的五个导向 [N]. 光明日报, 2016-12-24 (7).

461. 赵沁平. 基于教育规律探讨一流大学建设的几个 "双一流". 研究生教育研究, 2017 (5): 1—3.

462. 赵沁平. 一流大学建设需处理好的十个关系 [J]. 研究生教育研究, 2016 (4): 1—4.

463. 史静寰. 建设世界一流大学的国家战略面临新机遇, 期待新突破 [J]. 清华大学教育研究, 2011, 32 (3): 48—49.

464. 顾建民. 世界一流大学的价值追求 [J]. 教育发展研究, 2011 (17): 54—57.

465. 胡德鑫. 我国世界一流大学建设的历史演变、基本逻辑与矛盾分析——基于历史制度主义的分析范式 [J]. 教育发展研究, 2017, 37 (Z1): 1—8.

466. 李鹏虎. 关于大学排名与我国世界一流大学建设的理性思考 [J]. 中

国高教研究，2016（6）：75—79.

467. 侯长林．建设一流大学，听听雷丁斯的声音［N］．光明日报，2016－04－12（13）.

468. 崔乃文．知识演变与组织创新世界一流大学的生成机制分析［J］．清华大学教育研究，2017，38（5）：98—105.

469. 别敦荣，张征．世界一流大学的教育理念［J］．高等工程教育研究，2017（4）：82—92.

470. 别敦荣，张征．世界一流大学教育理念的特点与启示［J］．高等工程教育研究，2010（6）：56—62.

471. 耿有权．世界一流学科：八种定位法即价值探析［J］．江苏高教，2017（1）：11—13.

472. 郭峰，郝广龙，冯春杏．“学生学习中心”理念：一流学科建设题中应有之义［J］．教育发展研究，2017，37（7）：16—22.

473. 张德祥．高校一流学科建设的关系审视［J］．教育研究，2016，37（8）：33—39＋46.

474. 卢晓中．“双一流”建设亟须探讨的若干问题［J］．中国高等教育，2017（21）：23—25.

475. 宣勇．建设世界一流学科要实现“三个转变”［J］．中国高教研究，2016（5）：1—6＋13.

476. 胡乐乐．论国家“双一流”建设下的大学学科布局调整［J］．研究生教育研究，2016（6）：1—7.

477. 钟伟军．一流学科建设中的政府职能转型［J］．中国高教研究，2016（5）：7—9.

478. 张炜．世界一流大学的共性特征与个性特色［J］．中国高教研究，2016（1）：61—64.

479. 周光礼．世界一流大学的特质［J］．中国高等教育，2010（12）：44—47.

480. 周光礼，武建鑫．什么是世界一流学科［J］．中国高教研究，2016（1）：65—73.

481. 马德秀．创建世界一流大学的阶段性挑战与思考［J］．中国高等教育，2010（23）：7—9.

482. 胡乐乐．世界一流大学的界定、特征与我国的挑战［J］．学位与研究生教育，2016（8）：6—11.

483. 王洪才．“双一流”建设与传统路径依赖超越［J］．高校教育管理，

2017，11（6）：1—7.

484. 储召生．问道“双一流”：中国一流大学建设回顾与反思［M］．合肥：中国科学技术大学出版社，2017.

485. 耿有权．对我国世界一流大学建设道路的辩证思考［J］．江苏高教，2010（5）：40—42.

486. 张雪刚．世界一流大学建设路径思考［J］．江苏高教，2017（10）：49—51.

487. 吴合文．“双一流”建设的系统审思与推进策略［J］．高等教育研究，2017，38（1）：29—36.

488. 韩萌，张国伟．战略联盟：世界一流大学群体发展的共生机制研究［J］．教育研究，2017，38（6）：132—139.

489. 凌健．学科“组织化”：介入世界一流学科建设的路径选择［J］．中国高教研究，2016（5）：10—13.

490. 李春林，刘丽丽．一流学科的演进特征与生成机理——以 H 大学 C 学科为例的探索性研究［J］．教育发展研究，2017，37（21）：39—45.

491. 钟秉林，周海涛．世界一流大学的校长选聘机制及其启示——世界一流大学校长管理比较研究［J］．国家教育行政学院学报，2011（8）：6—10+14.

492. 眭依凡．世界一流大学建设：呼唤教育家型校长崛起［J］．高校教育管理，2016，10（5）：6—11.

493. 陈媛．教授治校：建设一流大学的战略选项［J］．中国高教研究，2012（5）：29—32.

494. 谈哲敏．师资队伍是“双一流”建设的核心［J］．中国高等教育，2017（Z1）：26—28.

495. 宋永华．“双一流”建设背景下师资队伍建设的特征与举措［J］．教育发展研究，2017，37（19）：3.

496. 刘进，哈梦颖．世界一流大学学术人才向中国流动的规律分析——“一带一路”视角［J］．比较教育研究，2017，39（11）：26—33.

497. 周刚，陈华荣．中美一流高校专职科研队伍建设比较与思考［J］．中国高教研究，2013（10）：63—67.

498. 罗志敏．校友文化与世界一流大学创建［M］．杭州：浙江大学出版社，2013.

499. 熊丙奇．“双一流”需要一流管理［J］．中国高等教育，2016（7）：1.

500. 王战军，肖红缨．一流大学院系治理的应然状态［J］．教育发展研究，2016，36（19）：54—62 + 78.

501. 李锋亮，王云斌．教育基金会的发展与世界一流大学建设［J］．复旦教育论坛，2016，14（3）：19—25.

502. 汪锋．高校一流学科与新型智库建设的互动机制研究［J］．中国高教研究，2016（9）：35—41.

503. 方阳春，贾丹，陈超颖．世界一流学科带头人的科学遴选和培养机制研究［J］．中国高教研究，2016（5）：21—24.

504. 苏明．办好中国特色社会主义高校　着力推进“双一流”建设［N］．中国教育报，2017 - 01 - 26.

505. 黄云清．创建“双一流”要做好“加减法”［N］．湖南日报，2016 - 11 - 30.

506. 赵月霞．努力增强办学自觉　推进“双一流”建设［N］．河北日报，2016 - 07 - 22.

507. 刁勇生．“双一流”建设中地方政府的注意力配置——基于30项省域政策文本的Nvivo软件分析［J］．教育发展研究，2017（21）：31—38.

508. 邱勇．全面推进综合改革，加快建设中国特色世界一流大学［J］．中国高等教育，2016（24）：18—19.

509. 林建华．以改革创新求发展，开创“双一流”建设新局面［N］．中国教育报，2017 - 01 - 26（1）.

510. 金德水，吴朝晖．脚踏实地建设中国特色世界一流大学［N］．光明日报，2015 - 11 - 13（2）.

511. 陈骏．创建世界一流大学是南京大学的责任与使命［N］．江苏教育报，2016 - 03 - 23（4）.

512. 谢辉祥．工科类高水平行业特色型大学“双一流”建设路径研究［J］．高等工程教育研究，2017（6）：87—94 + 115.

513. 黄俭，王传毅．双一流：地方高校不应“置身事外”［N］．中国教育报，2016 - 05 - 09.

514. 郑永扣．建设世界一流学科，创建世界一流大学［N］河南日报，2015 - 10 - 14（8）.

515. 刘益春．扎根中国大地，以一流学科助推世界一流师范教育［J］．中国高等教育，2017（19）：25—26.

516. 张寒松．高校“双一流”建设重在“思行合一”［N］．贵州日报，2017 - 06 - 18（6）.

517. 柳贡慧．地方大学“双一流”建设的逻辑与途径［J］．中国高等教育，2017（18）：33—34.
518. 彭龙．单科性大学如何推进“双一流”．［N］．中国教育报，2017-06-12（5）.
519. 袁寿其．精准发力，以一流学科建设引领学校转型发展［N］．江苏教育报，2017-02-10（1）.
520. 蔡袁强．“双一流”建设中我国地方高水平大学转型发展的若干思路——以浙江工业大学为例［J］．中国高教研究，2016（10）：33—37.
521. 黎益君，黄华为．紧扣“双一流”建设，推进马克思主义学科建设［N］．中国社会科学报，2017-10-31（8）.
522. 周宏．人文：可以卓越，无法“一流”［N］．中国教育报，2016-05-16（5）.
523. 杨灿明．“双一流”背景下财经学科如何发力［N］．中国教育报，2017-12-18（5）.
524. 莫蕾钰，洪成文．中美顶尖公立大学一流学科学术发展比较——基于 InCites 数据分析［J］．中国高教研究，2016（8）：61—69.
525. 姜华，刘苗苗．中国“C9”与澳大利亚“G8”联盟一流学科之比较分析——基于 ESI 和 InCites 数据库［J］．中国高教研究，2017（6）：67—72+81.
526. 郑燕．中美一流大学理科发展状况比较研究［J］．研究生教育研究，2012（4）：86—90.
527. 李珣，吴付来．“双一流”建设评价要有中国标准［N］．中国教育报，2017-03-23.
528. 刘尧．以中国特色评价体系支持“双一流”建设［N］．中国社会科学报，2017-11-28.
529. 杨清华，孙耀斌，许仪．建立中国特色的世界一流大学评价体系［J］．中国高等教育，2017（19）：42—45.
530. 刘路，刘志民．世界一流大学 10 年排名位序变动性研究——基于 2005、2015 年 THE、QS、ARWU 的数据［J］．高等工程教育研究，2017（3）：179—182.
531. 邱均平，马凤．中国高校在建设世界一流大学过程中的进步和问题——基于 2011 年《世界一流大学与科研机构学科竞争力评价》的分析［J］．中国高教研究，2012（1）：17—22.
532. 董彦邦．我国世界一流大学建设进展研究［D］．南京：南京师范大学，2015.
533. 邱均平，等．世界一流大学和一流学科评价研究报告 2016—2017

[M]. 北京：科学出版社，2017.

534. 王琪，程莹，刘念才. 世界一流大学：共同的目标 [M]. 上海：上海交通大学出版社，2013.

535. 翟亚军，王晴. “双一流”建设语境下的学科评估再造 [J]. 清华大学教育研究，2017 (6)：45—51.

536. 胡娟. 如何认识和评价世界一流学科 [N]. 光明日报，2016-03-29.

537. 刘瑞儒，何海燕，李勇，等. 统筹推进世界一流学科实施路线图——基于世界一流学科评价指标 [J]. 教育发展研究，2016 (21)：1—7.

538. 沈悦青. 基于文献计量学指标的世界一流学科遴选与分布研究 [D]. 上海：上海交通大学，2011.

539. 张辉等. “双一流”建设的社会成本分担机制研究——基于美国大学与捐赠基金关系的数据分析 [J]. 中国高教研究，2016 (3)：56—60.

540. 牛风蕊，张紫薇. 美国世界一流大学教师薪酬的制度模式、特征及其协同机制 [J]. 中国高教研究，2017 (6)：59—66.

541. 徐美娜. 影响世界一流研究型大学形成的关键因素的研究 [D]. 兰州：兰州大学，2011.

542. 谢亚兰. 美国世界一流大学科研经费学科分布研究 [J]. 高等工程教育研究，2011 (1)：118—125.

543. 狄晶晶. 美国一流大学战略规划借鉴研究 [D]. 南京：东南大学，2015.

544. 王普. 国际化与美国世界一流大学的相关性研究 [D]. 厦门：厦门大学，2011.

545. 邢丽娜. 世界一流大学经费水平和结构研究 [D]. 杭州：浙江工业大学，2017.

546. 沈红，王建慧. 一流大学教师队伍建设的院系责任——基于四所世界一流大学的实地调研 [J]. 教育研究，2017，38 (11)：130—139.

547. 白静，张国栋. 大学筹资结构、高校规模与科研产出的实证研究——以美国世界一流大学为例 [J]. 教育发展研究，2017，37 (17)：16—23.

548. 高强. 一流大学培养跨学科人才的经验——以麻省理工学院为例 [D]. 武汉：华中科技大学，2015.

549. 柯文进，姜金秋. 世界一流大学的薪酬体系特征及启示——以美国 5 所一流大学为例 [J]. 中国高教研究，2014 (5)：20—25.

550. 石连海. 美国一流大学内部管理特色与启示 [J]. 教育研究，2017

(7)：149—153.

551. 张惠，刘宝存．法国创建世界一流大学的政策及其特征［J］．高等教育研究，2015（4）：89—96.

552. 张丹．“双一流”建设机制研究——以法国高师集团“高校共同体”改革为例［J］．教育发展研究，2016（17）：14.

553. 谢凌凌．世界一流大学的学院治理与高等教育创新——对剑桥大学教育学院院长杰夫·海沃德教授的访谈［J］．高等教育研究，2017，38（5）：1—8.

554. 李明忠．“小而精”：后发新兴世界一流大学的特色发展战略——以韩国浦项科技大学为例［J］．中国高教研究，2012（8）：45—49.

555. 刘志民，何红中，张振华，胡必强．七个“追赶型”国家建设世界一流大学的重大举措比较［J］．现代大学教育，2012（4）：44—49+112.

556. 阎琨，李莞荷，林健．世界一流大学特征研究——基于全球大学排名的实证分析［J］．高等工程教育研究，2017（1）：82—87.

557. 卓泽林．世界一流大学的技术转化：理念、政策和组织机制［J］．国家教育行政学院学报，2017（9）：73—79.

558. 喻恺，田原．内部提拔还是外部选聘：亚洲一流大学校长选拔模式研究［J］．清华大学教育研究，2012，33（1）：18—19.

559. 张芳芳．亚洲一流理工大学的崛起——基于香港科技大学、印度理工学院、南洋理工大学的研究［D］．武汉：华中科技大学，2012.

560. 车旭．中日韩“世界一流大学建设工程”差异性比较研究［D］．长春：吉林大学，2017.

561. 王琪，程莹，刘念才．世界一流大学：国家战略与大学实践［M］．上海：上海交通大学出版社，2011.

562. 汪霞．世界一流大学研究生培养模式和课程体系研究［M］．南京：南京大学出版社，2015.

563. 赵跃宇．世界一流大学内部治理体系研究［M］．北京：高等教育出版社，2016.

564. 冯倬琳，刘念才．世界一流大学国际化战略的特征分析［J］．高等教育研究，2013（6）：1—8.

565. 李曼丽，李明．英美两国一流大学教师资源的开发与留任机制探微——基于英美10所世界一流大学的案例分析［J］．清华大学教育研究，2017（6）：59—66.

566. 赵洁慧．一流大学战略联盟准入标准研究［D］．上海：复旦大学，2013.

567. 田稷，马景娣. 世界一流研究型大学联盟综合竞争力分析［M］. 杭州：浙江大学出版社，2015.

568. 北京大学党委办公室. 大学之间：世界一流大学建设的实践与思考［M］. 北京：新华出版社，2016.

569. 程莹. 世界一流大学：对全球高等教育的影响［M］. 上海：上海交通大学出版社，2015.

附录二 2017年研究生教育领域著作一览表

序号	书名	作者	出版地与出版单位
1	国外图书馆学教育发展：欧美图书馆学博士学位研究课题分析	刘竟	镇江：江苏大学出版社
2	中国学术型博士研究生课程建设研究	包水梅	北京：科学出版社
3	中国博士后科学基金绩效评估报告	杨芳娟、刘云	北京：科学出版社
4	马克思主义理论学科博士生培养大家谈	郝清杰	北京：高等教育出版社
5	规范、行动与质量：博士生培养过程管理研究	王顶明	广州：广东高等教育出版社
6	博士后发展年度研究报告：2016	曹昭乐、姚云、方芳	北京：学苑出版社
7	中国社会科学院首届马克思主义学院博士生高峰论坛论文集	王伟光	北京：中国社会科学出版社
8	民国时期留美生的中国问题研究以留美生博士论文为中心的考察	元青著	天津：南开大学出版社
9	全国翻译硕士专业学位研究生教育与就业调查报告	崔启亮	北京：对外经济贸易大学出版社
10	全国法律专业学位研究生教育文献汇编（1995—2017）	全国法律专业学位研究生教育指导委员会	北京：法律出版社

2017 年研究生教育领域著作一览表

续表

序号	书名	作者	出版地与出版单位
11	交往·媒介·互联：新改革时代的新闻与传播（安徽省第八届新闻传播学科研究生论坛论文集）	蒋含平	合肥：合肥工业大学出版社
12	第十八届全国结构风工程学术会议暨第四届全国风工程研究生论坛论文集	中国土木工程学会桥梁及结构工程分会风工程委员会	长沙：中南大学出版社
13	研究生教育质量保障机制研究	郭宇、谢治菊	北京：科学出版社
14	中国研究生教育研究进展报告（2017）	中国学位与研究生教育学会进展报告编写组	北京：中国科学技术出版社
15	研究生完全求生手册：方法、秘诀、潜规则	彭明辉	台北：联经出版社
16	“双一流”建设背景下的工科研究生教育改革	中国学位与研究生教育学会	镇江：江苏大学出版社
17	5 说中国研究生教育质量（2017）	王战军	北京：科学普及出版社
18	中国研究生教育及学科专业评价报告（2017—2018）	邱均平	北京：科学出版社
19	江苏省研究生教育质量年度报告（2017）	汪霞、洪流	南京：南京大学出版社
20	中国研究生教育质量年度报告（2017）	王战军	北京：中国科学技术出版社
21	2016 都市型农林高校研究生培养模式改革与实践	姚允聪	北京：中国农业出版社
22	地方高校应用经济学研究生培养理论与实践创新研究	刘传浩	成都：西南财经大学出版社
23	专业学位研究生培养模式改革	胡甲刚、刘亚敏	北京：科学出版社
24	研究生双元培养模式改革研究与实践：以旅游管理专业为例	杨春宇	北京：科学出版社
25	我国专业学位研究生培养模式研究：农业硕士做法及经验	张瑜	南京：东南大学出版社

2017 年研究生教育领域著作一览表

续表

序号	书名	作者	出版社
26	研究生心理健康读本	叶桑、叶一舵	北京：高等教育出版社
27	研究生招生改革探索与实践	吕炜、赵怀力	沈阳：东北财经大学出版社
28	医学研究生学术素养与科研能力	武胜昔	济南：山东科学技术出版社
29	我国研究生教育质量需求与保证体系研究	胡铭	武汉：武汉大学出版社
30	中国研究生招考方式改革研究	余桂红	武汉：武汉大学出版社
31	非英语专业硕士研究生英汉互译教程	顾乾毅	广州：华南理工大学出版社
32	中国会计硕士（MPAcc）专业学位教育发展报告（2004—2015）	全国会计专业学位研究生教育指导委员会秘书处	北京：中国财政经济出版社
33	翻译硕士培养研究：环境与结果	高黎	北京：科学出版社
34	教育硕士专业学位论文写作指南	刘晓华	北京：高等教育出版社
35	商科专业学位硕士职业发展与生涯管理	虞梁	上海：上海财经大学出版社
36	问道“双一流”：中国一流大学建设回顾与反思	储召生	合肥：中国科学技术大学出版社
37	探索·创新·实践——高校“双一流”建设调研与思考	赵雪梅	武汉：武汉大学出版社
38	守正创新　面向未来　推进“双一流”建设——北京交通大学经济管理学院教学改革研究与实践	张力、张秋生	北京：北京交通大学出版社
39	世界一流大学和一流学科评价研究报告（2016—2017）	邱均平	北京：科学出版社
40	世界一流大学通识教育课程研究——以美国大学为例	汪霞、钱铭	南京：南京大学出版社
41	从声誉到绩效：世界一流大学的挑战	刘念才、程莹、王琪	上海：上海交通大学出版社

后　记

2018年4月，编写组在认真总结前6年《中国研究生教育研究进展报告》编写经验的基础上，完善方案、改进方法，启动了《中国研究生教育研究进展报告2018》的撰写。编写组继续秉承研究生教育年度报告的定位——“汇聚研究生教育研究成果、展现研究生教育研究状态、引导研究生教育研究方向、提高研究生教育研究水平”，搜集2017年度发表、出版的学术成果，比较全面地反映了我国研究生教育年度研究的全貌。

经过“目录定刊”“词语定文”“人工鉴别”三个检索步骤广泛搜集学术成果。与2016年相比，2017年度关于研究生教育的学术期刊论文数量、博士学位论文数量均有不同程度的增加。

《中国研究生教育研究进展报告2018》在保持9个专题的主体框架基础上，新增“双一流”建设研究专题，紧跟时代热点展现研究生教育研究现状。各专题由引言、主要内容、文献分布及其特点分析三部分组成，各部分之间紧密联系。各专题客观描述研究内容，提炼研究成果。为了展示近年来研究生教育研究发展情况，本报告各专题根据前6年研究生教育研究报告的研究积累，对2011—2017年相关主题问题中研究重点、研究方法、引用作者群进行比较分析，并用数据对比、图表展示等方式进行阐述。此外，在文献概述部分，本报告今年首次收录了北京大学学位论文数据库文献。

希望读者在阅读过程中，收获新的知识、新的理念和新的思想；更希望读者从中获得启发，开阔视野、提高认识，找出研究生教育研究的空白及新的方向，在现有研究基础上，不断提高研究水平，推进研究生教育研究不断前进。

本报告由中国学位与研究生教育学会会长赵沁平院士筹划和指导，由北京理工大学学位与研究生教育研究中心、学位与研究生教育杂志社、中国科技大学研究生教育研究编辑部共同编写。分工如下：

文献概述　王战军　蓝文婷　杨旭婷

专题一　研究生教育基本理论问题研究：王战军　杨旭婷

专题二　研究生教育质量研究：王战军　蓝文婷

专题三　研究生培养研究：裴旭　崔育宝

专题四　研究生导师队伍建设研究：裴旭　钱亚林

专题五　研究生招生与就业研究：周文辉　曹镇玺

专题六　研究生德育研究：周文辉　陆晓雨

专题七　学科建设研究：吴杨

专题八　研究生教育管理研究：王战军　王晴

专题九　研究生教育国际比较研究：李金龙　赵强强

专题十　“双一流”建设研究：李明磊　贾晓飞　孙玉　代丽　杜娟

北京理工大学学位与研究生教育研究中心主任王战军教授负责统稿工作。清华大学博士研究生蓝文婷、北京理工大学博士研究生杨旭婷在王战军教授的指导下负责 2017 年度全部文献的搜集，并承担编写组秘书工作。鉴于编写组水平有限，本报告肯定存在疏漏和不当之处，恳请读者批评指正。

最后，对给予本报告出版大力支持的中国科学技术出版社及王晓义主任表示衷心感谢！

中国学位与研究生教育学会研究进展报告编写组

2018 年 6 月